浙江警察学院资助出版

民意和审判
在法治社会中的良性互动

Positive Interaction Between Public Opinion
and Court Decision in the Law-ruled Society

陈　杰◎著

中国政法大学出版社

2020·北京

序 一

PREFACE

　　民意与审判的紧张关系由来已久，但理论界真正重视这个问题，肇始于我国司法职业化改革。随着中国法治水平不断提升，昔日盛行于公共广场之上的大众化审判已因欠缺正当性而成为过去。然而，随着互联网自媒体的高度发达，民众对司法的关注和议论达到前所未有的程度，司法机构开发利用网络信息新技术促进公开透明的程度也达到了令世界同行吃惊的程度。面对这种情况，引起学界热议，相关理论作品也不断涌现，但对该现象的评价却褒贬不一。到目前为止，"民意与司法的关系"是个值得进一步深思的问题。

　　陈杰博士在攻读博士研究生期间，与我一起讨论"民意与司法的关系"问题，并将该主题确立为研究方向并撰写博士论文，本书的初稿即成型于此。毕业后，他又对此继续作了多年研究，对该博士论文的内容作了许多补充和改进。

　　针对司法判决与民意趋同何以可能这一问题，作者分别从两方面加以考量：其一，外在条件是法律的不确定性；其二，内在条件是法官的判断选择。后者是这一现象的直接原因。作者借鉴了波斯纳的法官效用函数模型，结合我国制度环境，由裁判者个体行为这一微观视角扩展至诸多影响因素，对承载民意的判决的形成过程进行了较为详细的剖析。从书中的论证可以看出，作者意识到，兼顾职业性与平民性是中国司法审判诸多焦点中的一个突出问题。他并未像一些研究那样，对所有趋同民意的审判一概加以批判，而是以法官动机为基准，对这些判决进行了公正与否的区分。本书认为，即使判决与民意一致，也并不表明法官是在无原则地迎合民意。在经由一系列审慎思考后，只要法官真诚地认为应当如此判决，其结果仍不失为公正。在舆情案件中，法官得以反思平衡的前提是它不为任何外力所操控。因此，我国依法独立审判制度的改进和完善对于民意和审判在法治社会中的良性互动具有重要意义。

　　作者的研究较多关注美国学者，在他们那里，从法官行为切入民意和审判的理论成果十分丰富。但是，中美两国不同的法律社会背景可能会削弱书中的一些论证。一方面，美国公众对审判的介入不似中国这般频繁，多发生在关涉经济政策、道德争议和种族问题的疑难案件中。这些案件的判决常常与公民宪法权利相关，而且是通过司法审查创设权利和自由的案件，如：女性堕胎权、同性恋权利、宗教信仰自由和保护犯罪嫌疑人正当权利等。并且，一些为美国所特有的制度，诸如法庭之友，在缓解民意与司法的对立中发挥着积极作用。与之相比，中国社会并不具备这些制度条件。此外，美国司法的普通法传统、判例法技术、法官推理的形式性较弱等因素，都与中国不同。中国有信奉成文法的传统，法律解释已由权威机构给定的前提下，法官审判通常不像美国法官那样对规则大前提有自主性和能动性。尽管偶尔会出现一些实质性考量案件，但较强的形式性约束却始终是审判方法的常态。因此，本书特地涉及法律的不确定性研究，是有其理由的。

　　除了司法的专业性和民主性之外，我们的司法活动充满了类似的张力，比如，专业权威与人民本位、司法被动与司法能动、法律效果与社会效果。而这些针尖对麦芒的一一对应的矛盾或关系，又与"司法形式正义与司法实质正义"的紧张关系有什么样的联系？西方对正义观的看法是，司法应当对诉讼作出"终局裁断"，具有终局性，不模棱两可的"一刀切"。在中国，正义观又常常伴随着情理、民俗、观念、精神，它们交织或纠缠在一起，成为我们许多人的思维和行事方式。这是我们不得不考虑的一个"地方性"知识，值得今后共同继续研究探索。

受陈杰博士的盛情邀请，在其新作出版之际，匆匆写上这几段话，以表祝贺之意。

孙笑侠

2020 年 2 月于上海

序 二

PREFACE

　　舆论与司法、民意与审判之间的复杂关系，几乎是所有国家都难以回避的问题，只是它在中国表现得更为复杂而已。在中国法治化进程不断加快的今天，民众关注司法、监督司法的热情也不断高涨，并成为学术研究的热点问题之一。

　　作者基于自己的职业经验和专业基础，一直对民意和审判的关系颇有兴趣，也有较深入的研究。在进入华东政法大学博士后流动站之后，作者对该领域的研究进行了拓展和深化，本书就是他深入研究成果的具体呈现。

　　在本书中，作者从"民意审判在法治背景下如何可能"这一问题入手，梳理了一些代表性的典型案例、分析了个案中法律适用特征，并最终落脚于法官的裁判行为。作者认为，判决符合民意，盖因宏观层面法律制度的不确定性和微观层面法官的经济理性选择，且通过构建中国法官的效用函数模型来深入阐释。法官效用函数模型反映了裁判者在审理案件之际的矛盾心理：既追求个人利益，亦欲实现公共利益。一个公正的审判，是法官在动机上追求公共利益实现下的判决。而公益动机的形成和持续，依赖于裁判者所处的超然地位。因而，作者给出的结论是，在法治背景下，舆情案件的公正审判有赖于依法独立审判制度的完善。

作者的研究不仅思路清晰、逻辑连贯，而且还在参考当代美国学者研究成果的基础上对我国法官的审判行为进行了鞭辟入里的分析。作者认为，在法律不确定的前提下，判决结果实际上是法官的一种选择。从经济学视角来看，个人在作出选择时的动机常常是最大化自身效用，我国法官亦不例外。因此，判决趋向民意，可能出自法官对诸如晋升、收入、闲暇和荣誉等利己因素的考量。当然，法律制度的不确定性在普通法背景中要更为突出，而反观我国审判，尽管不确定性在一定程度上存在，但不可被过度夸大。此外，书中的法官效用函数，在很大程度上借鉴了波斯纳的理论，而波斯纳的模型构建多以上诉法院法官为原型。我们权且不考虑国别差异，不同层级的法官在审理案件时也有着不同考量，因此，反映法官动机的效用函数变量应当有所区别。对这些问题，期待作者在今后的研究中予以深化。

无论如何，作为一名警校教师，能够对理论研究具有浓厚兴趣，进行深入探索并撰写学术著作，这无疑是值得肯定和鼓励的。希望作者能够再接再厉，在收集整理实践素材的基础上，有更多理论提炼和学术贡献。是为序。

华东政法大学　马长山
2020 年 2 月 28 日于上海松江

摘　要

ABSTRACT

　　近年来，社会公众介入审判在我国司法实践中频繁发生，由此形成一个并不严格的语用概念——"民意审判"，其指涉法院判决与公众意见高度趋同的经验现象。由于触及裁判客观性、司法改革方向以及法治中国建设等一系列重大问题，民意审判现象引起理论研究的高度关注。本书旨在从法律制度和法官行为层面揭示这一现象发生的原因，并基于法治立场探寻民意和审判如何实现良性互动。

　　民意审判中的"民意"是民众关于判决的意见表达。由于社会公众并不握有制约司法的权力，民意审判何以可能的疑问被提出。通过剖析典型案件，"司法民主"和"个案正义"与民意的关系被逐一审视。尽管民意可依托二者在特定条件下成为裁判的辅助性理由，但它们都不能超越法律单独成为判决的运作性理由。然而，在民意介入前后，同一案件的不同"依法判决"显示出法律的不确定性，它是民意审判的外在条件。

　　对法律确定和不确定的过分强调，分别被哈特称作"高贵的梦"与"惊人的梦"，法律形式主义和后现代法学是法律确定性理论光谱中的两极。一方面，确定性是法治基石，坚守确定性是出于对法治的捍卫。另一方面，法治本身却具有多重含义，实质观点下的法治可以容纳不确定性。从审判来看，不确定性就是个案中的法律问题存在多个解答。德沃金的"唯一正解"虽然论证精巧，却每每与事实龃龉。语义模糊的法律规则、价值无法公度的法律原则、不成文法律渊源的司法适用、多元法律解释和论证标准等，都会引发不确定性。

在法律不确定前提下，判决结果实际上是法官的一种选择。在经济学所设定的条件下，审理案件的法官可被视作追求自身效用最大化的经济人。理性经济人假设在古典时期被提出，于新古典时期得到完善，并且是现代经济学的逻辑起点。法官最大化自身效用可以通过效用函数模型直观展现。借鉴美国学者波斯纳的理论成果并考虑我国法官所处实际环境，晋升（Elevating）、收入（Income）、闲暇（Leisure）、荣誉（Honor）和公益（Commonweal）被确立为我国法官效用函数的五个变量，它们与法官效用（U）正相关：$U = U(E, I, L, H, C)$。根据这一模型，当公众介入审判之际，通常存在着与民意一致和不一致的两种可供法官选择的判决。由于法律的不确定性，两种判决都能在形式上获得法律支持，但与民意一致的判决能够增加五个效用函数变量值，进而促成法官效用最大化。一旦法官作出前一选择，民意审判现象随即发生。

法官效用最大化的分析虽然清晰，却有失偏颇。从事实层面看，一个理性经济人并非纯粹利己，其也会顾及他人。因而，"理性自利"的心理状态能够与利他目的兼容。从效用函数模型看，公益变量蕴含了法官行为的利他性。将法官心理状态纳入考量后，所有判决与民意符合的案件可被划分为公正与非公正两种类型，它们分别形成于法官主动运用法律方法和被动遭受压力逼迫两种情境。鉴于专业能力和认知水平所限，公正审判的重心不在案件结果，而在法官动机，即，法官是否真诚地相信自己应当如此判决。对法治而言，两类审判分别具有不同意义。

民意审判肇始于社会公众对审判的介入，并以审判结果趋同民意告终。"介入"和"趋同"，是民意审判现象的两项基本要素。探寻二者的因果关系及连接方式，有助于启动对片面肯定或否定的反思。将民意审判案件置于更大的案件样本背景中便可发现，法官的行为决定了"介入"和"趋同"是否连接以及如何连接，行为背后的公正动机对法治在司法环节的实现至关重要。当法官免于任何外在压力时，追求公正是其自然倾向。因此，在法治社会中，实现舆情案件的公正审判首先呼唤一个拥有自由意志的法官。民意与审判良性互动的先决条件是依法独立审判。

然而，依法独立审判制度并非孤立存在，它是社会整体系统中的一项子系统。因此，在改进之际就不能不考虑系统整体与部分、部分与部分之间的协调适应。从宏观上处理与领导关系，到中观上定位法院还是法官独立，直至微观上斟酌安排法院管理细节，进一步释放依法独立审判的制度能量仍面临一系列难题亟待解决。

目　录
Contents

第一章
绪 论

第一节 研究背景

一、问题背景

近年来，随着各种先进传媒技术尤其是互联网信息技术的普及，司法个案的相关信息能够迅速传播开来，并受到社会公众的广泛关注。然而，社会公众并不满足于对这些信息的被动接受，在一些案件中，他们还积极发表对于司法审判及判决结果的观点和意见。广播、电视、报纸和互联网媒体等为这些意见的互动和交流提供了宽广的平台，原本分散和异质的个体意见在不断扩散和聚集的交错循环中逐渐凝聚成相对一致的看法，形成了关于审判的民意。

民意对审判的影响在一些案件中表现得十分明显，有学者将张学英继承案、许霆案、南京彭宇案、杨佳案、杭州飙车案、邓玉娇案、"我爸是李刚"案、药家鑫案、李昌奎案和天价过路费案并列为十大经典涉诉舆论案例。[1]其中，判决结果高度趋向公众意见的，谓之"民意审判"。[2]民意审判的潜在逻辑是，

---

〔1〕 参见周安平："涉诉舆论的面相与本相：十大经典案例分析"，载《中国法学》2013 年第 1 期。

〔2〕 学者们使用不同语词来指涉这一现象，如"民意裁判""民意干预司法""舆论裁判"以及"舆论法庭"等，但"民意审判"更为常见。

如果没有受到公众的关注，这些案件的判决结果将会有所不同。[1]在上述案件中，张学英继承案、许霆案和李昌奎案是典型的民意审判。

1. 民意审判与各类观点

在司法中出现的民意受到我国官方的高度重视，保障人民群众参与司法并在审判中发挥积极作用几乎成为各级党政机关的一致论调。最高人民法院原院长王胜俊大法官曾强调，各级人民法院要不断总结经验，创新形式，按照科学、畅通、务实、有效、便捷的要求，进一步拓宽民意沟通渠道，广泛深入地了解把握社情民意以确保人民法院各项决策顺应群众要求。最高人民法院《关于进一步加强民意沟通工作的意见》明确要求，各级人民法院加强对民意的考察和吸纳。最高人民检察院原检察长曹建明也曾在"最高人民检察院工作报告"中指出，最高人民检察院"重视接受舆论监督，把互联网等媒体作为听民声、察民意的重要渠道，建立涉检舆情收集、研判机制，主动回应社会关切。"《中国的司法改革》白皮书中写道："中国司法改革始终坚持从国情出发，既博采众长、又不照抄照搬，既与时俱进、又不盲目冒进；坚持群众路线，充分体现人民的意愿，着眼于解决民众不满意的问题，自觉接受人民的监督和检验，真正做到改革为了人民、依靠人民、惠及人民……"十八届四中全会通过的《中共中央关于全面推进依法治国若干重大问题的决定》更是明确提出要"保障人民群众参与司法"。

然而，对待此类民意的态度在学者那里并不统一。一些学者对民意审判现象深恶痛绝，他们认为，无论从哪一方面考虑，

---

[1] 参见何海波：《实质法治：寻求行政判决的合法性》，法律出版社 2009 年版，第 389 页。

民意都不是法律，它不应当干预和影响司法。[1]首先，民意的性质和特点使其不应成为判决依据。民意具有情绪与癫狂的非规范性、多元与多变性，获得信息不全、后果导向的思维方式以及容易被操纵的特征，它们都同理性判决相抵触。其次，民意对审判的干预违反了法治原则。这一干预不但破坏了法律的权利义务体系和法的安定性，在刑事审判中更是违反了罪刑法定原则，并且还会助长法官的专横。最后，民意审判违反现行《中华人民共和国宪法》（以下简称《宪法》）第 131 条规定的审判元规则，即审判应当依照法律。

另一些学者则对民意审判持积极态度，[2]他们也给出了相应理由。首先，民意进入审判有助于法官正确认定事实。法官受其自身单一知识结构所限，可能会在案件的事实认定，尤其是涉及专业知识的事实认定方面出现偏差。来自各个生活领域的公民意见可以有效弥补法官专业知识的不足。其次，民意可

---

〔1〕 反对民意干预司法的论述详见伍柳村、左振声："民愤能否作为量刑的依据"，载《法学研究》1989 年第 4 期；周永坤："民意审判与审判元规则"，载《法学》2009 年第 8 期；周永坤："定罪量刑不宜考量民愤——从情绪的司法走向理性的司法"，载《审判研究》2005 年第 1 期；陈景辉："裁判的可接受性概念之反省"，载《法学研究》2009 年第 4 期；冀祥德："民愤的正读——杜培武、佘祥林等错案的司法性反思"，载《现代法学》2006 年第 1 期；孙万怀："论民意在刑事司法中的解构"，载《中外法学》2011 年第 1 期；徐阳："'舆情再审'：司法决策的困境与出路"，载《中国法学》2012 年第 2 期。

〔2〕 认为司法应当吸纳民意的论文详见：熊秋红："司法公正与公民的参与"，载《法学研究》1999 年第 4 期；支起来、童颖颖："司法的平民意识及其制度建构"，载《法律适用》（国家法官学院学报）2001 年第 12 期；周光权："论刑法的公众认同"，载《中国法学》2003 年第 1 期；谢新竹："论判决的公众认同"，载《法律适用》2007 年第 1 期；顾培东："公众判意的法理解析——对许霆案的延伸思考"，载《中国法学》2008 年第 4 期；郭永庆："量刑中民意导入机制研究"，载《法律适用》2009 年第 11 期；牟爱华："司法的公众参与：司法回应民意的原则与机制"，载《江汉大学学报》（社会科学版）2015 年第 1 期。

以帮助法官正确适用法律。一方面，法律的根本目标是实现公平正义，社会公众质朴的情感常常可以纠正僵化适用法律所造成的非正义。另一方面，民意介入审判可以有效监督司法权力行使，杜绝法官恣意。再次，社会公众对司法的介入可以有效防止司法权受行政权左右，抵制行政对司法的不当干预。这在一些行政案件中有着明显体现。最后，社会公众参与司法有助于全社会法治观念的形成。公众对个案审判的关注成为一个事实上的普法活动。对当下案件的评议可以使他们更好地了解法律运作、获取法律知识，进而积极地遵守和履行法律义务。针对反对民意干预司法的学者提出的依据《宪法》第 131 条的规定，审判应当依照法律的观点，支持司法应当吸纳民意的学者同样从《宪法》第 2 条第 1 款 "中华人民共和国的一切权力属于人民" 那里寻获到支持。既然一切权力属于人民，那么作为国家权力之一的司法权也当然属于人民。[1]综上所述，公众判意可以是司法公开化、民主化的有益实践。[2]

2. 民意审判与职业理性

就民意与审判关系而言，任何法律职业人的第一直感都必定是民意不应当干预审判。作为一项专门技术，司法审判是社会分工的产物，它的整个运作过程和最终结论应当建立在与普通理性不同的职业理性之上。尽管职业理性以普通理性为基础，且二者之间存在交集，但是，只要我们承认二者之间的差别，哪怕是微乎其微的差别，我们都应当宽容地尊重和接受一个遵循职业逻辑推演出来的结果，而不论这一结果在普通理性看来

---

〔1〕 参见何冰："司法民主建设：理论与方法"，载 http://www.chinavalue.net/Finance/Article/2008-11-7/143256.html，最后访问日期：2019 年 10 月 30 日。

〔2〕 参见顾培东："公众判意的法理解析——对许霆案的延伸思考"，载《中国法学》2008 年第 4 期。

是否恰当。

为了塑造出职业思维，一个法律职业人的技能培训经历了较长周期。在这段期间，社会为此耗费了大量成本和资源，而这一代价又恰是以取得司法专业化运作为预期收益的。就此看来，肯定民意审判是对社会这一努力的忽视。如果专业思维能够随意为普通思维所替代，民意能够理所当然地超越法律，那么，社会培养法律职业群体的目的便会落空。非但开设法学教育将失去意义，法律职业资格门槛也将形同虚设。进一步看，设立司法机关都将由于推崇普通理性而沦为冗余。这显然是一个与当今中国司法改革目标相悖的结论。

3. 民意审判与公共价值

司法审判作为社会纠纷解决的最终防线，其重要功能是"定纷止争"。就当下中国社会而言，必须看到，民意在实现这一功能方面有其突出优点。各类民意审判案件常常道出一个事实：不为社会公众接受的判决，即使已经走到法律程序的尽头，仍不能避免遭受颠覆的厄运。在李昌奎强奸杀人案中，一审判处其死刑立即执行，二审却出乎意料地改判死刑缓期执行。我国刑事诉讼法明确规定了两审终审制度，对李昌奎执行死缓应当是最终结论。但是，这一判决与常理相悖，不但受害人家属无法接受，而且社会公众也不能接受，一致要求判处死刑。民意给出结论的依据十分简单：杀人偿命。李昌奎不但杀人而且强奸，这已足以治其死罪，何况他还杀害了两条人命，其中还包括了一个年仅 3 岁的幼儿。此外，社会公众一致要求判处李昌奎死刑的理由还有：只杀一人的药家鑫都已被执行死刑，李昌奎如何能被豁免？可以看到，"两审终审"、"自首"、"少杀慎杀"、"自由裁量"和"程序正义"是专业理由，背后均有其复杂的法理，但它们似乎都在普通理性给出的常识理由面前显得苍白。倘若法院一味坚持执行专业理性下的判决，尽管背后有着国家强制力支撑，但很难指望受害人息诉服判，社会公众也不会就此罢休。这既是民愿和法意的较量，也是常理与法理的搏斗。

法律职业化也是法律精英化。一般而言，较之大众意见，精英结论常常包含更多的真理因子，更具有合理性。然而，一个社会中的精英数量总是远远少于普通公众。法律职业化蕴含着践行社会中小部分群体的法律价值观的内容。如果此种价值观没有得到大多数社会公众的认可，没有形成广泛的社会共识，即使这种价值观中蕴含了国家暴力，它在现实层面也将遭到各种社会力量的拒斥。一个仅停留在应然层面的价值，哪怕再合理，最多只是一个未能实现的理想。民意进入司法进而生成民意判决，是普通公众的常识意见对精英价值观的渗透，它更有可能唤起一种无形的社会力量，化解社会矛盾。

4. 民意审判与法治

民意中的公共价值似乎为民意审判提供了正当理由。然而，一旦跃居于法治视角，结论又将完全倒置，民意审判的正当性将再次遭受质疑。众所周知，法治优于一人之治。相较于人治，法治具有一系列美德，而法律的确定性无疑是其中最为重要的方面。它可以约束权力主体的恣意和避免任性人治的无常，使法律后果能够为所有社会成员预期，消除个体成员在决策中的双重偶然性，进而形成稳定的社会秩序。

法律的确定性存在于两个层面：其一，是抽象层面，即立法层面；其二，是具体层面，即司法或执法层面。抽象层面的确定性要求整个法律体系应当由法律规则构成，并且表述规则的语言应当清晰、明确和无歧义。具体层面的确定性关涉到司法机关或行政机关对法律规则的适用。就审判而言，法律的确定性体现为同案同判：相同案件作相同判决，不同案件作不同判决。区分案件之间的相同或不同的标准只能出自职业理性，具体实现方式是法官对法律规则的专业理解和对案件事实的正确认定。

司法中出现的民意经常被认为是干预法官理性决定的罪魁祸首。其不仅破坏审判的确定性，而且损害法律的确定性，进而贻害法治。有人认为互联网具有种种女性主义倾向，其中最为明显的特征就是情感化。[1]尽管这一表述中的情感化主体为互联网，但其实际所指，是利用互联网媒介工具并在虚拟公共领域沟通和交换意见的社会公众。情感化主体通常十分敏感，经常会因为出现一些微不足道的要素改变先前决定，具体表现为，在作出决定时的犹豫不决、左右摇摆和反复无常。正所谓民意如流水，舆论倾向常常会显示出不确定性和流动性。[2]社会公众在评论司法个案时，经常会先支持一方，随后又倒戈支持另一方。2008 年 10 月 11 日晚，哈尔滨的六名警察因停放车辆而与大学生林松岭发生口角，并将其活活打死。当得知凶手的职业身份是警察时，社会公众一边倒地站在被害者一方，纷纷指责警察暴行。然而，当网上流传出的视频显示死者林松岭三次殴打警察，并将一警察头部砸伤之后，社会公众便转而认为死者林松岭的不依不饶才是此次恶性事件发生的关键因素，被警察打死完全是咎由自取。[3]在许霆案的审判中，社会公众

---

〔1〕　参见姜奇平："互联网的女性主义特征"，载《互联网周刊》2012 年第 7 期。

〔2〕　参见苏力：《法治及其本土资源》，中国政法大学出版社 1996 年版，第 151 页。

〔3〕　"'哈尔滨警察打死大学生'事件舆论转变全过程"，载 http://news. ifeng. com/society/1/200810/1017_343_835696. shtml，最后访问日期：2019 年 10 月 30 日。

也表现出此类情形。在法院判处许霆无期徒刑后，社会公众纷纷声讨法院判决。但当得知许霆父亲抛出"不判无罪便不还钱"的言论时，社会公众却又转而支持法院的无期判决。两例案件中公众的先后态度均表现为对立、矛盾和不一致。从指责凶手到声讨被害人，从批评法院和支持犯罪嫌疑人到完全相反的情形，公众意见发生了180度的大转弯。可以看到，促使公众态度发生变化的，多是与法律无关的因素。

情感化的公众意见显然与法治不符，如果司法审判受其摆布，法律的确定性将荡然无存。这一理由再次瓦解了民意审判的正当性。然而，另一方面，片面强调法律的确定性在当下中国亦不可行。形式主义法治理念将法律及司法的确定性推至极端，但若法官在适用法律之际欠缺对规范的反思，机械地适用规则往往会得出荒谬结果。考虑到法律实施的社会效果，在严格适用法律有损社会公共价值之际，法官有义务在法律原理和社会现实之间进行平衡，并于制度框架内最大程度顾及二者。

贫富差距问题、"三农问题"、教育资源分配问题、医疗社保问题和城乡发展二元化问题等，凸显了当下中国社会中的复杂利益格局。审判作为社会纠纷解决的终端机制，时常处于矛盾爆发的风口浪尖。这些社会问题所引发的纠纷大多会经由司法程序以个案形式推送至法院，平息利益冲突和调和社会矛盾的重担因此落在了审判的肩上。如果判决常常使得公众的共识性期待落空，司法修整和平复社会冲突裂痕的功能就很难实现。继而，通过个案反馈至社会中的消极信息势必进一步加剧这些矛盾，整个社会系统将因缺乏有效整合机制而处于一种非稳定状态。在司法实践中，民意对司法的干预往往在结果上纠正了僵化适用法律的弊病，民意判决时常能够兼顾法律效果和社会效果。

综上所述，关于如何看待审判中的民意，党政机关和学术群体的态度有所不同。前者持有一种实践的态度，立足现实和后果，基本口径一致，均强调审判机关应当尊重和参考民意；后者则基于一种理论的态度，批判与反批判并存，观点对立，既有支持者，也不乏反对者。经验地看，民意审判是发生在我国当下转型时期的司法社会现象，但其背后蕴含着诸多理论问题。民意和审判的对立揭示了普通理性和职业理性的差异，究其实质，是精英价值和公共价值在法律领域内的分歧。此外，民意审判的争议也涉及形式法治和实质法治的理念差别以及法律效果与社会效果的正确取舍。评价民意审判现象需要认真思考这些隐含的问题，仅仅简单地给出一个支持或反对的结论，将错失对它的深刻思考。

二、研究意义

站在国家治理的高度看，民意审判可能只是一个微不足道的异常社会现象：它不过是一些不满法院审判或判决的社会公众，通过各种传播渠道发表意见，最终，司法机关的判决顺从了他们的要求。但是，这一简单的社会现象不仅涉及微观层面的裁判客观性，还与中观层面的司法改革相关，进而影响到宏观层面的法治建设。

1. 民意审判与客观裁判

民意干预审判首先触及裁判客观性问题。对法律关系的终极调整决定了司法在整个法律运行中的重要地位。审判不但解决个别案件中的具体争议，更为今后同类纠纷确立解决依据。法治的确定性在司法环节的落实要求审判必须具有客观性。

客观性是一个与主观性相对的概念，如果裁判是客观的，那么它是非个人化的。尽管大多数学者都承认，判决结果不应是裁判者个人恣意的产物。但这是否意味着，他们会同意，判决结果就像德沃金所主张的那样，必然存在一个唯一正确答案呢？[1]其中涉及许多复杂和微妙的问题。

从一些民意干预审判的典型案例中可以看到，民意干预前的判决和民意干预后的结果大相径庭，但在仔细研读这些判决书后又会发现，这些判决都声称是对法律的严格遵守，并且，它们对事实的认定也几乎没有差别。民意审判现象由此引出了一个问题：在两个都有法律依据的判决结果之间，究竟哪个才是唯一正确答案？或许，我们可以用法律去评价社会公众的干预行为，并能毫不犹豫地断定他们的行为不符合法律。但是，我们往往很难用法律去评价两种同时符合法律要求的判决。尽管此种犹疑不定已足以否定"唯一正确答案"命题，但是，在断言这一结论时，我们似乎心有余悸。因为，该结论背后隐含着一个我们所不愿意接受的潜在命题：长期以来被我们坚持、并被视为不容置疑的法律客观性信念将遭到颠覆。能够给我们带来些许慰藉的方式或许是，切断判决"唯一正确答案"同司法客观性之间的不当连接。

如果裁判的客观性与"唯一正确答案"之间没有必然联系，那么随之而来的问题便是：什么是客观性？波斯纳认为，客观性可以有三种含义[2]：①本体论意义上的客观。这是一种哲学意义上的客观性，就判决而言，它预设了一个"就在那里"、关于司法裁判真理的本体。但波斯纳并不认为司法裁判领域存在

---

[1]　关于德沃金唯一正解的论述请参见：[美]罗纳德·德沃金：《原则问题》，张国清译，江苏人民出版社 2005 年版，第 5 章 "疑难案件真的没有正确答案吗？"。

[2]　参见 [美]理查德·A. 波斯纳：《法理学问题》，苏力译，中国政法大学出版社 2002 年版，第 8~9 页。

此种客观性。他指出，如果将司法裁判的客观性归属于此种意义的话，我们就必须在自然法和法律虚无主义之间做出选择。自然法预设了一个绝对正确的正义本体，即所谓"大写的正义"，裁判的正确性体现在与这个正义本体间的符合。法律虚无主义则在意识到正义判决的虚无缥缈且难以寻求后，将法律的客观性视作判决对法官个人意志的符合。②科学意义上的客观，即可重复性。此种客观性强调，不分享同一意识形态的人也会在某一问题上达成一致。例如：对于一加一等于几的数学问题，无论保守派还是自由派，有神论者还是无神论者，都会给出一个相同的答案。但是，意识形态相左的人却很难就疑难案件中的法律问题达成共识。波斯纳认为，以科学意义上的客观性来审视裁判，最终可能还是要在自然法和法律虚无主义之间做出选择。③交谈意义上的客观，即合乎情理。波斯纳认为，只有以这种方式界定裁判的客观性，我们才能在自然法和法律虚无主义之间找到一个中间立场。合乎情理的客观性并不预设任何先验存在的正确判决，它主张通过主体间的沟通和对话来达致对正确司法决定的共识。尽管不是唯一正确，但是超越了个人意见的主体间共识仍然能够在很大程度上杜绝主观恣意。

由此可见，司法裁判的客观性具有丰富的含义，不同的解读将引发对审判功能的不同理解，继而影响到对司法和法治的态度。一方面，如果我们认为裁判的客观性就是唯一正确答案，我们可能会错误地评价许多正确的判决；另一方面，如果我们将客观性看作判决对法官意志的符合，我们又会错误地认为没有错误判决。无论是对审判理论还是审判实践而言，澄清这一概念的含义都具有十分重要的意义，而对民意审判现象中前后不一致判决的研究无疑为此提供了契机。

2. 民意审判与司法改革

研究民意审判现象对我国司法改革理论及其实践也具有重要意义。一个不容争议的历史事实是，中国正处在转型时期，改革和发展是当前的时代主题。

制度经济学认为，一项制度变迁的动力是，现行制度中存在着未被满足的潜在利益，由此而生成了制度创新的迫切需求。表面上看，制度变迁是新旧制度间的更迭，究其实质，它是一种效益更高的制度对原先制度的替代。在一项既定的制度安排下，未能实现潜在利益的状态被称为制度的非均衡状态。历史地看，制度均衡只是一种理想状态，即使偶然出现也不可能长期持续存在。社会物质生活条件的持续变化将不断激发起新的利益需求，其将持续打破先前取得的暂时性稳定和平衡。制度非均衡是一种常态，它们构成了制度变迁的轨迹。[1]

根据制度经济学的逻辑，在社会物质生活条件日新月异的今天，我国司法制度中也存在着一系列没有实现的潜在利益，因而，要求改革的呼声从未间断。自国家自上而下启动改革至今，西方法律文化中的一些司法理念一直为我们所奉行。从诉讼制度中的正当程序、保障人权、无罪推定、非法证据排除以及律师辩护制度的引入，到法袍和法槌等符号和象征器具的更换，职业化始终是司法改革的目标。在它的导向下，经过多年的努力，我国司法专业水平有了大幅度提高。围绕职业审判制度这一中心展开的、与司法密切关联的各项具体制度都逐渐步入正轨。但是，司法不公、司法腐败以及司法权威丧失等问题也不断涌现。这些问题极大地降低了社会公众的公正预期，进而在实践中对司法的良性运行产生了消极影响。

---

〔1〕 参见卢现祥：《西方新制度经济学》，中国发展出版社2003年版，第145页。

一些学者将这些问题归责于司法职业化的改革模式。司法改革脱离生活实际，与人民大众的价值观念渐行渐远，是所有问题的根源。在质疑和批判职业化目标的同时，他们提出了司法民主化的改革模式。于是，关于如何继续深入推进司法体制改革便有了两种方案：一种选择是，坚持司法职业化取向，不走回头路。另一种选择是，转向司法民主化改革，或至少将民主化改革与职业化改革并举。司法民主化改革的核心理念是，将民主制度由立法领域推广至司法裁判领域。[1]

站在改革的十字路口，究竟是继续深入推进职业化改革还是转而推进民主化改革抑或是两项目标并举，是中国司法所面临的一个难题。事实上，两种改革模式的取舍与民意和审判关系的妥善处理高度相关。民意和审判之间的冲突是司法民主化和职业化对立的一个侧显。它预示着，职业化改革背景下的判决结果同社会公众价值理念之间格格不入。如果民意审判问题能够得到妥善应对，司法改革的路径选择也必将会有眉目。

3. 民意审判与法治建设

研究民意和审判对于法治中国建设理论及其实践同样具有重要意义。在十一届全国人大四次会议上，时任委员长吴邦国正式宣布，一个立足中国国情和实际、适应改革开放和社会主义现代化建设需要，并集中体现党和人民意志的中国特色社会主义法律体系已经形成。它以宪法为统帅，以宪法相关法、民

---

[1]　关于司法职业化和司法民主化改革方面的论文详见何兵："司法职业化与民主化"，载《法学研究》2005 年第 4 期；孙丽君："司法的悖论——司法的民主化与司法的精英化之矛盾探究"，载《河北法学》2007 年第 4 期；侯猛："中国的司法模式：传统与改革"，载《法商研究》2009 年第 6 期；李德恩："论司法民主与现代司法理念之圆融——以陪审制度为视角的比较研究"，载《长白学刊》2009 年第 5期；巩军伟："论司法职业化与司法大众化"，载《兰州大学学报》（社会科学版）2010 年第 3 期。

法商法等多个法律部门的法律为主干，由法律、行政法规、地方性法规等多个层次的法律规范构成。建成后的中国特色社会主义法律体系将使国家经济建设、政治建设、文化建设、社会建设以及生态文明建设的各个方面实现有法可依。

然而，"徒法不足以自行"，确保"有治法"的立法只是实现法治的一个前提，完整意义上的法治体现在法律适用上。长期以来，我们都抱持这一观念：确立一种得到普遍遵守的秩序，是法治的重要价值之一。在审判领域落实这一价值必然要求司法判决具有恒常性，而飘忽不定的民意干预审判，必然打破司法的恒定规律，影响法治实现。但是，应当看到，在民意的干预和影响下，一些判决所表现出来的反常又是一种合理和必要的反常，它反映了社会公共价值在不同时期的客观流变。

当发现现实与理论不相符合的时候，我们将面对两种相反的思考进路：其一，奉理论为真理或不可撼动的标准，进而用它来批判现实；其二，立基于现实，反思并改进理论。反观我国当下法学，许多研究领域已经形成了固定的操作程序：先以西方法学家提出的某一原理为大前提，再以中国当下现实为小前提。在将大、小前提两相并置后，推出中国现实情形不符合西方原理的结论，进而建议按照西方理论去改进没有"遵守"原理的现实。

就民意审判现象与法治的确定性而言，前一种思考维度可能会作出如下论断：由于法治的确定性要求判决具有恒常性，而民意审判违背了这一要求，进而，司法审判中的民意破坏了法治的确定性价值。与之相对，第二种维度可能作出如下思考：一些经验现象表明，社会公众经常在司法机关审理案件之际发表与之相对立的意见。并且，许多判决结果最终与民意高度趋同。这是对审判恒常性的破坏，进而损害到法治的确定性价值。

至此，两种思考模式所得出的结论表现出一致性。但第二种进路的研究不会就此停止，以这一结论为前提，推出另一个表现为价值命题的结论，通常是一个批判现实的结论，即民意不应当干预司法。第二种思考将兼顾中国现实而并不一味只关注西方理论。因而，它能够注意到，其中一些公众意见具有相对合理性，法院按照民意要求而作出的判决能够实现法律效果和社会效果的更好的统一。非但如此，第二种进路还能够提出一些立基于现实的重要问题：判决具有恒常性对中国司法审判是否必要？法治中国是否一定要求判决具有恒常性？判决的恒常性和法治的确定性之间有着何种关联？法治是否必然意味着法律的确定性？什么是法律的确定性？一旦深入思考这些问题，便会发现，它们的答案以及由此引出的进一步问题，无论对中国的法治理论还是实践而言，都比简单给出一个不符合西方原理的结论要更有意义。

前一种思维的核心是演绎，其结论不牢靠很大程度上是因为前提并非普遍真理。实际上，所谓的法治原理，不过是一些国家于特定历史时期下的实践总结。无论在空间还是时间上，都具有局限性。尽管人类文明存在着某些共性，但我们切不可忘记，任何知识，归根结底，都是"地方性知识"。在借鉴他人成果时，尤其是将其植入本土实践时，一种警惕和怀疑的态度尤为必要。毋庸置疑，研究中国的法治建设应当给予中国现实经验更多关注，充分挖掘"本土资源"。因此，削足适履地剪切事实，强行使之符合原先的理论，并不是一个明智的理论态度。一个严肃的学者会认真对待与理论命题格格不入的异常事实，在这些类似经验达到一定量的积累后，据此去完善甚至修改现有理论。我们要做的绝不是对西方法治理论的全盘否定，而只是尝试给出一个能够合理解释当下中国实践的"修正"。由此可见，从民意审判这一微观的司法社会现象切入思考法治范式问题，将有助于法治中国的理论和实践。

第二节　文献回顾

一、国内文献

历史地看，关于民意与审判的研究是二者间矛盾白热化的产物，其现实基础是我国司法审判制度日趋完善。二者的冲突在现实层面越是激烈，关于民意与审判的理论成果就越是丰富。1997 年 9 月，党的十五大正式将依法治国确立为治理国家的基本方略，并提出推进司法改革的战略目标。同年，《中华人民共和国刑法》（以下简称《刑法》）和《中华人民共和国刑事诉讼法》作出重大修改。因此，该年份成为我国司法改革进程的重要分界点。在此之前，改革处于起步阶段。与之相应，同期民意与审判关系的论著颇为罕见，仅有伍柳村和左振声于 1989 发表的"民愤能否作为量刑的依据"一文。而在 1997 年之后，我国司法体制改革迈入了高速发展时期。审判专业水平的迅速提升使司法职业价值观同普通生活价值观日渐背离，一些判决与常识、常情和常理不符，民意和法意之间的对立凸显，关于民意与审判的理论研究大量涌现。

尽管我国学者关于民意和审判关系的研究起始于 20 世纪 80 年代末，但很多研究由于时过境迁，在当下已经失去了理论意义。因此，我们重点关注了近 10 年的研究成果。作为一个并不严格的概念，民意审判指涉一种可被观察到的社会现象，即：司法判决与公众意见高度趋同。与之同义的还有，"民意干预司法"、"舆论裁判"以及"舆论法庭"等。近年来，这一现象在我国司法实践中频繁发生，引起了理论的高度关注。现从该论题的焦点、原因和对策三个方面，对相关研究成果做简要梳理。

首先，关于民意审判现象的问题焦点。我国学者就民意与审判关系论述的核心焦点是审判是否应当吸纳民意。有学者认为审判应当拒斥民意，如：周永坤（2009）认为涉案民意破坏了权利义务体系、破坏了法的安定性并且违背了罪刑法定原则，更有可能助长法官的专横；陈景辉（2009）认为，民意仅仅是得出裁判结论的说明性理由而不是正当性理由，所以司法判决需要提防民意。与他们的观点相左，也有学者认为司法应当吸纳民意，如：顾培东（2008）认为，公众判意并不构成依法独立审判的威胁，司法应当吸纳民意，因为司法的运行不能独立于社会。苏力（2009）认为在难办案件中法教义学所发挥的作用已经不大，吸纳民意的政治性考量不可避免而且必要。季晨溦（2017）以协商民主为立论基础，主张社会公众参与司法，对于法律公共理性的建构具有积极意义。因此，法官在审理案件之际应当考虑主流意见，使判决建立在民意之上。与此同时，也有介于以上对立观点之间的折衷观点。他们主张法官应视具体情况来决定是否吸纳民意。褚国建（2010）认为，法官在遇到民意干预司法案件时可以通过法律论证的操作，即以普遍化、一致性与融贯性三原则检验与提升民意本身的合理性程度，独立判定是否采纳。徐阳（2012）认为，司法决策者所秉持的"金标准"不是一味抗拒民意，而应当是在任何情境下都以专业理性探究民意背后的实质因素，并凭借妥当的裁量技术展开说理与论证。梁迎修（2014）认为，民意不能作为司法裁判的规范性依据，但民意对于法律解释和漏洞补充具有重要价值。法官考量民意时应对民意的合理性进行检验，汲取民意的合理成分，进而作出合法公平的判决。

其次，关于民意审判现象的发生原因。张真理和高小岩

（2009）认为，民意干预司法的根本原因在于，法律世界与生活世界的认知模式迥然有异。此外，大众传媒出于某种认知偏好，往往会对信息进行重构，它们加剧了民意和司法的对立。孙笑侠（2011）认为，在一些非典型案件中，民众、媒体、为政者和司法官四个主体之间存在着角力关系，其中，前二者对审判的影响是间接的，后者的影响则是直接的。陈林林（2012）认为，公众意见在裁判结构中的地位视案件的性质而有所不同。在简易案件中，其仅仅只是得出裁判结论的说明性事实和辅助性依据；而在疑难案件中，它却可以成为得出裁判结论的立法性事实和运作性依据。周安平（2013）认为，涉诉舆论反映的是大众思维，虽然其针对的是司法，但发泄的往往是对社会问题的不满情绪。陈林林（2018）认为，真实世界的法官决策受到多种动机激励，这些因素既对立又统一，共同编织了一张激励与抑制并存的认知网络。法官对公众意见的认知心理决定了民意审判的发生。

最后，关于民意审判现象的应对策略。给出应对策略的前提是，民意对审判产生了消极影响，需要加以治理。季金华（2010）从四个方面给出构建和谐民意与司法的对策：①审判信息公开和构建网络公共领域；②完善人民陪审员制度、司法听证制度、专家咨询制度、公益诉讼制度和司法调解制度；③建构网络民意的汇集、甄别和吸纳机制；④加强网络立法，建构民意引导机制。于晓青（2012）认为，民意干预司法现象的实质是，法院以不恰当的政治手段来解决司法纠纷，对此，法院应当予以纠正，并代之以法理手段。但法理本身又具有专业性、主观性和争议性，因此，最终应当以修辞手段来弥补。涂云新和秦前红（2013）认为，法院应当建立一种"回应型"的司法理念来解决这一问题，其核心是：依法独立审判、间接沟通以及考虑一定时期内的民意。石艳芳和李晓磊（2013）认为，司法审判是表达民意的重要途径之一，法院应当建立获取民意、甄别民意的畅通管道，主要方式是以"重塑人民陪审制"为核心，建立合法有序的民主审判通道。张玫瑰（2014）认为，法院可以从建立司法与民意有效的网络沟通渠道、提高法官的司法能力和加强普法宣传三个方面入手，来解决民意干预司法的问题。牟爱华（2015）认为，法院可以通过落实公民法院旁听权、构建法庭之友制度和改革司法记录查询制度来正确积极地回应民意。

在问题焦点方面，应当或不应当吸纳民意的主张背后体现着评论者本身的价值判断，而介于以上对立观点之间的论调实则是将该价值判断交给了法官。价值判断属于规范研究的范畴，如果缺少必要的经验研究作为支撑，结论往往难以令人信服。价值判断通过价值命题表现出来，与事实命题不同，一个规范命题并不描述客观现象，而是评价所发生的事实或者规定哪些事实应该发生。如果规范命题是表述"应当"的领域，那么事实命题就是表述"是"的领域。按照休谟的说法，二者之间存在着一道不可逾越的鸿沟，我们所观察到的只能是后者，而从后者并不必然推导出前者。就民意审判应当与否而言，由于是以评价者自身的价值观念为基准，结论往往富有争议。

在问题原因方面，学者们有的是基于社会心理学视角，有的基于传播学视角，有的基于法律方法视角，还有的是基于政治权力博弈视角。本书拟在吸收这些作品理论成果的基础上从宏观和微观两个方面探究民意审判的原因。一方面，从法律制度切入，是本书进行民意审判现象研究的一个宏观视角。民意审判现象表现为，审判结论吸纳民意或民意对法律的替代。正是基于此点，民意审判遭到了学者们的强烈反对。但一个明显的事实是，即便民意审判，最终结论仍以法律作为依据，法官并没有径直依照民意裁判。所有的民意审判都是合法裁判，相同案件中，与民意不同的判决也自法律推出。"合法，但不同"的现象意味着什么？通过民意审判现象反映出来的一个事实是，同一案件中的合法判决并不具有唯一必然性。由此深究下去，便可发现，法律制度本身在确定性方面存在问题。另一方面，对法官行为进行探究，是本书切入民意审判现象的一个微观视角。这一视角是宏观视角的深入和继续。如果法律不确定命题能够成立，司法判决中的决定因素不再只是法律，同时也渗透了法官意志。民意审判现象的发生可被看作，法官最终选择了那个符合民意的合法判决。有理由相信，法官的选择并非出自任性，判决应当出自客观依据。法官常常被假定是在公正裁判。即使这个假定非常必要，并且通常也都是事实。但仔细推究，这实际上是一个规范命题。"法官应当公正裁判"还是"法官实际'是'在公正裁判"是一个常被我们忽略的问题。承认两项命题间的区别，指出它们的不同意义，是本书的研究目标之一。

在应对策略方面，学者们的建议大多是改善司法机关内部制度，这些对策往往与分析民意审判现象的原因视角密切相关。以很多学者都提到的建构网络民意的汇集、甄别和吸纳机制为例，这一对策是由于研究者观察到，民意在现实中干预审判的主要手段是利用互联网传播工具。以微博、微信为代表的自媒体工具的广泛普及加速了信息传播速度和频率，它能够使与审判相关的个案信息迅速在公众间扩散。原先微弱的个别民意可以在传播工具的作用下形成强大的压倒性舆论，进而影响法官的审判决策。"建构网络民意的汇集、甄别和吸纳机制"欲在审理案件的法官和强大的舆论之间构筑起一个沟通和互动的平台，进而给法官的公正审判创造条件。但是，这一解决方案在手段和目的上都存在问题。从手段来看，建构网络民意的汇集、甄别和吸纳机制究竟是现实的机制还是虚拟的机制？即，是通过具体制度规定建立法官与公众的沟通程序，还是利用信息数据技术依托计算机在互联网上完成？前一方案，不具有现实性。在舆论影响较大的案件中，网络民意的发布者不仅分散在全国各地，而且他们关于审判的意见常常以匿名的方式发布，因此很难规定一个程序，促使法官与他们有效沟通。后一方案，则无必要性。拟收集的网络民意本身就已经通过互联网媒体呈现在网上，意思表示已经相当明确，实无必要再单独创建一个制度去汇集、甄别和吸纳。无论是坊间的流言蜚语还是公众的真切要求，法院直接作出回应即可。此外，从目的来看，建构网络民意的汇集、甄别和吸纳机制，不但没有消除民意对审判的不良影响，反而加大了法官在判决之际对民意的依赖。事实上，发生在当下转型时期的民意审判现象，有其深层次的社会背景和独特根源。仅仅根据表面现象提出一些完善性意见略显粗浅。现实中的反馈也是收效甚微，治标不治本。

综上所述，我们发现，深入研究这一现象需要加强对法官裁判行为的关注。首先，争议焦点侧显了法律的不确定性，法官行为因而在民意审判的生成中扮演着重要角色。如前所述，"应如何"的争论体现了评论者各自的价值主张，而介于两者之间的折衷，实则是将该价值判断交给了法官。无论支持还是反对吸纳民意，双方的论证都以判决结果须在形式上符合法律为前提。终极评价标准的缺位，使我们注意到法律的不确定性。在这一前提下，从"实然"层面探究法官出于何种目的、运用何种方法并且基于何种理由将民意纳入判决的行为就显得尤为必要。其次，法官行为是形成民意审判的内在和直接原因。学者们的各种原因揭示，大体上可被概括为两类：外在视角和内在视角。前一视角考量司法之外的因素。无论传统情理文化、新闻传播理论，政治权力博弈、案件本身性质还是社会公众心理，都是在这一角度下的研究。与之相对，后一视角探究审判之内的影响，其注意到，法官行为是民意判决形成的直接因素。陈林林（2018）基于法官个体认知心理的阐释，系该主题的最新研究成果，其凸显了法官行为对于民意审判现象发生的重要性，是一种基于内在视角的原因揭示。最后，正确评价法官的裁判行为，是制定有效应对措施的前提。从学者给出的各种建议看，它们大多建立在对民意审判的否定性评价之上。事实上，正确看待这一现象需要一个辩证态度。正如支持吸纳民意的学者们所指出的，在一定程度上，公众意见对于我国转型时期的司法运作也具有积极功效。毋庸置疑，司法判决出自法官之手。若欲获取切实可行的对策，法官如何裁判的行为应当首先被认清。

二、国外文献

在国外文献方面，我们重点关注了美国学者的研究。整体来看，美国公众对审判的介入不似中国这般频繁，它仅发生在关涉经济政策、道德争议和种族问题的疑难案件中。这些案件的判决结果常与公民的宪法权利相关，如女性堕胎权、同性恋权利、宗教信仰自由和保护犯罪嫌疑人的正当权利等。在对待民意的态度上，学者们主张司法要对民意开放，但同时也强调，民意必须通过合法程序、有秩序地进入司法。并且，其他社会组织，诸如律师协会，在缓解民意与司法的对立中也可以发挥积极作用。

在美国学者那里，从法官行为切入民意和审判的研究成果十分丰富。Mishler 和 Sheehan（1993）认为，最高法院的大法官们普遍对民意中流露出的意识形态趋向非常敏感，至少部分大法官有意或无意地调整他们的判决以迎合这种趋向。在现实的司法过程中，民意可以作用于个体法官的内在规范进而影响法官的判决行为。Norpoth 和 Segal（1994）重新审视了 Mishler 和 Sheehan 的结论，并发现法院判决方向的任何一个改变皆能由一个公众影响的"间接模型"加以反映。在这个模型中，由公众选举出来的总统，通过任命大法官的方式来影响联邦最高法院的意识形态构成。Flemming 和 Wood（1997）通过一系列定量研究方法发现，在许多法律领域，公众意见对于大法官的行为都有重要影响。McGuire 和 Stimson（2004）在对大量上级法院推翻下级判决进行实证研究后发现，公众意见对法官判决行为的影响比重超过了法官个人意识形态的影响。Benjamin J. Roesch（2006）的研究否定了民意对法官行为的影响。一方面，在正式制度，即，美国现实的政治权力架构下，民意基本上不可能通过国会或总统影响到大法官决策；另一方面，法官决策的非正式制度包括：遵循先例、上诉程序以及考虑到法官个人及群体声誉。然而，从"法官态度模型"（以法官的政治态度预测判决结果的模型）看，民意对它们的作用并不明显。因此，无论从正式还是非正式制度考量，民意与法官决策之间都不存在必然关联。Barry Friedman（2009）通过质性研究方法断定，最高法院判决与社会公众意见之间存在相关关系。由于最高法院需要公众支持以维护其政治地位，当公众情绪偏向自由或保守时，判决也会随之发生变化。法官使判决倾向民意的方法是法律解释。当宪法字面意思下的判决与公众期待不一致时，最高法院往往采用目的解释方法；而当字面含义的结论与民众期望结果一致时，法院则会坚守文义解释而避免对法律问题做实质讨论。Neal Devins 和 Nicole Mansker（2010）在州最高法院层面对民意和司法的关系进行了研究。其结论表明,各最高法院的判决都在不同程度上受到公众意见影响。首先,公众意见对竞选法官的影响十分明显,而对于不参与竞选的法官影响较小。其次,法官有很强的动机去迎合可能倒戈的选民意见,以博得此类群体的好感。最后,法官,特别是竞选法官,往往会倾向听取赞助自己竞选的利益集团意见。总之,法官在作出决定时并非总是出于对社会有利的目的,往往是为了在政府官员、社会精英及社会公众中赢得一个好名声。Neal Devins(2010)通过美国夏威夷州和马塞诸塞州高等法院关于同性恋婚姻法案的判决表明,美国各个州法院之间相互关联,它们在判决之际会经常考虑,对美国社会的整体影响以及全体美国民众的态度。Lee Epstein 和 Andrew D. Martin(2010)从个案层面的探讨了联邦最高法院和社会公众意见之间的关系,他们认为,身为社会公众一员的法官并不直接受到民意影响,而是在对影响公众意见的事件作出反应。Sofi Sinozich(2017)的研究表明,法官的机会主义行为不仅被美国学者,而且为美国公众所觉察。通过追踪调查 1973 年至 2015 年间的公众态度,他发现,近 10 年来,美国联邦最高法院在公众心目中的地位直线下降,它已被视为一个政治机构而不再是严格公正的法律实体。同时,大法官们也被看作是一个个自利的行为者(self-interest actor)。

直观地看,在民意与审判的互动关系中存在着两类群体,一者为公众,另一者为法官。我国学者多关注前者的干预行为,而美国学者则更加看重后者的审判行为。在研究中,他们的视角通常先落在法官行为上,进而再将分析扩展到影响裁判行为的诸多因素,如希望获得公众支持、赢得好名声以及效忠支持自己的利益集团等。

美国学者的研究至少给我们带来四点启示:①司法过程存

在着不确定性。这一特征在英美普通法制度环境下更为明显。反观我国的司法判决，尽管类似于大陆法系，不确定性也在一定程度上存在。具体表现为在个案中，同时符合法律的判决可以是多个，且无法从法律规范角度对它们进行差异化评价。②法官判决的依据是个人偏好。这是一个很难被传统理论所接受的观点。一般地，我们都会假定，法官的裁判行为应当出自对公平正义的追求。无论我们有没有意识到这个假定，现有裁判理论事实上都来自这个假定。而在美国学者眼中，法官在判决之际似乎更多是在追求个人利益。如果法律是不确定的，并且法官的行为又是出自对个人最大利益的追求，那么法治将有被解构的危险。正是在这种危险观点面前，许多学者不愿意直视，在忽略了许多真实命题后，最终导致结论过于理想化。尽管承认法官理性自利的确是在"破坏"法治根基，但毕竟现实而非理想才是理论研究的当然起点。它丝毫不会因为任何美好理论憧憬而发生改变。③法律方法的重要性。法治要求审判须尽力摒弃主观恣意，但司法判决的不确定性和法官个人的主观偏好共同造就了此种不利条件。对此，法律方法或许是一个有效的制约因素。法律方法是法官将抽象法律适用于具体案件时所运用的方法，包括法律解释和法律论证。以法律解释为例，在法律文本发生模糊、歧义和缺失之际，解释法律成为法官获取判决依据，得出判决结果的必备工具。文法解释、逻辑解释、目的解释和历史解释，是最为常见的四种古典方法。它们实际上是一套规则体系，并且是构成性规则体系。这套体系不仅规定了在解释法律时有哪些规则，而且还对各种解释规则的优先顺位进行了一个大体排序。正是在规则意义上，法律方法才能够在法律不确定和法官偏好决策的现实中，对法官的恣意进行制约。但是法律方法毕竟不是法律规则，不具有法律那样的权威性，并不必然要求法官在审理时加以适用。实际上，法律方法是一种社会规则，是一种为特定社会共同体在事实上所承认的规则。正是此种共同承认，生成了驱使决策法官朝向公正的现实压迫力。民意审判是法官适用法律的结果，法律方法的运用与否使最终判决呈现出不同意义。④经验研究方法的广泛运用。其包括，表现为调查、量表和问卷的定量研究方法和以实地考察、参与观察和深度访问为代表的定性研究方法。这些方法可以成为从规范（应然）角度审视法律的一个补充。

第三节　研究内容

一、研究方法

研究方法的选择对于一项研究的顺利开展十分重要，不同的方法可能导出不同的结论。整体而言，我们对待方法的态度是实用主义的，也即方法上的综合主义。任何方法下的理论都不可能完美地解释复杂世界，试图运用一个能够将所有现象都纳入解释的方法，最终将产生一个关于理论的悖论，以至于它什么都没有解释。因此，在不同的方法之间，不存在一劳永逸、永远正确的方法。就此而言，方法具有相对性。但是，这种相对性并不意味着我们就像费耶阿本德那样极端地怀疑方法，认为怎样都行。关于一项具体研究的更好方法，可以在比较辨识之后确定。

在对民意审判这一现象进行研究时，笔者坚持从经验而非理论出发。通过研究事实得出结论，力图使所获取的每一个理论命题都有现实依据。无论是对民意审判案例的梳理、社会公众干预审判行为的描述，还是对法官在司法决策时的心理动机的分析，经验方法贯穿始终。即使在借鉴他国学者成果时，也没有忘记需要将该理论同本国实践结合。案例分析方法、质性研究方法、比较分析方法、个人主义方法和证伪方法都反映了整个研究注重经验的倾向。其中，证伪方法看似与经验研究所获得的结论矛盾，但却是它的有力补充。经验研究中充斥着归纳思维，但实质上，任何归纳都是不完全归纳。因此，一项研究就有必要给不完整经验基础上的结论划定范围。此外，需要说明的是，尽管笔者在研究时力图回避价值，但这一点不可能彻底做到。所有经验，归根结底，都是"我"所注意到的经验，都是向"我"显现的经验。在研究者的意向性中，已经不自觉地渗透了个人价值。事实上，任何研究都不能回避价值问题，但在得出价值结论之际，应当力求有尽可能多的经验材料加以支撑。

1. 案例分析方法

开展案例分析的基础性工作是收集案例，这是一个与规范研究相对的经验方法。研究结论的客观性要求任何理论命题必须建立在经验事实之上。本书中的所有案例材料都是为了对民意审判现象进行客观的描述和准确的解释，意在研究民意审判现象"是"什么，而非"应当"是什么。

2. 质性研究方法

即与定量研究相对的经验研究。在这一方法的导向下，研究者参与到自然情境而非人工控制的实验环境中，通过与研究对象的实际互动来理解他们的行为，整理收集资料，进而形成结论。为了了解法官在一些"两可案件"判决中的真实动机，笔者曾到一些法院进行调研。在此期间，笔者尽可能地深入到法官之中，通过对法官的个别访谈、记录现场观察笔记以及收集法院内部制度文献的方法获取经验材料。

3. 比较分析方法

他山之石，可以攻玉，外国学者的同类研究成果可以给我们带来智识上的启迪。但是，这些理论都形成于他国法律实践，在运用这一方法时要注意区别。片面强调差别的态度固然不对，不加区分地一味照搬亦不可取。本书在法官效用函数变量的选取和设置上参考了美国学者，尤其是波斯纳法官的研究成果。

4. 个人主义方法

整体是由个体构成的，社会是由个人构成的，只有个体才是真实的。哈耶克在《个人主义：真与伪》中指出，所谓的国家、集体全部是臆想的产物，它们本身不会思想、不会行动。在民意审判中，判决是法官的决定而非法院的决定，个体法官的心理与行为应当受到特别的关注。

5. 证伪方法

证伪方法是与案例分析和质性研究互补的方法，归纳思维是这两种方法的基本内核，但根本而言，任何归纳都是一种不完全归纳。休谟的怀疑论指出，由于个别很难过渡到一般，单称命题无法上升为全称命题。波普尔认为，传统的证明成立方法不过是对之前归纳工作的重复，一个理论命题的科学性并不体现在它能够被证成，而恰恰在于被证伪。证伪方法给经由经验研究而获取的一般命题划定边界，进而使结论更加精确。

6. 价值分析方法

上述经验方法的运用，将使研究结论显得更加客观。但必须承认，正如拉伦茨所言，不管在实践还是理论领域，法学主要涉及的是价值导向的思考方式。实际上，所谓的经验，首先是在"主体"那里的经验，是呈现于主体意识之中的经验，它无论如何都摆脱不了主观性的渗透。而通常所谓的"主观"价值亦有其客观的一面。正确的价值分析并非个人偏好的表述，一定意义上，它应当是集体偏好的体现，即，价值分析的基础常常是"客观"的社会共识。

二、关键概念

1. 民意（public opinion）

从字面上看，民意是民众意见的简称。《中文大辞典》给出的定义是"人民之公意"；《现代汉语词典》则将其注解为"人民共同的意见和愿望"。在政治学、社会学、传播学和社会心理学等学科中都能找到民意的概念。但由于这个概念的内涵小、外延广，不同学科的民意实际所指称的对象之间存在差异。本书所讨论的民意是司法审判背景下的民意，它是社会公众以各种媒体为依托，针对审判过程或判决结果所发表的、相对一致的意见。

2. 法律的不确定性（legal indeterminacy）

Kress（1989）、Bix（1993）和 Endicott（2000）分别对法律的不确定性进行了论证。Otakpor（1988）在"论法律中的不确定性"一文中通过概念分析的方法指出，如果 P 是不确定的，那么：①P 没有发展到最终状态；②P 是不固定、模糊和不明确的，或没有固定价值；③P 没有被指定；④P 不能被预先决定；⑤P 不能直接被引用解决纠纷。糅合以上五种关于不确定性的含义，并在司法审判的角度下审视这一概念，本书中法律的不确定性是指个案中的法律问题没有唯一正确答案。法律的不确定性在司法实践中是一个基本事实。法律规则的语义模糊、法律原则的价值不可公度（incommensurable）、不成文法律渊源的司法适用、多元法律解释标准等，皆会引发法律的不确定性。

3. 理性经济人（rational economic man）

也称作经济人（economic man）或理性人（rational agents），

奉行个人主义方法论的经济学假定，市场中的每一微观主体都是追求效用最大化（Utility Maximization）的经济人。无论古典主义、新古典主义还是现代经济学理论都建立在这一前提之上，它是经济推理的基础。然而，这一假说被 Herbert Simon（1953）等经济学家批判欠缺真实性，并提出替代性的有限理性理论。对此，始终坚持理性人假说的经济学家 Milton Friedman（1970）曾作出回应。他认为，理论是将客观现象有逻辑的简单化，是对现实的逼近而不是等同。因此，理论必然是有缺陷的，不完美是它的本质。经济学中就有许多并不完全符合实际的假设，比如"完全竞争市场"假设和"完全垄断"假设，但是，这些"不真实"并不妨碍它们成为经济推理的基础。

4. 法官的理性选择（the rational choice of the judge）

选择是主体在自由状态下作出的积极和主动的行为。奥地利经济学家 Ludwig Heinrich Edler von Mises（1949）指出，人们所有的行为都不可避免地由一个唯一的动机所引发，即，欲以一个更适于行为者的境况来代替没有行为时的情形。理性人在做出选择时总是会考虑自己境况的改善情况，因而，总是会衡量与比较该选择的收益与该选择的机会成本。当且仅当收益大于机会成本时，选择行为才会被作出。法官的理性选择是将法官预设为理性经济人后的一个命题。在借用经济学工具将法官设定为寻求自我利益实现的理性经济人后，一个必然的推论是，法官在法律不确定条件下的选择是为了实现自身最大化效用，此即，法官的理性选择。这里的"理性"并非哲学意义上"为自身立法"的理性，而是经济学意义上的自利理性。

5. 法官的效用函数（the utility function of the judge）

效用函数能够更加直观地展现法官理性自利的选择过程。法官的效用函数，是反映法官效用受到哪些因素影响的函数表达式。任何一项函数都包括因变量和自变量两个部分。在法官效用函数中，前一部分是法官的效用（U），后一部分是影响法官效用的具体因素。构建法官效用函数的关键在于，确定函数表达式中的自变量。在借鉴 Richard A. Posner（1992）、Thomas J. Miceli（1994）、Frederick Schauer（2000）、Gordon R. Foxall（2005）和 William M. Landes&Richard A. Posner（2009）的研究成果和访谈中国法官的基础上，影响我国法官的效用函数变量被确定为，晋升（E）、收入（I）、闲暇（L）、荣誉（H）、公益（C）。

三、结构框架

本书的研究目标是，从宏观制度层面（法律的不确定性）和微观行为层面（法官的理性选择）揭示"民意审判"现象的发生原因，并基于法治立场探寻如何实现民意和审判的良性互动。围绕这一目标，整个研究包含五个部分，它们分别是：民意审判何以可能、民意审判的必要条件、民意审判的充分条件、民意审判的两种类型以及法治社会中的民意审判。

1. 民意审判何以可能

"民意审判"指涉一种可被观察到的社会现象，即司法判决与公众意见高度趋同。在考查若干民意介入审判的案例后，一个贯穿全书的总问题遂被提出：社会公众并不握有制约法官的权力，民意审判如何可能？

2. 民意审判的外在条件：法律的不确定性

法律的不确定性，是指个案中的法律问题没有唯一正确解答。也即，多项形式上符合法律的判决方案于个案中并存。并且，无法以法律本身为标准，对它们的好坏进行评定。公众意见蕴含在由法律不确定性所产生的多项方案中，是民意审判现象发生的外在条件。

3. 民意审判的内在条件：法官的理性选择

一旦个案中的法律答案表现为多个，并且，无法用法律标准来判定它们的优劣，最终判决就可被视作法官在多项方案中的选择。法官选择了与民意相趋同的那个解答，是民意审判现象发生的充分条件。充分条件命题包含了以下内容：

第一，理性经济人假设（rational economic man）。在借用经济学工具将法官规定为寻求自我利益实现的理性经济人后，一个必然的推论是，法官在法律不确定条件下的选择是为了实现自身最大化效用，此即，法官的理性选择。这里的"理性"并非哲学意义上"为自身立法"的理性，而是经济学意义上的自利理性。无论古典主义、新古典主义还是现代经济学理论都建立在这一前提之上，它是经济推理的基础。以奥地利的米塞斯（Ludwig Heinrich Edler von Mises）和美国的贝克尔（Gary S. Becker）为代表的经济学家认为，这一假设适用于一切人类行为领域。

第二，法官的效用函数构建（utility function）。效用函数能够更加直观地展现法官理性自利的选择过程。法官的效用函数，是反映法官效用受到哪些因素影响的函数表达式。任何一项函数都包括因变量和自变量两个部分。在法官效用函数中，前一部分是法官的效用（U），后一部分是影响法官效用的具体因素。构建法官效用函数的关键在于，确定函数表达式中的自变量。在借鉴国外学者成果和访谈中国法官的基础上，影响我国法官的效用函数变量被确定为：晋升（E）、收入（I）、闲暇（L）、名誉（H）、公益（C）。

第三，民意判决最大化法官效用。在法律的不确定性所产生的多项备选方案中，相较于不符合民意的判决而言，与民意趋同的那个方案能够最大化法官的效用。在法官作出这一选择后，民意审判现象随即发生。

从上述初步确定的五个变量可知，法官的效用函数为：U＝U（E, I, L, H, C）。在这个表达式中，E, I, L, H, C 这五个变量与效用 U 之间具有正相关关系，即，假定 U 有一个数值，E, I, L, H, C 也都各有一个数值，U 随着这些变量的单独或共同增加而增加。

进一步看，用 P 指代与民意趋同的那个判决结果，−P 为与民意相悖的任一判决方案。尽管二者均可由法律推出，但是，我们将论证：P 可以通过直接增加五个效用函数变量间接地增加法官所获取的效用，即 P 与这五个变量正相关；而−P 则与这五个变量非正相关，即，−P 的增加会减少或至少不会增加五个变量值，进而不能增加法官效用。因此，法官选择与民意相趋同的那个判决结果所获取的效用 U（P），一定大于选择与民意相悖判决所带来的效用 U（−P）。由于作为理性经济人的法官总是追求自身效用最大化，这种选择遂成为现实，我们也就目睹到民意审判现象。

4. 民意审判的两种类型

进一步研究法官效用函数模型，可以发现，其中的变量并不完全一致。公益变量表明，法官的理性自利容纳得下利他行为。因而，理性经济人假设同时包含了利己和利他的矛盾目标。表面上看，似乎陷入悖论，但事实上，市场中的每一微观主体的动机内容皆是如此。从商品交换中获取效用（个人）或利润（厂商）最大化的目的不排除这些主体的利己之心，但客观上必须有利人之行。以公正审判为基准，可以分出两种类型的民意审判。

5. 民意审判与法治

并非所有民意介入都为法治所不容，公正和非公正的民意审判对法治分别具有不同意义。实现民意和审判在法治社会中良性互动的前提是完善依法独立审判制度。

第二章

民意审判何以可能

就通常意义的民意而言，它是一个内涵小、外延广的概念。但"民意审判"中的民意，则被限定在司法语境之中，它与法院审判密切关联。这一民意不过是普通社会公众关于审判或判决的意见表达。由于他们手中并不握有制约司法的国家权力，启动整个研究的总问题遂被提出：民意审判何以可能？通过对刘涌案、泸州遗赠案、许霆案和李昌奎案四例典型案件的剖析，"司法民主"和"个案正义"与民意审判的关系被逐一审视。它们都不能够越过法律单独为审判结果提供正当性支撑。然而，典型案件中呈现出来的不同"依法判决"表明，法律的不确定性或许是民意审判得以发生的一个原因。

第一节　介入审判的民意

一、民意概念的厘定

（一）中西语境中的"民意"

"民意"一词由"民"和"意"两个单字组合而成，2000多年前便已见诸我国古典文献。在《说文解字》中，"民部"的"民"字为"萌"意，以草芽之形的象征指涉普通百姓和平民布衣。《尚书》中的"民"字与《说文解字》中的解释大体相当，一般指"民众"，如"膏泽斯民"、"重我民"、"民不欲徙"以及"民咨胥怨"等。"意"字在《说文解字》被注解为意志和意愿:"'意',志也""心之所谓意"。

《周易》中载有:"汤武革命,上顺天心,下合民意",其中的"民"是一个与天对应的概念,意指百姓;"意"则与"心"同义,可以被理解为心意和意愿。将"民"与"意"合在一起就是,百姓的意愿。后世著作中出现的"民意"一词基本沿袭了《周易》中的用法。如《管子·事语》中有"女勤于缉绩徽织,功归于府者,非怨民心,伤民意也",以及《管晏列传》中的"下令如流水之原,令顺民心"。庄子认为,"上法圆天以顺三光,下法方地以顺四时,中和民意以安四乡",在天和地之间只有顺和百姓的意愿才能使四方太平。《汉书·杜周传》有云:"宜修孝文时政,示以俭约宽和,顺天心,说民意,年岁宜应。"明代的高启在《尹明府所藏徐熙嘉蔬图》中也有为君者应当多体恤百姓意见的说法,"君多恤民意,毋忽岁馑忧"。

与民意一词对应的英文是"public opinion",即:公众意见或舆论,多出现在社会心理学、新闻传播学和政治学的论著中。从古罗马至中世纪这段时期,"君权"和"神权"在西方政治思想中占据主导地位,公民意见鲜被提及。然而,文艺复兴的思潮召唤起普通人人性的回归,当君权和神权逐一从政治舞台垮塌后,民权遂成为它们的替代品。自资产阶级革命时起,普通公民的意见逐渐受到关注,逐渐占据政治意识形态的主流。同时,一个关于人类社会如何组建的首要基本问题被提出。无论启蒙思想家们认为个体人性在先验意义上是善还是恶,社会契约理论都受到他们的青睐和推崇。对社会契约的深入阐述不可避免地要考查社会契约的签订主体及其意愿。因此,诸多思想家在其经典著作中都对民意进行了探讨:早在霍布斯的《利维坦》中,民意这一概念就已经出现;卢梭在《社会契约论》中详尽阐明了民意的合法性和正当性,并严格区分了"公意"

和"众意"；黑格尔在《法哲学原理》中对立法权作出专门论述，也使用了"民意"的概念，作为自由意志定在的法律，应当是社会公众意志的体现。

西方国家在进入 19 世纪之后，协作分工日益细化，制度结构更加复杂。在此基础上展开的理论研究也进一步丰富和完善。随着社会实践和研究领域的不断拓展，一些新兴学科，或被创设提炼，或从原本的知识体系中分化而出。从政治学、心理学和社会学等传统学科中产生出来一门专门研究人类传播行为和传播过程及其发展规律的传播学，它是系统研究民意的学科。1899 年法国社会学家塔尔德出版的《社会舆论与公众》，是第一本关于民意的著作。20 世纪 20 年代，由美国学者李普曼撰写的《民意》，也被译作《公共舆论》，是一部享有很高声誉、系统研究民意的著作。在该书中，李普曼指出，横亘于主体和客体之间的多重障碍经常使信息在传播过程中发生扭曲，这将给一个民主国家的良好政治生活带来消极影响。信息受到扭曲的主要原因是当时美国的传播媒介不够完善，一些舆论机构受到利益集团的操控。因此，建立一个公正的舆论机构，对形成健康民意，以及民主政治的良好运行而言尤为必要。

尽管对民意进行了系统研究，当代西方学者对民意的界定却不尽相同。德国哲学家加尔夫（Christian Garve）认为民意是一个国家的大多数公民反省或实际了解某事之后所形成的共识性判断。[1]亨尼西（Bernard Hennessy）认为，民意是具有相当数量的一群人针对重要议题表达其复杂偏好的综合。[2]日本的

〔1〕　参见王来华、林竹、毕宏音："对舆情、民意和舆论三概念异同的初步辨析"，载《新视野》2004 年第 5 期。
〔2〕　参见余致力：《民意与公共政策——理论探讨与实证研究》，五南图书股份有限公司 2002 年版，第 37 页。

佐藤彰等人认为，民意是绝大多数国民的见解和意见，是决定社会和政治问题的最后判决。[1]

民意的概念在我国学者这里也不统一。他们或将民意定义为，一定历史条件下，与国家意识相对应的，人民在政治、经济、物质文化生活等诸方面的社会心理和社会意识形态的综合趋势；或认为，民意是民心和公意，是社会上大多数成员对与其相关的公共事务或现象所持有的大体相近的意见、情感和行为倾向的总称。[2]还有学者将民意看作大多数社会成员对与其相关的公共事务或现象所持有的大体相近的意见、情感和行为倾向的总称，是一切社会机制赖以运行的基础。[3]

（二）民意的内涵

1. 民意作为精神现象

尽管中西方学者对民意的定义不完全相同，但都没有脱离"民"和"意"这两个字的基本含义。其中，"意"字使民意指涉一种精神现象，其可首先被归入社会意识范畴。根据历史唯物主义的分析框架，与物质资料生产方式及其生产关系的客观实在相对，社会意识是人们对社会存在的反映。根据主体范围不同，社会意识可被划分为个体意识和群体意识。前者是单个主体对社会存在的反映，后者是前者的集合。另一方面，按照意识内容的复杂性，社会意识又可分为社会心理和社会意识形态。前者是主体对社会存在被动和零碎的反映，后者相对而言

---

〔1〕　参见［日］佐藤彰、铃木荣、船津好明：《民意调查》，周金城、张蓓函译，中国对外经济贸易出版社 1989 年版，第 1 页。

〔2〕　参见喻国明：《解构民意——一个舆论学者的实证研究》，华夏出版社2001 年版，第 6 页。

〔3〕　参见张隆栋、姜克安、范东生：《大众传播学总论》，中国人民大学出版社 1997 年版，第 249 页。

处在一个较高的层面，是对社会存在能动和系统的反映。

作为整体的民意首先起始于个体意识，这些分散的意识通过各类传播媒介在不断聚集和汇总后形成整体性的群体意识。进一步看，个体意识的形成也非一蹴而就的，其涉及了认识如何发生这一问题，原因十分复杂。从逻辑上看，认识主体先从接受个别感性材料的被动刺激开始，消极反映客观事物，产生个体心理。当这种由经验材料和客观事物给予的消极和零散刺激达到足够量的积累后，主体将逐渐获得能动和整体的观念。因而，尽管最终表现出来的是一种积极的群体意识形态，但民意却产生于消极的个体心理现象。

2. 民意依赖表达行为

在民意这一语词中，一个没有显现但却潜在的涵义是主体的表达行为。单从语义学考查，无论"民"还是"意"中都没有包含这层意思。然而，民意显然不是一种仅停留于主体思想内的存在形态，它必须由意识主体表达出来才能够被其他主体所感知。仅当这一条件满足时，个体意义的民意才能过渡到整体意义的民意。后发形成、整体意义上的民意并非个体意识状态的简单相加，而是经过了一个修正的过程。此种主体间性的调适必须经过个体表达才能完成。

从语用学角度来看，当我们说出民意这一概念时，我们必然是在指称一种客观现象，这是一种被外化了的民意。意识的外化是指，主体通过表达行为将其内在意思展现出来。缺少表达行为作为媒介，民意就只能始终被囚禁在个体的主观思维层面而不能外化为客观现象，无法成为一门学科的研究对象，也无法对社会存在产生现实影响。

思想内容的表达需要一定的手段，民意的形成过程也是如此。整个表达过程包括两个层面：一是外化。就个体而言，停留在思想层面的个体意识被表达为能够为其他个体所感知的个体意义上的民意。二是汇集。就群体而言，在外化基础上发生进一步的主体间性沟通，最终产生整体意义上的民意。外化和聚集都属于表达行为，但是所使用的工具不尽相同。前者主要依靠个体的语言行为，后者除了语言行为之外还需要各种传播工具加以辅助以发生现实的影响力。

个体的概念非常明确，但群体是一个模糊的词汇，群体影响力亦是如此。由于群体没有一个明确的数量规定，从单一的个体扩展到何种程度即转换为群体，欠缺精确的规定，大体的界定是"足够多"。由于个体语言行为的传播效率极大地受到时间和空间的制约，个体民意转化为整体民意单凭个体语言行为通常无法完成，即无法达到足够大的影响力，因此辅助性工具，诸如广播、电视、报纸以及互联网等传播媒介就显得必不可少。综上，民意不仅是一种思想意识，更是一种行为实践，从个体民意到整体民意需要分别经过外化和聚集两个阶段，它们的手段不全然一致，前一阶段需要个体的语言行为，后一阶段还额外需要辅助性的传播工具。

3. 民意发自利益动机

尽管属于社会意识范畴，民意有其社会存在根源。从个体心理到群体意识形态的整个过程都不是盲目的自发自为，而是形成于特定目的下的导向和驱使。无论是个体的外化表达，还是群体的集合表达，都基于个体行为而发生。前者是特定个体的单一行为，后者则是一定数量的个体经过相互沟通和交流而形成的复合行为，根本上看，二者都发自于个体动机。因而，深入探究个体的行为动机对于研究民意这一精神现象的形成来说十分重要。

18 世纪法国哲学家爱尔维修曾言，正如物质世界为运动规律所统治，人们的精神世界被利益规律所支配，河水不会向河源倒流，人们不会逆着利益的浪头走。[1]在此基础上，爱尔维修进一步指出，利益支配着我们的一切判断。[2]无独有偶，所处时代远比爱尔维修要早的中国的史学家司马迁，在 2000 多年前就道出了"天下熙熙，皆为利来；天下攘攘，皆为利往"的著名论断。而现代著名经济学家，奥地利学派的米塞斯（Ludwig Heinrich Edler von Mises）则更为清晰地指出，人们所有的行为都不可避免地被唯一动机引发，即，想以一个更适于行为者的情形替代行为前的情况。[3]

这些不同时期、不同国家和不同领域的思想家们不约而同地指出了一个事实，利益是每一个体实施外在行为的内在驱动力。如果这是一个事实的话，那么，就个体意义的民意来看，单个主体通过言语行为表达意见的动机是出于追求利益。同理，社会公众在交换个体意见的基础上形成群体性意见时，也是为了实现自身的利益。然而，后一种利益的结构要更为复杂。

（三）民意的特征

对民意内涵的分析表明，民意是一种精神现象，属于社会意识范畴。它发生于认识主体受到客观事物的刺激而被动形成的个体心理，在经验材料的刺激达到一定量的积累后，个体心理进化为能动的个体意识形态，即个体意义上的民意。一定数量的个体意识形态在汇集和交换后产生了群体意识形态，即整体意义上的民意。在从个体心理到群体意识形态的整个过程中，

---

〔1〕 参见北京大学哲学系外国哲学史教研室编译：《十八世纪法国哲学》，商务印书馆 1963 年版，第 537 页。

〔2〕 参见北京大学哲学系外国哲学史教研室编译：《西方哲学原著选读：下卷》，商务印书馆 1982 年版，第 182 页。

〔3〕 参见［奥］米塞斯：《经济学的最后基础》，夏道平译，远流出版事业股份有限公司 1991 年版，第 106 页。

表达行为必不可少，它包括了个体表达形式的外化和群体表达形式的汇集。前者只需要通过单一主体所使用的言语行为即可完成，后者还需加上额外的传播媒介。无论外化还是汇集，都与个体动机密不可分，而这一动机就是追求利益。因此，整体意义上的民意必然包含了利益诉求、多样表达途径、理性与非理性并存以及生活常识这四方面内容。

1. 民意关涉利益诉求

民意并非社会公众凭空而发，总是与特定事件相关。一定意义上，世界是由事件构成的，任何一个社会，每天都在发生着各种各样的大小事情。但是，它们不可能全都受到公众关注。美国社会心理学家欧尔波（Floyd H. Allport）认为，民意是个人表达或被要求表达的意见，用以赞成或反对具有普遍重要性的特定状况。[1]被主体纳入意识之中的特定状况经过了刻意选择，都是他们所认为的重要状况。

重要性是一个主观概念，在不同主体那里并不统一。但可以确定的是，如果个体行为动机是利益的话，那么是否影响自己的利益必将成为个体判别事物重要性的一个标准。特定状况对利益的影响又分为两个维度，积极促进和消极阻碍，两种朝向在分别达到一定程度时将被主体确认为重要，尽管程度不能精确界定，并且会因不同主体而有所不同。由此可见，社会公众之所以去评论一个特定对象，或者一个特定状况之所以会吸引公众眼球，进入主体意识之中并促成主体的评价性言语行为，归根结底，是因为这些事件的内容关涉到他们的利益。

假奶粉、瘦肉精以及地沟油等不良事件在我国受到了社会公众的广泛关注。这些事件与社会公众的日常生活都紧密联系，

---

[1] 参见高永光："台湾民意调查之过去、现在与未来"，载《台湾研究集刊》2012年第4期。

并可能引发消极维度的利益影响，每位成员都可能成为其潜在受害者。实践中一个有趣的现象是，尽管社会公众意见的驱动力是利益，但这些诉求往往通过正义来表达。于此就产生了正义和利益之间的微妙关系。一方面，正义在现实中表现为利益分配；另一方面，正义常成为主体利益的托词。此时，深入研究民意就需要揭开修辞学的帷幕，发现所谓正义背后的真实事物。

2. 民意的表达途径多样

作为精神现象的民意是公众利益诉求的汇总。这些诉求首先表现为单个主体通过言语行为将包含了要求实现自己的利益的意识内容表达出来。单个主体的利益诉求的力量非常薄弱，只有当这一意见引起了其他主体的共鸣，同类利益诉求的聚集达到一定规模时，才能产生现实影响力。进而，这些民意才会整体地引起外部观察者的注意，被概括成一种现象。

与停留在个体意识中的利益诉求主体的主观状态不同，现实中的集体利益诉求则是一种客观现象。从前者到后者的转化需要个体和集体的言语行为，它们是整体意义上的民意表达的根本途径。上访、信访、联名向政府递交意见书等都是公众表达意见的方式。然而，在这些传统表达途径中，个体之间的意见交换受到空间和时间极大制约，它们限制了传播受众人数，进而抑制意见影响力的扩散。

当下中国社会中个体意见的传播和群体意见的聚集往往借助了传播媒介。这些工具打造成的现代表达途径使公众利益诉求不再囿于相对狭小的范围。广播、报纸、电视和互联网技术的迅猛发展使公众表达途径多样化，为个体意义上的民意扩展至公共领域提供了宽广平台。其中，网络虚拟社区、BBS 论坛、博客、微博和微信等自媒体工具的"及时发布信息功能"使公众间的互动和交流更为迅捷。

现代媒体虽然在促成民意方面扮演重要角色，一定意义上，没有媒体就没有民意，但是，媒体工具加入传播过程也会使民意不再纯粹。一方面，使用传媒技术尤其是互联网传播技术需要一定的知识素养，这排除了一部分不具有这些背景的社会公众参与意见表达。另一方面，除了自媒体工具，传统媒体背后的新闻报道人也是一个独立的主体，有着自己的利益诉求。他们在促成群体意见交流过程中为了实现自己目的，可能使公众意见发生扭曲和变形。

3. 民意中理性与非理性因素并存

理性的含义是丰富的。在哲学中，理性被康德界定为一个与感性和知性相对应的概念，理性为自身立法，确立了一个按照普遍法则去行动的命令。经济学中的理性指涉理性自利，理性人追求自己利益的最大化实现。政治学中的理性则指公共理性，它是一个与"合理性"相对的概念，前者具有普遍性，道义至上，后者具有特殊性，贯彻的是功利主义。尽管民意中的理性和这些含义都有一些联系，但这里先要指出的一个维度是，思维主体通过经验事实认识真实世界和把握客观规律的能力。因此，理性的民意是指个体和群体所表达的意见内容与实际情况相符；非理性的民意则与之不符。尽管对于理性与非理性的评价在事实之外还有道义（deonlogy），即除了实然标准之外还有应然标准，但后者因涉及价值内容而具有复杂性，这里先存而不论。

概括地看，民意现象中既有理性因素也有非理性因素。在利益动机驱使下，个体通过言语行为进行利益表达，结果有两种可能：或者能够得到群体的认可，或者不被接受。前一种情形意味着：个体所主张的利益通常与群体利益相一致或不违背；或者，这种利益被认定为，一个损害了较小利益的较大利益。

这一情形中的利益可谓正当利益，个体在表达此类诉求时尽管可能会遭到反对，但自可不必顾忌，真实表达和真诚沟通可以更好地实现自己利益。后一种情形则表明，个体利益诉求与群体利益不一致或相悖，或者是一个损害了较大利益的较小利益。此时，个体所追求的利益通常被认为欠缺正当性。

理性的个体对于自己的利益诉求是否能被接受有着清晰的认知。然而，人们的动机一般只囿于个体利益的实现，不会因为利益欠缺正当性而放弃行动。因此，为了实现目标，个体往往会采取隐瞒真相或捏造事实的手段来使自己的诉求显得冠冕堂皇，骗取群体认可。而一旦这种虚假情形被公众所接受，整体意义上的民意就会表现出非理性。

虚假情形会被公众接受可归因于不完美的沟通情境。整体意义上的民意的形成离不开个体之间的协商和讨论，在理想商谈程序中，个体的任何虚假和非善意陈述都将被筛选和过滤。哈贝马斯的理想商谈论辩情境包括：所有具有道德资质的行为主体都能够无条件加入商谈对话；参与者充分知情；商谈话语本身没有强制；每位言谈者可以充分表达自己的愿望、态度和需要。[1]然而，这一商谈条件的规定过于苛刻，现实中往往无法实现。

民意内容中的非理性还有其他原因。譬如，法国学者勒庞就认为，群体是冲动、多变和急躁的，易受暗示和轻信，群体的情绪是夸张与单纯的，群体是偏执、专横和保守的，群体的道德水平十分低劣。[2]传播学中"沉默的螺旋"理论也表明，

---

[1]　See Habermas, *Moral Consciousness and Communicative Action*, translated by Christian Lenhardt, Polity Press, 1990, pp. 65-66.

[2]　参见［法］古斯塔夫·勒庞：《乌合之众——大众心理研究》，冯克利译，广西师范大学出版社 2007 年版，第 54~74 页。

在面对明显错误但已具备一定声势的民意中，正确的个体在发表意见时往往会感受到一种无形的压迫力，经常选择沉默。这正如托克维尔所描述的，多数人在思想的周围筑起一圈高墙，越过雷池的人倒了大霉，有跨越想法的人则失去勇气，不敢作声，躲避起来。[1]错误群体由于听不见异己声音而更加自信，底气更足，而正确意见则在沉默中向下呈螺旋状运动，逐渐消失。

4. 民意的形成基础是生活常识

意见的形成离不开人们对客观事物的认识，即所谓主体对客体的反映。无论是个体意义还是整体意义上的民意都不能缺少认识对象。进入主体内部的客观事物即通常而言的经验材料，它们刺激主体的意识并促使知识的产生。就此而言，知识不能缺少经验，意见离不开对象。但经验对象仅仅是认识产生的必要条件，若要形成知识，这些材料还需要经过主体意识的内在加工。在经验材料面前，主体所受到的刺激，即单纯反映这些材料的过程，是消极被动的。但在此之后的意识加工过程却体现了主体的能动性。正是因为主体能动性的差异，才会使同一客观材料在不同主体那里所形成的知识不尽相同。这一论点可以在现实中轻易得到验证，面对相同的事情时，人们经常会持有不同的观点。

意识对经验材料进行加工的能动过程，可被概括地称为主体的认知模式。人们在认知模式方面存在差异的原因十分复杂，既有先验因素也有经验因素。前一因素是生物学和遗传学的研究领域，这里仅关注后一因素的影响。具体来看，影响主体认知模式的后天因素包括出生背景、成长环境、教育状况、社会

---

[1] 参见［法］夏尔·阿列克西·德·托克维尔：《论美国的民主》（上卷），董果良译，商务印书馆1991年版，第293页。

阶层和职业身份等。在这些因素中，职业身份对主体认知模式的影响最为显见。

具有特定职业身份的主体在长期从事某一领域内的社会实践后将形成固定的职业认知模式，单个主体的认知模式受到他自己的职业身份影响。这种差异化的认知模式仅能形成个体意义上的民意，或特定职业领域内的民意，而无法在全社会范围内达成共识，形成整体意义上的民意，最后一种类型的民意要求社会中所有个体的认知模式能够得到统一。

权且排除其他因素的影响，可以断定，职业身份依附于认识主体前后，分别存在两种不同类型的认知模式——普通认知模式和职业认知模式。两种认知模式的基础一致，都面对同样的经验材料，都初步形成同样的感觉、知觉和表象，但二者最终呈现的内容往往差异甚大。因为两种认知模式促使主体在同一经验材料内容之上，分别运用不同的概念、判断和推理。

从认识内容来看，社会公众之间达成普遍一致意见的基础只能是形成于普通认知模式的生活常识。它渗透进差异化的个体的职业认知模式之中并发挥协调作用，进而使因从事不同职业的个体在认知模式上重新齐一化。常识发挥的协调性功能有其现实基础，尽管现代社会中的分工协作异常复杂，几乎每位公民都有自己的职业领域，但是，他们的第一身份还是这个社会中的公民。并且，在职业化教育之前，大都经历和接受过一段相当长时间的常识教育。

因为常识排斥预设主体是某一特定领域内的专家，了解相关的专业知识，所以建立在常识基础上的共识，就可能会同职业认知模式下的专业群体意见发生对立和冲突。现代国家和社会建立在高度发达的职业化分工之上，专业化不断朝纵与深两个维度发展。就人数而言，职业维度的拓宽增加了职业种类，任一职业领域中的专业人数必在职业细化的过程中不断缩减，专业人员相对整个社会公众的人数来说都显得非常微小。在两种意见发生冲突时，一个常见的现象是，社会普通公众的声音往往盖过了专业群体的声音。但是，常识和专业知识也并非一味对立，二者常常是一致的。毕竟，信赖专家和权威意见是生活常识的一个部分。

二、司法审判中的民意

（一）作为国家权威的审判

从社会分工的角度看，审判也是一项专门职业，受过此类训练而从事该行业的群体被称作法官。他们在确认具体案件事实的基础上适用法律，解决社会中发生的各类纠纷。

一个主权国家在结构上可分为市民社会和政治国家，前者系由具备该国国籍身份的公民组成，后者是一个抽象的实体。社会中存在着形形色色的社会关系，一定意义上，社会关系的总和就是人类社会。伴随着一定行为和事件，社会关系总是发生于主体之间。其中，公民行为及其基础上的事件构成了大部分社会关系。在特定情形下，国家也可以成为行为主体，同公民发生关系。有关系就会有纠纷，纠纷是关系的非正常化。整体来看，各类纠纷因所涉及的主体和启动方式不同大致分为三种情况：一是公民侵害国家利益，国家控诉公民；二是国家侵害公民利益，公民控诉国家；三是公民相互侵害权益，公民之间的诉讼。由此而产生了三种不同类型的纠纷，刑事的、行政的和民事的。所有这些纠纷，按照现代社会的功能指派，大多要诉诸法院解决。尽管就社会功能而言，司法审判主要是解决纠纷。但是，平息争议并非司法审判的专利，一些社会机构、组织也承担判定是非、定纷止争的功能。与它们相比，司法审判的特殊性在于它体现了一种国家权威。一方面，司法审判的整个运作过程与国家权力紧密联系。另一方面，司法判决是适用权威规范的结果。

1. 司法审判是一种国家权力

司法审判在启蒙思想家那里被确立为一种国家权力，但起初的国家分权理论并未将审判权单独列出。例如，英国的洛克就将国家权力划分为：指导如何运用国家的力量以保障这个社会及其成员的立法权；负责执行被制定和继续有效的法律的执行权；包括战争与和平、联合与联盟以及同国外一切人士和社会进行一切事务的对外权。[1] 将惩罚犯罪和解决公民纠纷的权力称为裁判权，并首次将其划归为国家权力的是法国的孟德斯鸠，他的理论主张得到了资产阶级革命家的广泛践行。在发表《人权宣言》和《独立宣言》等一系列重大政治事件之后，立法权、行政权和司法权三权分立的政治架构模式在西方国家逐渐形成并得以完善。

近代以来，我国借鉴和学习了西方国家的政治思想，但在具体实践方面，历来同西方不同。在中华民国时期，孙中山就提出了一套与西方国家不同的政治制度，在立法、司法和行政之外另行设立主管考试和监察的国家权力组织。我国强调国家主权的完整性，不承认三权分立、相互制衡的制度理念。《宪法》分别设立了全国人民代表大会、国务院、最高人民法院和最高人民检察院来行使国家权力，尽管它们大体上对应于西方国家的立法机关、行政机关以及司法机关，但就这些权力本身而言，与西方国家还是存在实质区别。我国《宪法》中规定了，一切权力属于人民，人民行使权力的机关是全国人民代表大会。

---

〔1〕　参见［英］约翰·洛克：《政府论》（下），叶启芳、瞿菊农译，商务印书馆1996年版，第89、90页。

另一方面，西方国家强调权力在相互制约中达到平衡，基于"制衡"理念来设计政治组织。我国则强调国家机关的分工负责。我国的权力相互配合，相互监督，共同对人民负责，是一种渗透了"人民"属性的权力。

尽管存在差异，但司法审判在当代各国，都是一种国家权力。审判权力运行的结果渗透着国家权威，使它同其他种类的纠纷解决方式区别开来。

2. 司法审判以法律规范为依据

法院审判与其他纠纷解决方式的差异还体现在运用标准上。但凡纠纷，都是对某一事实的争议。仅凭事实本身不能够消解这一争议，必须诉诸额外的事实，即所谓的判定标准。只有当裁判标准先被确定之后，纠纷才能获得确定的解决。长期以来，我们一直坚守"以事实为依据，以法律为准绳"的裁判准则，其表明法院在纠纷解决时的判定标准只能是法律。

作为裁判标准的法律是一种行为规范，它的内容之中蕴含着道义力量，要求人们去做或不做一定行为。现实地看，法律的道义力量最终体现在对人们行为的约束，表现在两个层面。第一个层面是遵守法律层面。法律规范在该层面所约束的主体是一般公民，在其效力范围内，法律对所有被纳入调整的主体均具有约束力。第二个层面是适用法律层面。在这一层面受到约束的是法律适用者，包括行政执法主体和司法裁判主体。法官审理案件时，将法律规范应用于具体案件，对现实关系作出调整，体现了法律规范在第二个层面的效力。进入这一层面常常意味着，法律第一个层面的约束力在现实中没有实现，即法律没有被一般法律主体所遵守。此时，法官要做的工作就是，将失衡的法律关系拨乱反正，运用法律规范中第二层次的应然要求判定是非。

法律之外的道德、习惯、风俗以及行规，同样属于规范，权且称作社会规范。它们同法律一样充斥着道义力量，具有应然方面的要求。社会纠纷解决机构或组织，常常利用这些社会规范来解决纠纷。由于内容不同，适用社会规范的结果常常与适用法律不一致。

　　法律规范与社会规范既相互联系又具有实质区别。一方面，社会规范是法律规范的正当性基础。法治国家的基础是民主政治，相较于专制而言，民主的核心是集思广益。民主制度在国家治理中之所以具有明显优势是因为，众人意见常常优于个人意见，尤其是优于与众人一致意见相对立的个人意见。哈耶克的知识分散论所欲表明的正是此点。集思广益要求充分吸纳社会公众的意见，在关乎一个国家制度安排的立法领域尤其应当如此。因此，社会规范经常是立法者的重要参考资源。我们可以看到许多社会规范都被吸纳成为法律规范的现象，两类规范在内容上呈现出同一性。此外，社会规范是社会公众自动承认和践行的规范，其中蕴含了一个社会的"公共价值"。法律规范则是一种自上而下的规范，其中所囊括的价值必须在整体上为社会公众所接受。哈特将法律看作一套规则体系，包括第一性规则和第二性规则，所有这些规则的效力都来自于承认规则，但承认规则无法证明自身的效力，它的基础是获取社会成员的承认，这种承认往往是基于社会规范的承认。由此可见，法律规范的效力最终根植于社会规范。

　　另一方面，法律规范又并非简单等同于社会规范，二者之间差了一个实实在在的民主立法程序。如果把社会规范视为原材料，法律规范看作成品，民主立法程序就是横亘在二者之间的加工流程，它不仅在名称上改变了这些规范，而且赋予它们以权威。前已述及，两类规范的内部都充斥着道义力量，都有对人们行为的约束和要求，具体表现在，两类规范都需要通过一个包含"应当"意义的语句展现出来。但是，有权威性的规范和不具有这一特性规范相比，除了前者常常通过文本形式固定下来，而后者欠缺该形式外，一个最为明显的方面是，当两者发生冲突，即针对同一主体或同一事项规定了两种不同方向的"应然"时，后一类规范要为前一类规范让步。此外，法律的规范力量体现在两个层面，前一个层面是普通主体的遵守，后一层面是适用主体的遵守。社会规范的效力，一般仅及于第一层面。后一类层面也是处理纠纷的标准。法律规范是必然标准，社会规范却并不必然成为标准。无论是在法官裁判，还是在社会组织和机构裁判案件时，都是如此。

（二）社会公众介入审判

司法审判中的民意，是指与国家行使审判权力发生联系的民意。刘星教授将这种民意看作是社会大众根据法律正义的外在社会价值所形成的一种民众意愿，暗含了大众对司法正义的期待，事实上是一种大众诉求。[1]周永坤教授将现代社会中的民意分为立法民意和大众民意，并认为，司法审判中的民意是一种不具有合法性的大众民意。郑成良教授则进一步区分了三种意义上使用的民意。第一种是涉及民主、多数人意愿的政治学意义上的民意；第二种是国家立法机关通过立法将民意法律化的制度化的民意；第三种是非制度化的民意，司法机关在审理一些社会反响极大的案件时，往往会受到来自于社会的巨大压力，此时民意往往与具体法律的适用产生某种冲突。[2]三位学者在对民意进行分类或界定时，不仅涉及这一现象的事实性

---

〔1〕 参见刘星："法律解释的大众话语与精英话语——法律现代性引出的一个问题"，载《比较法研究》1998 年第 1 期。

〔2〕 参见郑成良、张英霞、李会："中美两国司法理念的比较"，载《法制与社会发展》2003 年第 2 期。

质，也涉及它的价值特征。然而，价值具有主观性，尽管任何研究最终都难以回避给出一个价值定论，但这一结论应当具有充分的经验材料作为依据。

随着法治观念深入人心，人们的权利意识日渐高涨，越来越多的社会纠纷被推至人民法院。据统计，我国各级人民法院2015 年全年受理各类案件近 1800 万件，审执结案件 16 713 793件。[1]如此庞大的数字决定了并非所有案件都能落入媒体公共领域。于是，案件如何进入公众视野并引发关注便成为研究民意审判现象的首要问题。

大量案件表明，含有官民冲突、权贵身份、社会民生和公德困境等"主题元素"的案件特别容易引起社会公众的兴趣，[2]而以互联网为主导的各类媒体工具则为此种兴趣下的关注和表达搭建了一个平台。就初始动因来看，社会公众对案件"主题元素"的留意和关注既可能是自发自动的，也可能是受到一些利益相关者的刻意鼓动，由此形成了自发介入和推动介入两种不同类型的介入。[3]

1. 自发介入

无论民意还是判决，都是一种对案件的评价，事关案件如何处理，或纠纷应当如何解决。从形成过程看，民意先后经由个体和整体两个不同阶段。在外部事物的刺激和利益动机的驱使下，个别公民接受案件信息，形成关于案件的个体心理。经

---

〔1〕 参见最高人民法院研究室："2015 年全国法院审判执行情况"，载《人民法院报》2016 年 3 月 18 日，第 4 版。

〔2〕 参见孙笑侠："公案的民意、主题与信息对称"，载《中国法学》2010 年第 3 期。

〔3〕 参见陈杰："'民意审判'及其法治应对"，载《甘肃政法学院学报》2018 年第 5 期。

由能动性意识加工并通过言语行为表达出来后，主体关于案件应当如何处理的意见成为个体意义上的民意。在现代传播媒介的辅助下，这种意见表达能够轻易被个体之外的其他社会公众所感知，如果其中的利益表达与自身要求一致，其他个体公民往往会通过各种手段和方式附和这一意见。对于个体意义上的民意的每一个附和，都是分散的意见得以汇集的过程。随着认同这一意见的公众逐渐增多，积累到一定人数或达到一定规模，整体意义上的民意随即形成。

从个体表达到意见汇集，除了贯穿利益诉求外，整体意义上民意的形成基础是社会常识。然而，审判是一种专门活动，法官所给出的意见建立在长期实践和专业知识的基础上。这一差别，使民意和判决常常对立。具体来看，一个评价结论的形成取决于评价主体选用的规范、事实和方法，而社会公众在这三个方面都与职业法官不同。

首先，社会公众与法官在规范选取上存在差异。由于整体欠缺法律知识，社会公众常凭借直觉选取表现为常识、常情和常理的道德规范作为评价标准。休谟曾经指出，道德的本质是基于情感而产生的关于特定事物的价值、观点和态度。[1]在进行道德赞扬同时，我们心理所体验到的是积极情绪，如赞赏、肯定和褒扬；而当道德反对时，我们体验到的是厌恶、否定和鄙夷等消极情绪。[2]但法律思维首先是服从规则而不是听从情

---

[1] 参见［英］休谟：《人性论》（下册），关文运译，商务印书馆1996年版，第508页。

[2] 休谟认为"恶"与"德"本身不是人们通过运用理性能够发现的事实，如对于故意杀人的恶行，我们无论从哪个角度去观察这个行为都发现不了与道德相关的存在和事实，而当我们反省自己内心的情感、动机、意志和思想时，我们便会发现一种谴责的情绪，而谴责情绪这一事实不是理性的对象，而是情感的对象。参见［英］休谟：《人性论》（下册），关文运译，商务印书馆1996年版，第508~509页。

感。[1]一些为道德评价所鄙弃的行为，可以是合法行为。诚然，法官也是普通社会公众的一员，对道德规范有着明确的认知，在某些时刻也会不自觉受道德情绪左右。但他的职业要求其必须用理性克制自己的情感，并代之以适用法律的考量。这在社会公众形成个案意见之际被弃置一旁，我们很难指望社会公众会从纷繁复杂的法律条文中寻求个案问题的解答。因而，依法而作的判决常常没有符合公众期待。应当看到，个别公民也有能力认识到法律的重要性、两类规范的差别以及群体意见的错误，群体内部也会发生选择道德还是法律的意见分歧。但分散的公众对话并不像我们所预料的那样，趋向于妥协或折中。事实经常表明，争议后的结论将更加极端。[2]一旦绝大多数公众选择道德作为评价标准，这一强势力量将视选择法律的少数意见为威胁加以抵触和排斥，使其逐渐淡出并最终沉默。

其次，社会公众与法官所认定的事实可能存在差异。审判所认定的案件事实是一套作为陈述体系的事实，由于时间不可回溯，所有事实都经由了加工和处理，并非以本初面貌呈现在法官面前。职业思维则要求法官关注与案件有关的、具有法律意义的事实。从法律适用角度看，最终所确认的案件事实，是法官基于法律规范上的重要性而塑造出来的事实，渗透着法律意义。确认事实在审判中非常重要，虽然可在逻辑上将其同法律发现环节分开，即先认定事实、后适用法律，但二者实际上是同步的。如拉伦茨所指出的那样，法律家的工作通常不是始于就既存的案件事实作法律上的判断，毋宁在形成——必须由

---

〔1〕　参见孙笑侠等：《法律人之治——法律职业的中国思考》，中国政法大学出版社 2005 年版，第 29 页。

〔2〕　See Cass R. Sunstein, *Going to Extremes：How Like Minds Unite and Divide*, Oxford University Press, 2009, p. 3.

他作出法律判断的——案件事实时，就已经开始了。[1]是故，规范同事实在法律适用过程中相互交织渗透，密不可分。裁判之际，法官的眼光须在二者之间不停地往返流转。对社会公众而言，一方面，欠缺规范知识使他们不能对事实作出正确的法律认定。另一方面，群体的思维特征还会使他们对案件事实的认定进一步同法官发生偏离。群体拥有一个强大而活跃，并且非常敏感的形象化想象能力。[2]案件中栩栩如生的"主题元素"常常成为社会公众的兴趣点，是他们所"看"到的事实。例如：在张学英案中，张学英的"二奶"身份和被告是原配妻子这些事实受到了公众的过分关注。而该案具有法律意义并受到职业法官所关注的事实应当是，遗赠人有无行为能力、遗赠行为有无成立、遗嘱形式是否有效以及立遗嘱人的意思表示是否真实等。

最后，社会公众与法官所使用的推理方法也不尽相同。通常意义的推理是指，运用逻辑方法，从给定的正确的前提中论证结论的正确性。勒庞曾讽刺道，群体所能接受的论证过程，从逻辑上说，属于十分拙劣的那一类，因此把它们称为推理，只能算是一种比喻。[3]审判中的民意包含了个体利益诉求和生活常识的表达以及群体的认同，从表达到被理解再到被认同，公众意见的内容显然不能不符合逻辑。群体的论证之所以会受到勒庞的鄙夷，是因为他们的结论常常来自过于简单、不合理或未经审慎考虑的前提，或者，社会公众运用了不恰当方法去

---

〔1〕 参见［德］卡尔·拉伦茨：《法学方法论》，陈爱娥译，商务印书馆 2004 年版，第 161 页。

〔2〕 参见［法］古斯塔夫·勒庞：《乌合之众——大众心理研究》，戴光年译，新世界出版社 2010 年版，第 62 页。

〔3〕 参见［法］古斯塔夫·勒庞：《乌合之众——大众心理研究》，戴光年译，新世界出版社 2010 年版，第 61 页。

整合前提与结论。在李昌奎案件的审判过程中，当强奸杀人的李昌奎在二审中的量刑由死刑立即执行变更为死缓后，社会公众介入司法，纷纷要求判处死刑。这一结论的推理前提十分简单，即"杀人偿命"。与此同时，很多网友还将李昌奎同之前因故意杀人而被执行死刑的药家鑫比较。无论是从主观恶性程度还是客观危害结果考量，李昌奎均有过之而无不及，药家鑫都被判处死刑了，李昌奎还有什么理由能被豁免呢？社会公众在形成意见的过程中似乎运用的是类比推理方法。前提是药家鑫故意杀死一人被判处死刑立即执行；李昌奎故意杀死两人，并且实施强奸行为；李昌奎的行为比药家鑫要更为恶劣。在对两例案件的类似点进行比较后，一个非常自然的结论是，李昌奎应被判处死刑。然而，正如黑格尔所言，能够对相类似事物进行比较仅仅是一种一般性的能力，能够同中见异才是理性化的批判反思能力。[1]在职业法官看来，从法律而非判例出发是其秉持的审判原则，类比推理不能替代演绎推理而成为审理案件的常态方法。不同案例之间的比较点选取极易引发争议，法官即便偶有运用，也与公众仅抓取事物表面特征的简单比较存在实质差别。

群体意见一旦形成，很少会对个体意见妥协退让。社会心理学的研究表明，群体思维具有顽抗性，群体成员于威胁观点前将竭力固守他们所共享、肯定群体功能的意见。[2]因此，群

----

〔1〕 参见［德］黑格尔：《小逻辑》，贺麟译，商务印书馆1980年版，第253页。

〔2〕 Marlene E. Turner, Anthony R. Pratkanis, Preston Probasco, Craig Leve, "Threat, Cohesion, and Group Effectiveness: Testing a Social Identity Maintenance Perspective on Groupthink", *Journal of Personality and Social Psychology*, 63（5）（1992）, p. 789.

体不像个体那样，能够在反对意见面前轻易转向反思。进而，当判决与公众预期不符时，群体极化所促成的自信将引发社会公众对司法的介入。

2. 推动介入

除却公众自发意识到案件"主题元素"而介入审判外，还可能存在新闻报道人或案件当事人刻意呈现这一元素所引发的推动介入。此类情形中，民意和司法的对立除了思维差异外，还可能由于虚假事实，一种经由误导和煽动的非理性的民意可能出现。

两类主体诱使社会公众介入审判经常出于实现自身利益的需要，而在利益动机的导向下，民意的推动者有时难以做到客观公正，一些机会主义行为时常被作出，如杜撰吸引公众眼球的"主题元素"、剪切事实、甚至捏造事实等。在推动介入的情形下，社会公众获知的案件信息可能并不完全真实，由此而形成的意见可能会陷入非理性状态。民意中所携带的非理性内容，并不完全由推动者的机会主义行为所导致。一个理性的人在被给予一定事实之后，他会采取理性的方法去验证这一信息的真实性，最终将意见建立在牢靠的经验材料基础之上。而群体则欠缺此类理性思维特征。轻信、夸张和情绪化的群体思维特征已被社会心理学家们的各类社会实验所证实。因此，非理性民意的最终形成，不仅由于刻意操纵者的杜撰，而且同群体思维特征密不可分。

（1）新闻报道人的误导[1]

竞争机制在新闻传播市场中的运行偏差产生了受众的"逆向选择"现象。一旦媒体目标在市场的激励机制下转化为收视

---

[1] 参见陈杰："'民意审判'及其法治应对"，载《甘肃政法学院学报》2018 年第 5 期。

（听）率、发行率和点击率时，出于对公众偏好的迎合，包含"主题元素"的案件就常被推送至公众面前。

　　现今，媒体为了追逐"轰动效应"传播失实新闻的事件已屡见不鲜，即使是全球最具影响力和权威性的媒体也不例外。[1]优胜劣汰是市场经济的主旋律，互联网、电视和报纸等各类媒体都是传播市场中的微观主体，它们之间存在着激烈竞争。引入竞争机制的初衷是为了激发出更多高质量的报道，繁荣新闻传播事业。正常运转下的市场机制将通过供给—需求机制自动识别高质量报道，生产者的商品是否受到消费者欢迎是竞争成败的关键。在传播市场中，新闻报道是商品，各类媒体是生产者，传播受众则是消费者，而新闻报道的消费数量体现在电视台的收视率、广播的收听率、报纸的发行率以及网络页面的点击率上，它们是各类媒体获取市场认可的首要评价指标。各家媒体为了使自己生产的新闻产品能够取得最大化的消费数量，饱含"主题元素"的司法个案便被源源不断地推送到公众面前。甚至，当案件本身不含有这些元素时，新闻报道人为了吸引公众眼球，有时还会采取剪切事实、虚构"主题元素"的手段报道案件。

　　2015年12月，各家媒体都竞相报道的"掏鸟案"引发了社会公众的广泛关注和热烈的评议。[2]社会公众普遍认为法院判

---

　　〔1〕　参见熊艳等："媒体'轰动效应'：传导机制、经济后果与声誉惩戒——基于'霸王事件'的案例研究"，载《管理世界》2011年第10期。

　　〔2〕　新浪网的报道如"大学生家门口掏鸟16只卖千余元获刑十年半"；"大学生小闫发现自家大门外有个鸟窝，和朋友架了个梯子将鸟窝里的12只鸟掏了出来，养了一段时间后售卖，后又掏4只。昨天，记者获悉，小闫和他的朋友小王分别犯非法收购、猎捕珍贵、濒危野生动物罪等，被判刑十年半和十年，并处罚款"，载http://edu.sina.com.cn/l/2015-12-01/doc-ifxmaznc5834910.Shtml，最后访问时间：2019年10月30日。

决太重，他们无法理解为什么一个大学生仅卖了几只小鸟，就会被法院处以如此重罚。一些网民还认为即便是对于人贩子的处罚怕也没这么重，并由此得出了"人比鸟贱"的荒谬结论。于是，指责的言论纷纷涌向法院。

其实，在各家媒体的报道中，案件中关于定罪和量刑的几个关键性事实皆被忽略，而与审理案件无关的"主题元素"却在报道中被刻意放大。以标题为"大学生家门口掏鸟16只卖千余元获刑十年半"的新浪网站报道为例。首先，该报道使用了"大学生"的称谓。在一般公众的认知印象中，大学生是一个文化水平较高、声誉较好的社会群体，对犯罪行为人闫某使用"大学生"的称谓能够唤起社会公众的同情心理，进而产生对其有利的前见。另一方面，大学生一般都是遵纪守法的好公民，一名大学生却被法院判处 10 年有期徒刑与公众的普通预期相悖，进而刺激起他们进一步阅读新闻报道的好奇心。其次，该新闻中的"自家大门外"的地点表述与实际违法行为发生地也不相符，准确的地点应当是"辉县市高庄乡土楼村一树林内"[1]，实际离犯罪行为人的住址还有一段路程。当公众阅读到"自家大门外"时，会想象到家门口的几棵树，树上有一些鸟窝，一个大学生爬上去掏了几只鸟。如果公众还能联想到这些事情自己可能也都做过，就会产生极大的同理心，进而不自觉地走到了法院判决的对立面。再次，报道中的措辞给社会公众留下了犯罪行为仿佛并非蓄意谋之，而仅在不经意间作出的印象，大为降低了社会公众对于闫某主观恶性程度的认知。此外，报道中也没有强调闫某所猎捕的并不是普通的鸟而是国家二级保护动物燕隼，并且，闫某还曾以 550 元的价格从他人处收购过国

---

〔1〕 河南省新乡市中级人民法院（2015）新中刑一终字第 128 号刑事裁定书。

家二级保护动物凤嘴鹰。[1]前一事实是法院定罪的依据，后一事实则是认定闫某具有贩卖国家二级保护动物之主观故意的关键性证据。整体看来，这一报道描绘了一幅一个无辜的大学生爬到家门口的树上掏鸟窝的虚假图景，它与酷烈的 10 年有期徒刑形成强烈反差，这正是媒体为了追求点击率而刻意使用的伎俩，社会公众对司法的不满情绪却因此而被激起。

报道人有时还会通过情感渲染的撰文方式引发社会公众对新闻案件的关注。2005 年 5 月，甘肃农民王斌余因劳资争议同包工头的代表吴新国谈判，其间，与工友苏志刚发生争吵。在被随后进来的工友苏文才打了一耳光之后，王斌余拔出水果刀先后将苏志刚和苏文才等五人捅倒在地。吴新国见状仓皇出逃，王斌余持刀追杀。在没有追赶上吴新国之后，王斌余又返回现场对刚刚被捅倒地的几人进行补刺，结果造成四人死亡一人重伤。王斌余当日即到公安机关投案自首。[2]

事实上，这是一起主观恶性程度和客观危害后果皆极为严重的恶性杀人事件，但在新华社发布"死囚王斌余心酸告白"的报道之后，舆论几乎一边倒地要求免除王斌余一死。在报道中，王斌余讲述了他的苦难经历，17 岁就背井离乡进城打工，做着繁重的工作，赚取低廉的工资，而且处处遭受歧视，尤其是包工头的颐指气使，使他在讨要工钱时受尽了侮辱。所有这些压抑的情感都在刹那间爆发，导致了恶性事件的发生。尽管文章没有要求法院从轻处罚王斌余的直白吁求，但作者对于以王斌余为典型代表的社会弱势群体表示怜悯和同情的立场显露无遗。这一情感随着报道传递给社会公众，并引起强烈共鸣，

---

[1]　河南省新乡市中级人民法院（2015）新中刑一终字第 128 号刑事裁定书。
[2]　"王斌余故意杀人二审宣判"，http://old. chinacourt. org/public/detail. php? id＝181959，最后访问日期：2019 年 10 月 30 日。

进而引发了对法院判处王斌余死刑的责难。

（2）案件当事人的煽动

在诉讼中，陈述事实和理由是当事人享有的法定权利，但应依照法律程序行使。在一些案件中，当事人除了在司法程序中陈述理由，还积极向外争取民意支持，并以此逼迫法院按其意愿作出判决。或许是洞察到了民意与审判之间的微妙联系，此种"双线走"的权利救济模式近年来在我国司法审判中十分流行，呈现出愈演愈烈的趋势。当事人欲图实现自身利益的动机同新闻报道人一样，为了赢得更多公众的关注，他们也从凸显案件的"主题元素"着手。并且，当案件本身欠缺这一元素时，当事人也会刻意加以杜撰。

在药家鑫故意杀人案中，已有许多研究表明，法院最终决定判处药家鑫死刑同社会公众的舆论干预有着很大的关系。[1]在该案中，通过舆论给司法施加压力的核心人物正是被害人张妙家属的代理人张显。张显透过网络所发出来的呼声紧紧把握住了正义的制高点，他扮演着信息发布、案件质疑和激发舆论等重要角色，对药家鑫案的舆论走势产生了重大影响，并助推了一场"维权"的"人民战争"。[2]

从张显个人的新浪微博中散布出很多谣言，如"药家鑫是军二代""药家鑫的父亲身居我军军械采购要职""药家在市区居然有四处房产"。这些言论显然出于杜撰"主题元素"的目的，在社会公众面前给药家鑫贴上了权贵的标签，唤起了公众对受害人同情，激发了社会公众对于强权草菅人命的憎恶。在

---

〔1〕 参见马明亮、李晨："从冲突走向共融：法院与媒体舆论关系的法治解读"，载《甘肃政法学院学报》2013 年第 5 期。

〔2〕 参见马长山："公共舆论的'道德叙事'及其对司法过程的影响"，载《浙江社会科学》2015 年第 4 期。

张显的一再鼓动下，社会公众的义愤被迅速燃起，对于药家鑫的喊杀声响彻网络。从法院在审理案件时向旁听群众发放调查问卷的行为可以推知，网络舆论对审判产生了一定影响。尽管问卷结果不得而知，但最终法院判处药家鑫死刑立即执行与社会公众意见保持了高度的一致。[1]

杭州宋城集团采用编排舞台剧的离奇方式举报浙江省高级人民法院原院长事件，也是案件当事人企图通过掀起舆论大波影响审判的典型例证。2015 年 8 月 11 日 14 时许，杭州宋城集团控股有限公司在其官网上发布了一则题为 "宋城集团向中纪委实名举报浙江省高院院长齐奇" 的消息。[2]与此一同发布的还有一幅舞台剧图片，背景用红布做成，上方用文字标出 "宋城集团执行总裁向中纪委实名举报浙江省高院院长齐奇失职渎职干扰司法公正" 字样。在舞台背景前，十多名女演员所扮演的 "窦娥" 们头裹白布，长巾垂地，身着红衣，下着白裙，腰系一根红丝带。她们或举手望天，或跪坐于地，或扼腕长叹，双眉紧锁，表情悲痛。漫天大雪纷飞，一头象征着司法公正的独角神兽——獬豸被猎杀在地，旁边一头则面露不解与惊恐之色。图片最下端是一行红底白字 "杭州六月飞雪，百名窦娥鸣冤"。这种特色举报一经曝出随即成为新闻焦点，新浪、搜狐、网易和澎湃新闻等各大网络媒体竞相报道。举报新闻还通过公众自媒体工具在个体间迅速扩散。消息发布当日，便频繁见诸各类私人博客、微博、BBS 论坛以及微信朋友圈。

---

〔1〕　参见 "药家鑫案件续：法庭发问卷调查 旁听变 '陪审'"，载 http：//news. sohu. com/20110413/n305744520. shtml，最后访问时间：2019 年 10 月 30 日。

〔2〕　参见 "宋城集团执行总裁排剧实名举报浙江高院院长"，载 http：//news. sina. com. cn/c/sd/2015－08－11/doc－ifxftkpx3767184. shtml，最后访问时间：2019 年 10 月 30 日。

尽管网络反腐败近年来十分流行，并在反腐败斗争中发挥重要作用，但该剧策划人的意图显然非在于此。依常理，对领导干部的检举和控告应尽量以隐蔽的方式进行，这既是为了避免举报人遭到领导干部报复，更是为了确保举报的成功性。一旦获悉自己受到他人控告和检举的风声，腐败干部很可能会动用权力资源妨碍调查，如上下打点请托，和其他腐败干部或行贿人员结成"攻守同盟"等。这些都不利于反腐败调查工作的进行。宋城集团如此大手笔炒作显然不在乎被举报人的"防守"。不久，举报背后的真正问题被抛出，一项关乎宋城集团重大利益纠纷的案件浮出水面。宋城集团董事长黄巧灵 8 月 14 日向澎湃新闻表示："宋城集团举报浙江省高级人民法院院长齐奇的起因，与宋城集团刚刚二审败诉的'休博园公司诉奥兰多公司房屋买卖合同纠纷一案'有关。"[1]

或许是大量民意审判案件验证了民意的有效性，案件当事人似乎也从中领悟到了一些"司法规律"，即引领社会公众意见往往能够钳制住司法官员的行为，驾驭了民意便能够间接操控司法。于是，个案当事人的努力方向便由查找对自己有力的法律证据和提出令人信服的法律理由转向努力利用某些"主题元素"来引导民意。

（三）群体一致性

综上所述，司法审判中的民意包含了一般民意的全部特征，

---

〔1〕 "宋城集团董事长黄巧灵：举报齐奇起因系相关案件'判决不公'"，载 http：//www. thepaper. cn/newsDetail_ Forward_ 1364231，最后访问时间：2019 年 10 月 30 日。另每经网的报道也证实了这一情况，（8 月 14 日）下午，宋城集团董事局主席黄巧灵接受《每日经济新闻》记者采访时表示，其公司执行总裁实名举报缘起于 2011 年宋城集团与杭州奥兰多置业有限公司之间的一起经济纠纷。"宋城集团证实'举报门'与地产项目纠纷相关 神秘股东浮现"，载 http：//www. nbd. com. cn/articles/2015-08-14/938580. html，最后访问时间：2019 年 10 月 30 日。

即关涉利益、多样表达途径、理性与非理性并存和以常识作为基础。同时，它的特殊性体现在评论对象上，即涉及案件审判。

民意包含了个体意义上的民意和整体意义上的民意，前者由个别主体通过言语行为表达出来，后者则在前者的基础上经过了群体间的沟通和汇集。针对司法审判的是后一种类型的民意，是社会公众相对一致的观点，具有群体一致性。

有学者发现了民意的不稳定性特征，例如，苏力教授指出，正所谓民意如流水，某一特定社会、特定历史时期的民意、民心之表现的舆论倾向具有很大的不确定性和流动性。[1]孙笑侠教授也认为，民意可以随着时间、地点、主体的变化而变化。[2]必须承认，有些时候，民意在审判中的确呈现出流变性，这似乎与一致性相对立。但是，这仅仅是整体意义上民意的阶段性特征。

由于案件信息的分布不均和个别公民的认知差异，在个体民意表达初期，众多意见呈现出的状态可能是异质的。但在经过一段时间的扩散和聚集后，关于司法的分散意见最终还是能够凝聚成相对一致的看法。例如，在许霆案中，当一审结果出来时，社会公众普遍感到判处无期徒刑有失公允；在泸州遗赠案中，社会公众普遍认为"二奶"不应得到遗赠；而在李昌奎强奸杀人案中，民意更是高度的一致，腾讯网"今日话题"所做的民意调查显示，97.78%的网友认为本案的作案手段残忍，二审改判量刑过轻。[3]

---

〔1〕　参见苏力：《法治及其本土资源》，中国政法大学出版社1996年版，第151页。

〔2〕　参见孙笑侠："公案的民意、主题与信息对称"，载《中国法学》2010年第3期。

〔3〕　参见"云南省高院重新审查李昌奎案 两天内将公布结论"，载 http://news.ifeng.com/c17fzxomNbzkv，最后访问时间：2019年10月30日。

不断流变和散沙式的民意根本不能影响到司法判决。与形成过程中的个体民意相对，司法审判中的民意是一种作为形成结果的整体意见，它是社会公众的群体性偏好在个别案件上的概括体现。只有呈现出群体一致性的民意才有干预和影响审判的可能。

三、民意的介入过程

在中西方语境中，民意均指涉一种精神现象，有着个体意义和群体意义两个层面。个体意义的民意先后经历了特定主体受到外部事物的被动刺激和言语行为的主观表达两个阶段，最终外化为可为共同体成员感知的客观现象。是群体意义的民意是在个体意见的基础上的汇集，是群体之中的个体间的交流和沟通，是个体民意的整合而非简单叠加。

无论个体民意的表达，还是群体民意的汇集，其间都充斥着利益动机。个体的逐利动机使其意向始终朝向与自身利益有关的客观事物，在其之上作用主动认知模式后外化为个体意见。渗透了利益诉求个体民意只有在与群体利益一致或不相违背的条件下才能得到认同和附和，逐渐积聚成整体意义上的民意。现代传媒工具加速了个体意见汇集的速度和效率，不但缩短了一条个体意见的传播时间，而且极大地拓展了它的传播空间，个体意见的影响力得以增强。同时，传播媒介也使公众意见的表达途径多样化。

并非所有的个体利益诉求都能够得到一定范围内社会群体的认可，一般而言，个体对自身利益诉求能否获得认可有所预期。群体意义的民意是一定范围内的社会共识，代表了社会的"公共价值"，因而具有理性的一面。但从其形成过程看，个体的逐利行为通常不会因为单纯考虑到社会公众的不予认可而放弃。在预计到自己的诉求难以获得支持后，个体仍有可能采取机会主义行为，如用隐瞒真相或捏造事实的方式伪装自己利益的正当性。在这一情形中，最终汇集的民意就可能呈现出非理性状态。

整体民意要求认同与符合的人数达到相当规模，尽管规模并未包含精确人数，如果对同一事实仅有差异化而无共识性认知，这一规模便无法达到，整体民意无法形成。经验地看，现实中的很多因素都会生成差异化认知模式，其中，影响最为明显的是认知主体的职业身份。长期从事一项职业实践会形成一套由独特概念系统所组建的专业知识，这套系统不仅是主体认知世界的工具，具有认识论意义，而且建构外部世界，具有本体论意义。职业差异造就了认知差异，进而造成主体所处"世界"的差异，整体意义所要求的共识性评价就难以形成。然而，不同职业群体所具有的生活常识所提供的一套认知世界的普通概念，就为主体间的共识获取提供了可能。

自启蒙时期起，司法审判权就被思想家们确立为一种国家权力。我国法院的判决也当然地具有国家权威，它使法官的案件审理同社会机构和组织的纠纷解决不同。在审判程序中，法官必须适用法律规范。尽管法律规范最终的正当性基础来自社会规范，但二者之间存在明显的形式差别。而社会组织和机构在解决普通纠纷时，可以适用社会规范。

含有"主题元素"的司法案件可以满足公众的好奇利益，较易引发社会关注。审判中的民意，形成于特定群体对司法的介入，是以审判为对象的群体性评价意见。尽管法官判决是适用法律的国家权威行为，但其结论也经常遭受民意的质疑。在个案受到公众关注后，由于群体意见的基础是生活常识，而判决意见则形成于专业知识，二者在规范选取、事实认定和推理方法这三个方面都表现出不同，最终结论所表现出来的不一致性也就不足为奇。此外，社会公众的关注与评议背后有时还潜藏着新闻报道人和案件当事人这两股推动力量，他们为了实现自身利益，常常通过剪切事实、价值观引导甚至捏造事实等手段杜撰"主题元素"来推波助澜，这在客观上加深了民意与判决间的分歧和鸿沟。

第二节　民意审判现象剖析

一、民意干预司法的典型案例

（一）不杀不足以平民愤：刘涌案

刘涌原本是沈阳嘉阳企业集团有限责任公司董事长，因涉嫌故意伤害罪和领导黑社会性质组织罪等多种罪名于 2000 年 7 月 11 日被刑事拘留，同年 8 月 10 日被批准逮捕。辽宁省铁岭市人民检察院于 2001 年 8 月 10 日向铁岭市中级人民法院提起公诉，指控被告人刘涌犯组织、领导黑社会性质组织罪，故意伤害罪，抢劫罪，敲诈勒索罪，私藏枪支、弹药罪，妨害公务罪，非法经营罪，偷税罪，行贿罪。同时，附带民事诉讼原告人扈艳、刘宝贵对被告人刘涌等人提起附带民事诉讼。

铁岭市中级人民法院认定被告人刘涌犯故意伤害罪，判处死刑，剥夺政治权利终身；犯组织、领导黑社会性质组织罪，判处有期徒刑 10 年；犯故意毁坏财物罪，判处有期徒刑 5 年；犯非法经营罪，判处有期徒刑 5 年，并处罚金人民币 1500 万元；犯行贿罪，判处有期徒刑 5 年；犯非法持有枪支罪，判处有期徒刑 3 年；犯妨害公务罪，判处有期徒刑 3 年。数罪并罚，铁岭市中级人民法院最后决定对刘涌执行死刑，剥夺政治权利终身，并处罚金 1500 万元。判处刘涌赔偿附带民事诉讼原告人扈艳人民币 1 万元，赔偿附带民事诉讼原告人刘宝贵人民币 5420元。对刘涌所聚敛的财物及其收益，以及用于犯罪的工具，依法追缴、没收。[1] 判决宣告后，刘涌不服，提出上诉。辽宁省高级人民法院对一审认定的事实基本予以认可，但对附带民事诉讼原告人扈艳的民事赔偿部分作出稍许调整，并撤销对刘涌故意伤害罪的量刑部分。最后，二审法院决定判处刘涌死刑，缓期 2 年执行。[2]

改判刘涌死缓引起了轩然大波，二审判决遭到社会公众的普遍质疑。在互联网各大论坛和贴吧中，群情激愤。刘涌被冠以"黑道霸主""杀人恶魔"的称呼，其辩护律师和出具专家意见书的刑法学者们皆受到公众责难。一些网络评论认为，改判死缓很难经得起法律推敲，呼吁作为上级审判机关的最高人民法院和履行法律监督职责的检察机关，都有责任站出来，维护法律的尊严。[3] 在公众的呼吁声中，最高院依照审判监督程序对刘涌进行提审。公诉人在再审中认为，原判认定刘涌的犯罪事实清楚，但二审判决以不能从根本上排除公安机关的刑讯逼供为理由，改判刘涌死缓不能成立，应予纠正。最高院最终认为，刘涌所犯罪行手段特别残忍，情节特别恶劣，罪行极其严重，社会危害极大，且不具有法定或者酌定从轻处罚情节，依法应当判处死刑，立即执行。[4]

（二）公众道德的胜利：泸州遗赠案中的民意

黄永彬与蒋伦芳均系四川省泸州市天伦集团公司职工，两

〔1〕　详见（2001）铁中刑初字第 68 号刑事附带民事判决书。

〔2〕　详见（2002）辽刑一终字第 152 号刑事附带民事判决书。

〔3〕　参见李曙明："对沈阳黑帮头目刘涌改判死缓的质疑"，载 http://news.sina.com.cn/c/2003-08-21/01351583471.shtml，最后访问时间：2019 年 10 月 30 日。

〔4〕　详见最高人民法院再审刘涌案刑事判决书（2003）刑提字第 5 号。

人婚后一直未育。1994 年，黄永彬与张学英相识并产生感情，二人租房居住并以夫妻名义共同生活，后张学英和黄永彬生下一子。2001 年初，黄永彬因检查出患有肝癌而立下书面遗嘱，将自己的财产以及与蒋伦芳共有财产中自己那部分遗赠给张学英。该遗嘱经泸州市纳溪区公证处公证。黄永彬去世后，张学英持公证遗嘱要求蒋伦芳交付遗嘱中自己应得财产，遭蒋伦芳拒绝。张学英遂将蒋伦芳诉至泸州市纳溪区人民法院，请求依法判令被告给付她受遗赠应得到的所有财产。蒋伦芳则辩称：黄永彬与张学英系长期非法同居关系，黄永彬所立的遗嘱内容违反社会公德与伦理道德，是无效民事行为，不发生法律效力，请求法院驳回原告请求。

在张学英和蒋伦芳对持法庭的同时，"主题元素"吸引了大批公众参与该案讨论。在经由各类媒体报道后，作为道德与法律冲突典型，该案受到了全国范围的关注。公众舆论几乎一边倒地站在蒋伦芳这边："像张学英这样的人道德沦丧，勾引别人的丈夫，还有什么资格要求分割别人丈夫的遗产？""如果法院判决张学英胜诉就是国家在鼓励这种包二奶的行为。"一位参加庭审的老太太说她一大早来就是想看看原告凭啥拿回遗赠的财产，哪有"第三者"告"原配"的道理！[1]大多媒体报道也都毫不避讳地表示支持蒋伦芳，如法制日报的一篇评论写到："'二奶'本就是有悖道德规范，有伤风化民俗的丑恶现象，为世人唾弃，本该把头低垂。但有一个人例外，她竟然光明正大地以'朋友'关系，手持情人遗赠协议，将情人原配发妻推上被告席，主张分配遗产。"庭审当日，该案吸引了 1000 余名旁听

---

〔1〕 参见"二奶持遗嘱与原配争遗产 法院判二奶败诉"，载 http://www.people. com. cn/GB/shehui/44/20011012/579774. html，最后访问时间：2019 年 10 月 30 日。

者。在庭审中，一旦被告举证、陈述完毕，掌声便立即响起。[1]
法院宣布休庭后，旁听群众纷纷堵在法院门口，指责张学英，
不让她出去。后来，张的一位好友获悉后，叫了一辆"的士"
开进法院，才将张学英护送出来。[2]

　　纳溪法院经审理后认为，虽然《中华人民共和国继承法》
（以下简称《继承法》）中有遗赠优先的规定，并且黄永彬在
本案中所作出的遗赠也系真实意思表示，但黄永彬将自己所有
的财产遗赠给"第三者"的行为违反了《中华人民共和国民法
通则》（以下简称《民法通则》）第7条："民事活动应当尊重
社会公德，不得损害社会公共利益，扰乱社会经济秩序"，属于
无效民事法律行为。[3]一审判决后，张学英不服，向泸州中级
人民法院提起上诉。二审法院经审理后认为，尽管黄永彬的遗
赠行为是真实意思表示，但所立遗赠的内容和目的违反公序良
俗，有损社会公德，应属无效行为。因此，泸州市中级人民法
院判决驳回张学英的上诉。[4]

　　（三）由地狱通向天堂：许霆案

　　许霆于2006年4月21日晚在广州一家商业银行自动取款机
前取款，同事郭安山在附近等候。许霆原本想取现金100元，
但在不小心输入取款1000元的指令之后，自动取款机吐出1000
元人民币。许霆在取款后查询了自己账户余额，发现仅扣款1
元。惊喜之余，许霆接连取款5.4万余元后方才离开。与郭安

---

[1]　参见"二奶持遗嘱与原配争遗产　法院判二奶败诉"，载 http://www.people.com.cn/GB/shehui/44/20011012/579774.html，最后访问时间：2019年10月30日。

[2]　参见王甘霖："'社会公德'首成判案依据'第三者'为何不能接受遗产"，载 http://www.people.com.cn/GB/shehui/46/20011102/596406.html，最后访问时间：2019年10月30日。

[3]　详见（2001）纳溪民初字第561号判决书。

[4]　详见（2001）泸民一终字第621号判决书。

山会合后，许霆将取款一事告知郭。两人又回到自动取款机处再次取款。许霆先后输入 170 次取款指令，共取得钱款 17.4 万元。郭安山也趁机先后取款 1.9 万元，后两人携款潜逃。郭安山于 2006 年 11 月 7 日向公安机关投案自首并全额退款，许霆则于 2007 年 5 月在陕西宝鸡被警方抓获，17.4 万余元赃款已被挥霍一空。

广州市天河区人民法院于 2007 年 11 月 20 日对该案作出一审判决。在认定郭安山的行为已构成盗窃罪，并考虑到案发后能够自首并主动退赃的情况下，法院判处其有期徒刑一年，并处罚金 1000 元。但许霆则因盗窃金融机构，且数额特别巨大，被法院判处无期徒刑，剥夺政治权利终身，并没收个人全部财产。[1] 宣判后，许霆不服，提起上诉。广东高院于 2008 年 1 月 9 日认为，一审判决事实不清、证据不足，遂撤销原判决，发回重审。广州中院重审后认为，许霆以非法占有为目并采取秘密手段窃取银行自动取款机中的经营资金，已构成盗窃罪。许霆窃取金融机构，数额特别巨大。但鉴于许霆的犯意产生于发现银行自动柜员机出现异常后，并且，盗窃行为通过采取持有银行储蓄卡方式实施，与预谋或采取破坏手段盗窃金融机构的犯罪行为不同。另一方面，从案件发生的高度偶然性看，许霆的主观恶性不大。考虑到本案犯罪事实的特殊性，对许霆可考虑在法定刑以下判处刑罚。最后，广州中院依照 1997 年《刑法》第 264 条、第 63 条第 2 款、第 64 条和最高人民法院《关于审理盗窃案件具体应用法律若干问题的解释》第 3 条、第 8 条的规定，判决被告人许霆犯盗窃罪，判处有期徒刑 5 年，并处罚金 2 万元，追缴许霆的犯罪所得 173 826 万元，发还有关受害单位。[2] 对于

---

〔1〕 详见（2007）穗中法刑二初字第 196 号刑事判决书。

〔2〕 详见（2008）穗中法刑二重字第 2 号刑事判决书。

重审判决，许霆仍不服，并再次提起上诉。广东高院于 2008 年 5 月 22 日对许霆案进行开庭审理。合议庭法官在经过合议后认为，广州中院事实清楚、证据确实充分、定罪准确、量刑适当、审判程序合法，因此裁定驳回上诉、维持原判。[1]

审理期间，许霆一案的离奇事实引发了社会公众的热烈评议。在全国各大网站上，网民们围绕"既然银行自动取款机出故障，许霆恶意取款是否该获重刑"这一话题发表评论。在一个网友设置的论坛票选中，有九成以上的网友认为银行有过错在先，法院不该重判被告许霆。公众普遍认为从自动取款机中多取 17.5 万元就判无期，实在"太夸张"。事实上，许霆是因银行自动取款机故障乱吐钱诱发"贪念"才被起诉，银行有错在先，应当减轻对许霆的处罚。一位网友分享了亲身经历，被 ATM 机吞卡后 7-15 个工作日才出结果，他不能理解，为什么同样是占了对方的财产，银行那里不用负任何责任，到了个人就要判重刑。一些公众调侃地表示，银行多给了就说储户盗窃，那哪天银行给少了，我们能不能告银行诈骗呢？[2]

（四）司法公正的保障：李昌奎案

28 岁的李昌奎和 18 岁的邻家女孩王家飞是远房亲戚，两家关系原本较好，在农忙时还经常会互相帮助。但在提亲遭到王家拒绝后，李家便对王家怀恨在心。2009 年 5 月 14 日，李昌奎的哥哥李昌贵在收取集资水管费时多收了王家 20 元钱，引起王家飞的母亲陈礼金不满，上门与李昌贵理论。发生口角后，陈礼金被李昌贵打伤，王家要求李家赔偿医药费。5 月 16 日下午，

---

〔1〕　详见（2008）粤高法刑一终字第 170 号刑事判决书。

〔2〕　"男子 171 次恶意取款续：九成网友认为量刑过重"，载 http://news. sznews. com/content/2007-12/18/content_1726904_2. htm，最后访问时间：2019 年 10 月 30 日。

村委会干部约李家和王家开会调解。王家飞和 3 岁的弟弟王家红留在二伯王廷金的院子里。刚从四川回来的李昌奎，独自一人闯进王廷金的庭院，在强奸王家飞后拿起锄头，猛烈敲击头部将她打死，再将王家红抓过来，活活摔死。随后，李昌奎又找来一根绳子将王家姐弟脖子勒到一起。行凶后的李昌奎匆忙从云南逃至四川境内。2009 年 5 月 20 日，迫于警方追捕的压力，李昌奎主动到四川普格县城关派出所投案。昭通市检察院随后以李昌奎犯故意杀人罪和强奸罪向昭通中级人民法院提起公诉。

2010 年 7 月 15 日昭通中院经审理后认为，李昌奎故意杀人罪证据充足，且手段特别残忍，情节特别恶劣，后果特别严重，社会危害极大，应依法严惩。虽有自首情节，但依法不足以对其从轻处罚。因此，以故意杀人罪判处李昌奎死刑，剥夺政治权利终身，并以强奸罪判处有期徒刑 5 年，数罪并罚，决定执行死刑，剥夺政治权利终身，并赔偿受害人家属 3 万元。[1]一审判决后，李昌奎不服，提出上诉。云南高院认为，李昌奎在犯罪后能主动到公安机关投案，并如实供述犯罪事实，其自首行为成立。并且，在归案后认罪、悔罪态度好，主动赔偿被害人家属部分经济损失。综合考量这些情节后，云南高院改判李昌奎死刑缓期两年执行，对民事判决部分予以维持。[2]然而，一年后，云南高院于 2011 年 7 月 16 日向李昌奎案件的被害人家属送达了再审决定书，决定另行组成合议庭再审。8 月 25 日，云省高院再审后认为，原二审判决认定事实清楚，但对李昌奎改判死缓量刑不当，决定撤销二审判决，判决李昌奎死刑立即执行。

---

〔1〕 详见（2010）昭中刑一初字第 52 号判决书。

〔2〕 详见（2010）云高法终字第 1314 号判决书。

从一审死刑到二审死缓，直至最终的再审死刑，李昌奎案的审判经历了一波三折。我国在诉讼程序上实行两审终审，死缓本已是最终判决，启动再审很大程度上由于社会公众的介入。

改判李昌奎死缓的判决让王家飞的家属感到非常震惊，他们认为二审法院判决书有避重就轻之嫌，仅认定李昌奎自首、认罪态度好和积极赔偿，只字未提犯罪手段残忍和严重危害后果。当地公众也对高院判决表示不满。66岁的村民杨正富认为，如果谁都可以因杀人后就去自首而免死，地方治安将得不到保证；村民小组长周天祥指出，大部分村民对死缓都不满意，农村的说法就是杀人要抵命。[1]因此，王家亲属和200多名本地村民联名向省高院提起申诉，要求再审。

随着媒体的宣传报道，该案在全国范围引发强烈反响。2010年7月3日"云南一男子强奸杀害两人终审因自首悔罪获免死"的报道瞬即在网络上引发高达百万条评论。在某知名网站投票评论中，有高达三十万网友表示对判决的愤怒和受害家属的同情，占投票90%以上。[2]腾讯网"今日话题"所做的民意调查显示，97.78%的网友认为本案的作案手段残忍，二审改判量刑过轻。[3]，代表性意见是，"这样一个十恶不赦的家伙，怎么能因自首就死缓？云南高院还要对他人性化关怀，显示仁

---

〔1〕　"云南男子奸杀少女被免死续：省高院重新审查"，载 http://news. qq. com/a/20110705/001397_1. htm，最后访问时间：2019 年 10 月 30 日。

〔2〕　参见"云南李昌奎强奸杀害两人 获死缓激发民愤"，载 http://www. cqcb. com/cbnews/instant/2011-07-05/ 1506847_2. html，最后访问时间：2019 年 10 月 30 日。

〔3〕　参见"云南省高院重新审查李昌奎案 两天内将公布结论"，载 http://news. ifeng. com/c17fzxomNbzkv，最后访问时间：2019 年 10 月 30 日。

慈，那对普通老百姓的仁慈又体现在哪儿呢?"[1]还有很多网友将李昌奎同药家鑫作比较，认为他的罪行比药家鑫要严重得多。药家鑫都被判死刑了，李昌奎还有什么理由能免死呢?

以上四例案件是典型的民意审判，但审判程序不尽相同。张学英案的审判符合常规程序，先后经历了一审和二审，并且，二审判决即为最终判决。刘涌案、许霆案和李昌奎案各自经历了一番波折。具体表现为，先有一个判决，后有社会公众对判决的否定，最终，法院通过提审、再审或重审，使判决结果与民意高度一致。审判程序不同或许与社会公众介入审判的时间有关。在张学英案中，媒体对该案大肆报道，引发全国关注，社会公众在一审判决之前就介入进来，并形成了相对一致的不利于原告的意见。在其他三例案件中，民意在一审或二审判决结果公布之后才介入进来。不同介入时间的公众意见内容差别很大。判决形成前的介入，社会公众的评价仅指向案件当事人行为，而在判决形成后的介入中，社会公众则不仅针对当事人，而且针对法院判决。

可以看到，无论社会公众何时介入司法，也无论审判程序之间存在何种差异，实然地看，这些案件都包含以下要素：社会公众介入审判，并且，判决结果与民意趋同。前者为介入要素，后者为趋同要素。社会公众介入审判的评价基础是常识、道德或社会规范，并且社会公众手中并不握有权力。与之相对，法官判决所适用的是法律规范。审判是行使国家权力的行为，代表了国家权威，并且有强制力保障实施。依常理，法官没有遵守民意的义务。但为何在这些案件中，尽管张学英案不太明显，几乎都有民意和判决的对立，并且最终都表现为后者对前

---

[1] "男子奸杀少女摔死男童判死缓 省高院派专人重审"，载 http://www.chinanews.com/fz/2011/07-05/3157563.shtml，最后访问时间：2019 年 10 月 30 日。

者的趋同。单从判决形成过程看，判决趋同民意，意味着民意成为裁判理由。裁判理由的选择涉及判决的正确性问题。

民意作为判决理由直接与法律人的专业直感强烈抵触，其隐含的命题是，民意可以修正甚至推翻法律。是故，民意判决招致了许多批评。法治中国背景下，审判权应当由人民法院和法官掌控，"民意审判不但违反法治原则，且具有直接违法性。"[1]但是，也有学者对于民意持欣然接受的态度，"公众判意是司法机构处置个案的重要参考"，"是司法公开化、民主化的有益实践"。[2]

"民主化有益实践"的论断表明，司法民主常常成为支持民意判决的理由。"因为即使反对者能够证明这个概念本身存在什么缺陷，但是只要祭出司法民主化这面招魂幡，反对者立刻就会魂飞魄散、溃不成军。"[3]此外，一些学者还看到了社会公众质朴的正义感常常可以纠正僵化的法律，法官在审理案件时采纳民意可以更好地实现个案正义。[4]如：李昌奎案被确立为舆论监督司法的典范而记入 2011 年中国法治蓝皮书，[5]普遍认为，民意在该案中扮演了保障司法公正的角色。由于两个理由各自蕴含了一个社会所追求的价值目标，它们均具有较强说服力。然而，仅凭这点它们便可正当化民意判决，似乎还是隐隐

---

〔1〕　周永坤："民意审判与审判元规则"，载《法学》2009 年第 8 期。

〔2〕　顾培东："公众判意的法理解析——对许霆案的延伸思考"，载《中国法学》2008 年第 4 期。

〔3〕　陈景辉："裁判可接受性概念之反省"，载《法学研究》2009 年第 4 期。

〔4〕　关于个案正义与民意判决关系的论述，请参见江必新："论实质法治主义背景下的司法审查"，载《法律科学》（西北政法大学学报）2011 年第 6 期；郭景萍："'情与法'的法律社会学论析"，载《社会科学研究》2011 年第 3 期；姜涛："道德话语系统与压力型司法的路径选择"，载《法律科学》（西北政法大学学报）2014 年第 6 期。

〔5〕　参见"'李昌奎案'入选 2011 中国法治蓝皮书舆论监督篇"，载 http://finance. ifeng. com/roll/20120120/5501269. shtml，最后访问时间：2017 年 7 月 20 日。

与法律人的专业直感相悖：法律被置于何处？因此，进一步深入两个理由内部，逐一探究它们与法律规范的关系显得尤为必要。

二、民意审判与司法民主：基于宪法规范的分析[1]

(一) 民主的正当基础

柏拉图曾构想过一种由"哲学王"个人统治的政治制度。[2]然而，这一主张终因对统治者的道德和智识要求太过完美而不切实际。与之相对，民主确立了普通民众对于公共事务的决策权。它由资产阶级启蒙思想家最初设计，至今已成为现代国家的立国之基。民主制度之所以备受推崇，是因为它在获取知识和真理方面的特殊优点。

真理因探询而获得，这是一个人们依凭理性和逻辑去把握客观规律的过程。表面上看，作为认识对象的客体是一个消极被动事物，一个等待人们去发现的实体。但是，人们始终无法完全脱离与世界的联系，无论自然的还是社会的。此山之中的处境决定了事物真相在终极意义上无法被认清。因此，真理探询便降格为一种实用的、目标导向下的手段：探询世界是为了认识和改善我们所处的周遭环境，以使我们更好地生活。

生活实践的个体性决定了关于周遭环境的知识分散在单个社会成员那里。正如哈耶克所道出的，我们所必须利用的关于各种具体情况的知识，从未以集中或完整的形式存在，而只是以不完全而且时常矛盾的形式为各自独立的个人所掌握。[3]获

---

〔1〕 参见陈杰："基于裁判理由的民意判决的正当性探析"，载《河北法学》2018 年第 4 期。

〔2〕 参见 ［古希腊］柏拉图：《理想国》，商务印书馆 1995 年版，第 214~215 页。

〔3〕 参见 ［英］F. A. 冯·哈耶克：《个人主义与经济秩序》，邓正来译，生活·读书·新知三联书店 2003 年版，第 74 页。

取真理非个人所能独立胜任，它必然是一项合作性事业。就此而言，真理指向了共识。但事实上，共识并不都是真理。我们在接受共识的同时，要对它的可错性保持警醒，探询真理毋宁是一个永无止境的迭代更新过程。原先被认为是真理的知识将不断被扬弃。对于创造新理论而言没有任何运算法则，如果想得到好机会撞上一个管用的进路，进路的多样性就是必要的。[1]因此，获取真理的重要方法是对相互竞争理论的检验，而多样性是其基础。多样性中流淌出了平等主义意涵，它同哈耶克的"知识分散论"一道，共同指出了民主在认识论上的重要性。[2]

作为裁判理由的司法民主建立在民主价值的普适性之上。一方面，无论立法、行政还是司法，都是一种决策行为，正确性是它们的共同追求。既然民主具有认识论上的优点，它就不应仅适用于立法领域，还应适用于行政和司法。从实践来看，自资产阶级革命以降，立法原本就是民主的营地，而现代行政法对参与原则的强调凸显出公众意见在行政领域的重要性。当国家权力已有两支为民主所俘获，一个顺延的结论便是，司法审判领域亦当如此。另一方面，我们长期以来所津津乐道的"司法人民性"，也增加了司法民主论者对民主普适性的确信。"司法权在本源的意义上属于人民所有；在性质上应当并可以由人民直接或部分地直接行使。"[3]

（二）司法民主的限度

诚然，民主是发现知识和真理的有效手段，是一个社会所

---

[1]　参见［美］理查德·A. 波斯纳：《法律、实用主义与民主》，凌斌、李国庆译，中国政法大学出版社 2005 年版，第 122~123 页。

[2]　参见陈杰："基于裁判理由的民意判决的正当性探析"，载《河北法学》2018 年第 4 期。

[3]　张恒山："论司法权的人民性"，载《法学家》2003 年第 6 期。

崇尚的价值。但是，理性和批判精神是对待包括民主在内任何美好事物的正确姿态。在民主价值的根基处，共识并不始终是真理的点醒，也同样呼唤一种对待民主的审慎态度。从现实来看，少数社会精英常常在知识资源和决策能力方面优于多数公众，知识的正确性与否与人数多少也并不总是相关。因此，司法民主应当有其限度。

第一，司法审判是一项较高专业化的操作技能，普通公众并不具备此种能力。即使立法和行政领域都贯彻民主也不意味着司法也须如此，只要我们承认它们之间存在差别，哪怕只是细微差别。况且，一种因"多数人暴政"而被反思的民主立法恰恰体现了对民主的审慎；而参与原则只是行政中的一个初始环节，与民主相异的"领导负责制"仍将在机关事务的管理中占据主导地位。从全世界范围来看，司法职业化是法治国家的常规进路，司法民主不应与其对立，而毋宁是一个必要补充，司法民主化必须在坚持职业化主导的前提下才有可能被适当安排。

第二，司法的人民性并非要依照民意审判，法律原本就是民意的体现。司法人民性是一个不错的观点，至少是一个政治正确的观点。司法乃至国家政权的全部合法性都来自于人民，但司法的人民性并不必然意味人民审判，更不表明民意应当成为司法裁判的直接依据。法官适用法律并未对司法的人民性构成威胁。在民主国家，法律本身就是人民意志的凝结物。民意不能凌驾于法律，普通公众参与案件审理必须符合法定程序。

第三，社会公众任意介入司法并无法律依据，干预审判的行为直接违反宪法规范。有学者引用我国《宪法》第 2 条有关一切权力属于人民的规定，证成社会公众介入司法的合法性。"既然国家的一切权力属于人民，国家的司法权当然属于人民。

职业法官只是人民的一份子，他们可以行使司法权，但不能垄断司法权。"[1]事实上，这是对宪法规范含义的过度诠释。宪法中的"人民"是一个全称，意指人民整体，而介入司法的主体只是部分社会公众，将部分公众等同于人民是一个惊心动魄的意义跳跃。此外，《宪法》第 131 条明确规定了"人民法院依照法律规定独立行使审判权，不受行政机关、社会团体和个人的干涉"。社会公众参与司法违反了"审判元规则"。[2]

近年来，民意受到了司法机关的高度重视。最高人民法院曾在《关于进一步加强民意沟通工作的意见》中指出，要不断满足人民群众对人民法院工作的新要求、新期待。十八届四中全会通过的《中共中央关于全面推进依法治国若干重大问题的决定》更是明确提出要"保障人民群众参与司法"。[3]但这并不意味社会公众可以恣意干预司法。若要避免混乱与无序，任何权力，包括人民的权力都必须在法律程序的有序引导下行使。《宪法》第 2 条第 2 款、第 3 款规定了人民行使权力的场域，这既是人民权力的切实保障也是必要限制。因此，民意判决的正当性很难通过司法民主理由而得到支撑。真正的民主司法永远不会屈从于舆论压力，而只会向一种特殊的民意负责，即经过立法程序整合的理性公意——法律。[4]

---

〔1〕 何兵："司法民主性建设：理论与方法"，载 http://www.chinavalue.net/Article/Archive/2008/11/7/143256.html，最后访问时间：2019 年 10 月 30 日。

〔2〕 周永坤："民意审判与审判元规则"，载《法学》2009 年第 8 期。

〔3〕 《中共中央关于全面推进依法治国若干重大问题的决定》，人民出版社 2014 年版，第 23 页。

〔4〕 参见徐阳："'舆情再审'：司法决策的困境与出路"，载《中国法学》2012 年第 2 期。

三、民意审判与个案正义：拉德布鲁赫公式的现实困境

闻名遐迩的拉德布鲁赫公式道出了正义是司法的终极追求：依照法定程序产生的国家法律在司法裁判中具有优先地位，但是当其违反正义达到不能容忍的程度时，它必须向正义做出让步。[1]个案中的民意似乎与正义有关。在张学英案中，"二奶"获得遗赠财产将会败坏社会道德风尚，严格依照《继承法》将财产判给张学英是一项不正义的判决。许霆的犯罪动机诱发于银行自动取款机故障，无期徒刑的重判显然与其罪行严重失衡。强奸杀人的李昌奎，无论是从主观恶性程度还是客观危害结果来看，都远超同时期的药家鑫，药家鑫都被判处了死刑，李昌奎如何能被正义豁免？在这些案件中，社会公众的介入，督促司法审判出色地完成了运送正义的任务。法院最终的判决是对民意的妥协，更是对正义的让步。

（一）正义与价值多元

考夫曼指出，国民必须为了法治国家与自由民主的利益而有所作为，国民必须在此持续进行的过程中贡献心力，遇有不正义的情事，不能视而不见。[2]然而，何为正义是一个极为宏大和复杂的法哲学难题。对于正义的理解及其认定标准往往富有争议。千百年来，无数圣贤先哲为此绞尽脑汁，但问题始终未能解决。社会现实场景常常表明，撑起正义的只能是强权。自尼采提出"上帝已死"和韦伯的"世界祛魅"之后，传统意义上独断与专制的正义观业已被颠覆和解构，现实世界中并不

---

〔1〕　参见［德］古斯塔夫·拉德布鲁赫："法律的不法与超法律的法"，载《法律智慧警句集》，舒国滢译，中国法制出版社 2016 年版，第 187~202 页。

〔2〕　参见［德］阿图尔·考夫曼：《法律哲学》，刘幸义译，法律出版社 2004 年版，第 414 页。

存在一个恒定的正义本体。正如博登海默所言，正义有着一张普罗透斯似的脸（Protean face），变幻无常，随时可呈现不同的形态并具有极不相同的面貌。[1]

正义的多样性根源于人们的需求差异，此种差异在社会中被外化为个体间的不同价值主张。平等、自由、秩序和效率，皆是人们渴望和追求的基本善品。英国自由主义思想家以赛亚·柏林指出，人们的目标是多样的，但它们并不都是可以公度的，而且它们相互间往往处于永久的敌对状态。[2]在多元价值发生冲突的诸神之争中，客观上欠缺一个可以衡量所有价值的终极标准，人们便很难去判定何为正义并给出确定答案。凯尔森曾明确宣称，无力回答某一个法律是否合乎正义以及什么是正义的基本要素的问题。[3]如果什么是正义没有解答，拉德布鲁赫公式中的"向正义让步"也就沦为了一种缺乏操作性的空泛指示。

（二）正义与法的安定性

即便人们能够达成正义共识，法律也并不必然要给正义让步。正义之外，仍有许多有待法律去实现的价值。"法不溯及既往"原则便是在指示，当法的安定性与个案正义发生冲突之际，法官应当赋予前者以优先性。新发生的法律问题经常不是立刻呈现在眼前，在一段相当长的时间内，大家仍以并不适宜其特质的评价观点来处理它。[4]新法因贴近当下而更契合正义的意

---

〔1〕 参见［美］E. 博登海默：《法理学：法律哲学与法律方法》，邓正来译，中国政法大学出版社 1999 年版，第 251 页。

〔2〕 参见［英］以赛亚·柏林：《自由论》，胡传胜译，译林出版社 2003 年版，第 244~245 页。

〔3〕 参见［奥］汉斯·凯尔森：《法与国家的一般理论》，沈宗灵译，中国大百科全书出版社 1996 年版，第 6 页。

〔4〕 参见［德］卡尔·拉伦茨：《法学方法论》，陈爱娥译，商务印书馆 2004 年版，第 113 页。

涵，但法的安定性价值却会因此而受损。

寻根溯源后可知，两种价值分别有着各自的伦理基础，支撑个案正义是目的论，法的安定性则体现了义务论的精神。目的论的要义在于用一种动态的"善"去替代稳定的"善"。它先独立地定义善，然后将正确的行为定义为促进了善的行为。[1]义务论则相反，它将一条已被确立的规则视为绝对命令，强调固守规则之"善"。一个（固守规则的）行为本身就具有内在的道德价值，不管它是否导致可欲的或最佳的后果。[2]

目的论和义务论是西方伦理思想的两大流派，但凡关涉应当如何行为的观点都可归入其中。早在古希腊时期，亚里士多德就对目的论作出过阐述：人的每种实践与选择，都以某种善为目的。[3]一个行为正当与否的判定标准是善的目的。这一思想被后来的边沁和密尔发展成为功利主义，是否促进行为相关者的最大幸福或利益是行为的正当标准。[4]义务论可以追溯到尊奉理性的斯多葛学派，它要求人们遵守宇宙中普遍正确规律。直至康德，义务论的伦理观才被完整地构建起来：你要这样行动，就像你行动的准则应当通过你的意志成为一条普遍的自然法则一样。[5]在康德看来，遵守一条你愿意它成为普遍法则的

---

〔1〕 参见程炼：《伦理学导论》，北京大学出版社2008年版，第145页。

〔2〕 参见程炼：《伦理学导论》，北京大学出版社2008年版，第145页。

〔3〕 参见〔古希腊〕亚里士多德：《尼各马可伦理学》，廖申白译注，商务印书馆2003年版，第3页。

〔4〕 功利主义思想非常复杂，内部流派繁多且相互交织牵连。如：行为功利主义和规则功利主义、以客观目的为基础的功利主义和以主观目的为基础的功利主义、古典版本的功利主义和现代版本的功利主义等。但它们的核心精神都是据后果来判定行为的正当性。

〔5〕 参见〔德〕康德：《道德形而上学原理》，苗力田译，上海人民出版社2002年版，第39页。

行动本身就是道德。这是理性为自身立法所形成的绝对命令，任何条件下均不容改变。如若将"不要撒谎"视为绝对命令，那么便应一以贯之地如此行为，而不为任何目的，哪怕是"善"的目的有所动摇。法的安定性同义务论的精神高度契合，任何时候严格遵守法律都是一道绝对命令，它不应当为任何个案正义的目的而改变。

目的论支持了正义在适用法律时的优先性，而义务论在同类情形下为法的安定性提供道德依据。如果信奉目的论思想，不正义的法律须向正义让步；而如果恪守义务论的告诫，法的安定性则具有必然优先地位，严格适用法律本身就是一种正当行为。事实上，个案正义即实质正义，法的安定性是形式正义，二者的冲突是两千多年来法理学讨论的主题，表现为一般与个别、稳定与变动、保守与创新、精确性与模糊性等多个方面的对立关系。[1]目的论与义务论在人类思想的历史进程中业已经历过无数次的交锋与碰撞，但高下难分。因此，从伦理基础层面很难确立个案正义的必然优先性。而一个辩证看待正义的观点似乎更有道理：个案的不正义可被视为追求整体正义的代价，倘若频繁或过分地苛求个案正义，守法义务的常规体系便有被功利主义击毁的危险，如此将导致更大的不正义。

（三）正义与公众意见

将视角从理论拉回至现实层面，可以发现，公众意见本身是一种存在主观、恣意和片面之可能的社会评价，[2]它与正义之间并无必然联系。

---

〔1〕　参见桑本谦："法理学主题的经济学重述"，载《法商研究》2011 年第 2 期。

〔2〕　参见陈林林："公众意见在裁判结构中的地位"，载《法学研究》2012 年第 1 期。

　　发生于法国大革命时期的"九月惨案"见证了社会公众的狂躁与暴戾。一帮由鞋匠、厨师、锁匠、店员、理发师和邮差等公众所构组的社会群体，在屠杀了 1200-1500 个民族敌人后，有人提议说，那些关着老年人、乞丐和流浪汉的监狱其实是在养着一群没用的人，所以不如把他们全部杀掉，他的建议立刻就被采纳。[1]勒庞认为，群体是一个活生物，人们将因聚集而产生一种不同于个体独处时的心理效应，这便是"群体精神统一性规律"（law of the mental unity of crowds）。它会使群体中的个体产生人多势众和不可战胜的感觉，原本正常的个人道德约束机制因此失控。

　　这便再次道出了，群体力量的正向发挥特别需要程序的引导和规制，无序的民主必将沦为失控的民粹。司法场域中的公众意见多是无序状态下的产物，从刘涌案中的强烈民愤、对王斌余的免死呼唤，到药家鑫案中的谣言蛊惑，再到宋城集团的离奇指控，我们看到了太多的偏执、情感和激情。尽管不能就此断定公众意见必定与正义相悖，但至少表明，它并非总能代表正义。

　　诚然，追求正义的精神对于司法裁判来说不可或缺。但困难的是，在具体案件中，正义和不正义的判别及其受侵害程度在价值多元背景下缺乏一个可供衡量的客观标准。此外，当个案正义同法的安定性相冲突之际，二者间的取舍也非常艰难，正义在价值上并不必然优先于法律安定性。或者说，安定性本身就是一种正义。最后，从现实层面看，公众意见同正义并无必然关联。因此，个案正义理由很难证成民意判决的正当性。

---

　　〔1〕　参见［法］古斯塔夫·勒庞：《乌合之众——大众心理研究》，冯克利译，广西师范大学出版社 2007 年版，第 139 页。

第三节 不同的"依法判决"

以上论述表明，司法民主和个案正义皆难以证成民意判决的正当性。但在大多数舆情案件中，法院判决却常与公众意见大体一致。从社会公众介入司法，到争议产生，再到司法最终向民意妥协，这似乎成为民意干预司法的固定模式。然而，我们不禁要问：并不握有权力的社会公众如何能够干预司法？民意审判何以可能？问题的答案需要从判决的获取过程中查找。在审视典型案例后，我们发现，法律在特定条件下会呈现出一种不确定性。而正是在法律的此种开放结构处，民意可以与法律交叠重合。[1]

一、司法审判的逻辑结构

具体来看，一项判决形成于法官寻找裁判理由的行动和技术操作，在逻辑上包含了三个步骤：其一，法官依照法定程序查明并确认案件事实；其二，寻找解决案件纠纷的裁判理由；其三，将裁判理由同案件事实对接，形成判决结论。整个裁判过程表现为：

案件事实→裁判理由→判决结论

判决结果受到两个因素决定，案件事实和裁判理由。民意审判意味着判决结论受到民意影响，从以上裁判过程看，影响结论的途径有三条：影响案件事实；影响裁判理由；或同时影

---

[1] 陈杰："基于裁判理由的民意判决的正当性探析"，载《河北法学》2018年第4期。

响案件事实和裁判理由。其中，案件事实的客观性较强，民意很难对它产生影响。[1]在前述民意审判典型案例中，社会公众没有对该部分内容提出质疑。从法院前后判决书看，事实认定部分也几乎未作改变。如：在刘涌故意杀人案中，三次审判都认定刘涌犯有故意伤害罪，组织、领导黑社会性质组织罪，故意毁坏财物罪，非法经营罪，行贿罪，非法持有枪支罪和妨害公务罪；[2]在许霆盗窃一案中，两次审判都认定了许霆从取款机中提取巨额现金的事实；在李昌奎强奸杀人案中，一审、二审和再审均未改变对李昌奎故意杀害两人以及强奸行为的认定。[3]倘若案件事实没有受到影响，判决结论的改变只能被归结为裁判理由的改变。单从形式上看，民意审判的发生是由于公众意见替代了原先裁判理由。

案件事实→公众意见→判决结果

在张学英案中，社会公众在一审前就介入审判，形成不利于张学英的一致言论。尽管我国《继承法》明确规定遗赠继承的合法性，并且，严格依照《继承法》中的法律规则，张学英毫无疑问地应当获得遗赠财产无疑，但是，法院却出乎意料地适用了《民法通则》中的公序良俗原则。正如一些反对者所指出的，禁止向一般条款逃逸是一条虽不具有法律约束力但却为

---

[1] 参见夏立安、陈杰："法律不确定下的选择——民意干预司法现象的经济学解读"，载《社会科学战线》2013年第4期。

[2] 详见刘涌案的一审、二审和再审判决书。

[3] 具体可参阅比较李昌奎案一审和二审判决书和许霆案一审和重审判决书：（2010）昭中刑一初字第52号刑事附带民事诉讼判决书和（2010）云高法终字第1314号刑事判决书；（2007）穗中法刑二初字第196号刑事判决书和（2008）穗中法刑二重字第2号刑事判决书。

法律职业群体所共同承认裁判准则。尽管没有直接证据，但法官放弃规则、适用原则之举，难逃迎合社会公众之嫌，公众意见因此成为裁判理由，至少是实质意义上的理由。

在刘涌案、许霆案和李昌奎案中，社会公众均在法院给出判决结果后介入审判。其中，刘涌案和李昌奎案类似，社会公众的介入均在二审之后。刘涌系黑社会头目，无恶不作，欺压良民，不杀不足以平民愤；李昌奎则是强奸杀人，手段残忍，罪大恶极，不杀难以保障司法公正。故而，社会公众认为终审的死缓量刑有失公道。刘涌和李昌奎都在一审被判处死刑，二审改判死缓，最终经提审再审后又被改判死刑。许霆案则与前两起案件相反，由于盗窃行为的实施方式特殊，并且，银行自动取款机故障在先，社会公众认为无期徒刑的量刑太重，强烈要求对许霆从轻处罚。在发回重审后，许霆最终被判处有期徒刑五年。

公众意见作为一种案件处理要求，并不像判决那样有着明确依据。在成文法中，何种行为应当接受哪一条规范调整，并且，范围、方式和幅度如何，有着清楚规定。大多数社会公众并不知晓法律，他们在形成意见时很难去参考法律规范，所给结论的依据一般是自己所认知的社会规范，主要是道德规范。这些规范表现为常识、常情和常理，为一个社会共同体成员，至少大部分成员所接受和承认。例如，在李昌奎案二审判决下来后，村民小组长周天祥指出，大部分村民对死缓都不满意，农村的说法就是杀人要抵命。[1]社会或道德规范都是不成文规范，表现形式的欠缺使两类规范在内容上不若法律规范明晰。但是，在民意审判中，最终对判决产生影响的，并非社会规范

---

[1]　参见"云南男子奸杀少女被免死续：省高院重新审查"，载 http://news.qq.com/a/20110705/001397_1.htm，最后访问时间：2019 年 10 月 30 日。

或道德规范，而是社会公众在内化这些规范后的意见。

尽管公众意见常常表现为一个大致要求，但已足够对法官的判决作出指引。在四类典型案件中，社会公众的意见内容分别是：不应当将财产判给张学英；刘涌和李昌奎必须处死；许霆要轻判。可以看到，前三项意见内容非常明确，已经超出了法律规范对判决指引的精准度。最后一项意见尽管含糊，但也明确排除了无期徒刑以上的刑罚。就指引的确定性而言，丝毫不逊于法律规范。因此，法官在审判之际可以将民意作为大前提，案件事实作为小前提，演绎推出判决结论，这一过程即是所谓的"民意审判"。

民意指引判决具有可行性，但是，法官将公众意见作为裁判理由面临着一个同裁判理由竞争的问题，即民意是否可以成为替代法律的裁判理由。前已述及，很多支持民意审判的学者将司法民主和个案正义用作证成民意判决正当性的理由，但宪法规范的含义和拉德布鲁赫公式的现实困境分别指出这些理由很难成立。仅凭它们，民意审判不足以获取正当性。另一方面，如果把裁判结果看作是产成品，那么裁判理由就是原材料。就我国当前司法制度而言，法官的取材范围限于法律文本，即成文法源。"以事实为依据，以法律为准绳"的裁判准则要求法官不得对此作出突破。符合法律才是判决正当性的首要标准。而在法律理论和司法实践中，"法律"一词无论是采广义的解释还是狭义的解释，都无法将"社会公众意见"涵摄进来。[1]这便是学者们反对民意判决的最大理由。

---

〔1〕 参见陈林林："公众意见在裁判结构中的地位"，载《法学研究》2012年第1期。

二、唯一正确答案的迷思

依法裁判、排除其他种类规范的考量是一个关于司法审判的基本要求，我们丝毫不会怀疑这一命题的正确性。法治中国背景下，毫无疑问，法律应当成为法院审判的唯一标准。长期以来，"有法可依，有法必依"和"以事实为依据，以法律为准绳"的观念已经深入人心。但仔细研究后发现，这一命题暗含了一个通常难以实现的潜在前提，即法律规范本身相当确定。并且，确定的标准应当达到，在每一个司法案件中，法律都能够给出唯一正确答案。

法律规范在审判中的排他适用意味着法官只能考虑法律。这种排他性考量的必然结论是，个案中的法律正确答案只能有一个。如果依据法律，判决结果可以有两个或者以上，那么法官就需要在这些结论之间作出选择，当且仅当法官选定结论后，最终判决才能给出。假设法律正确答案在个案中不止一个，法官在选定数个都有法律依据的结论时，如果此种选择不是出于恣意，它也必须要有依据。多个法律答案间的选择依据显然不可能是法律。一方面，对任何事物的判定，都不能诉诸该事物本身，必须要有一个外在标准。法律不能对自身的正确性作出证明。另一方面，如果多个法律答案的选择依据是法律，法律结论在一开始就不可能表现为两个以上，这两个命题之间相互矛盾。是故，如果法律规范不能给出唯一正确答案，法律就不能排除在适用之际诉诸其他标准，其他规范因法律答案的非唯一性而参与到法律决定中来。此时，规范适用的竞争关系，或者，更明确地说，法律推理大前提之间的竞争关系，并非发生在法律与其他种类的规范之间，而是发生在法律规范内部。

关于法律问题是否存在唯一正确答案，历来存有争议。德沃金认为，每一个法律案件，即使在最为棘手的疑难案件中，法律问题都有唯一正确答案。这一主张之所以具有诱惑力，常被人们不假思索地接受，是因为，拒绝这一命题可能会危及司法权威，进而贻害法治。如果法官们给出的判决不是依照法律所推出唯一正确的答案，那通常而言的"依法判决"意味着什么呢？是一种修辞，还是一种掩饰？尽管相信这一命题与否牵涉法律体系根基，甚至关乎法治制度存亡，但事实几乎不因我们的信念而改变。唯一正确答案在实践层面可能很难成立。就前述四例典型民意审判而言，法官似乎很难断定这些案件中的唯一正确答案。张学英不享有遗赠财产权利是唯一正确答案？刘涌和李昌奎被判处死刑立即执行和许霆被判处五年有期徒刑是唯一正确的答案？除却社会公众给出的答案与法官不同，就在法律职业共同体内部，意见也是分裂的。这可以从上述案件发生后，学者们仍不断撰文指责批评或支持褒扬案件的判决中窥见一斑。应当说，这些判决答案充其量只是终极答案，远非正确答案。

德沃金也承认，正如理查三世是否谋杀了王子们是不确定的和有争议的一样，关于那个正确答案是什么也可以是不确定的和有争议的。[1]但他仍然坚持正确答案必然存在。由此可见，德沃金并不认为司法个案的唯一正确答案在本体论上存在丝毫问题，充其量只是一个认识论的问题。也就是说，每一个司法判决的唯一正确答案作为一个本体确实存在，就在那里。困难仅仅在于，法官如何去发现这个答案。为了获得这一答案，德沃金预设了一个无所不能 Hercules，"他于着手第一个案件之前便已构建出强势、整全且经久不衰的理论，能够处理形而上学、

---

[1] [美] 罗纳德·德沃金：《原则问题》，张国清译，江苏人民出版社 2005 年版，第 153 页。

认识论、伦理道德和政治道德领域中所有悬而未决的问题。"[1]

但德沃金可能忽略了一点，司法审判并非在理论中运行，它必须有一个切实结果。法官于现实中的认识羁绊，势必阻碍唯一正确答案在本体上的成立。就此而言，在司法判决的唯一正确答案方面，认识论和本体论实际上是合一的。如果认识上难以获及，我们便不能妄断它在本体论上的存在。正如波斯纳所指出的，1903 年毕业典礼那一天的黎明，哈佛学院的草叶是单数。这要么为真要么为假。但是，如果无法获得这一答案，那也就等于没有正确答案。[2]

其实，个案中的法律问题远比谋杀小王子和草叶单双数这些问题要复杂得多。后两者纯粹是一个事实问题，即便我们不能断定它们的结论，但至少，在我们的意识中可以清楚和明晰地想象出它们的所有可能情形。与这两类问题不同，司法审判中的问题不仅涉及事实，更牵涉到规范，包含了双重复杂性。尤其在规范叠加在事实之上后，寻求唯一正确答案的希望就显得更加渺茫。对于遗赠人有无遗赠给张学英财产、刘涌是否实施了故意伤害、李昌奎是否强奸后杀人，这些结论的判定大致等同于确定谋杀小王子和草叶单双数的事实。无论给出肯定还是否定答案，我们可以轻易想象出各自的分别情形。至于，张学英有无接受遗赠权利、刘涌、李昌奎和许霆应当如何量刑，非但要认定事实，而且要确定规范，此外，还得在二者之间实现恰当连接。如果简单的事实问题，由于认识论上的原因，我们都无法肯定其于本体论上的存在，更不用说规范叠加事实之后的唯一正确答案了。

---

[1]　Ronald Dworkin, *Justice in Robes*, Harvard University Press, 2006, p. 54.

[2]　参见［美］理查德·A. 波斯纳：《法理学问题》，苏力译，中国政法大学出版社 2001 年版，第 249 页。

三、民意与法律的叠合

如果司法审判没有唯一正确答案，或者，法律案件处理的唯一正确答案难以被法官认知。那么，除非我们承认法官的判决是一种类似抛硬币的恣意，否则我们必须承认，法官在适用法律之际不能绝对避免对其他种类规范的考量，包括道德规范和社会规范。此种情形下，审判在逻辑上的展开过程是：法官在确定案件事实之后寻找法律规范作为依据。然而，法官将发现，依照法律规范，可以对当下案件作出两个或以上的判决结论。进而，法官需要在这两个结论之中进一步寻求依据。如果社会公众意见成了这一依据，法官最后所给出的判决就是趋同于民意的判决。民意能够成为两个或以上法律结论的判定标准表明，它倾向于一个结论并排斥另一个或其他法律结论，这又进而表明，它与法律规范至少在一定程度上交叠重合。

通常情况下，裁判理由是法律体系中的法律规则。规则含有清晰的结构，包括行为模式和法律后果，以"如果……那么"的形式表现出来。在案件事实确定后，法官先将其纳入法律规则的构成要件，再根据规则所设置的法律效果径直导出判决即可。但在遭遇法律规则语义模糊、严格适用法律规则将与法律整体目的相悖以及法律规则缺位等情形时，法体系中的其他资源，包括原则、理念甚至法体系之外的非正式渊源都将参与和影响裁判过程。这反映出法律的不确定性，此时，即便是主张不容批判和质疑前提的法教义学，也不能阻却法官从法律之外寻求裁判理由。单从形式来看，法律的不确定性将一个具体案件的法律结论分解成多个备选方案，而如果法官的裁判结果不是一种形式合法掩盖下的恣意和任性，最终的抉择便需要其他实质理由加以支撑。

在面对合法性质疑时，民意审判的支持论者转而诉诸民主和正义来为民意的辩护。然而，如果不符合法律，无论宪法基本精神还是法律终极目标都因抽象、模糊以及有争议而难以赋予民意判决正当性。司法民主和个案正义都不能成为支持公众意见在个案中超越法律的理由。其实，如果能够看到法律的不确定性，民意审判的支持者们根本不用走那么远，诉诸法律本身仍可为民意审判的正当性辩护。在仔细研究民意干预司法的典型案例后，可以发现，每一案件的每次判决均系依法而作，法官并未置法律于不顾。[1]

在张学英案中，一审和二审判决都引用《民法通则》第7条，即民事行为不得违反公共秩序和社会公德，以否决张学英接受遗赠的权利。法院的论证过程是：遗赠是民事法律行为。一般地，根据《继承法》，遗赠人只要意思表示真实且遗赠行为形式上符合法律构成要件，遗赠行为就发生法律效力，受遗赠人的权利应当得到法律保护，具体表现为依法取得遗赠财产。据此，本案中由黄永彬所作且经公证的遗嘱有效。但根据《民法通则》中的"公序良俗原则"，任何民事行为都不应当违背社会公德，否则不发生法律效力。该案中，遗赠人黄永彬与受遗赠人系非法同居关系，遗赠行为违背了公序良俗原则。因此，这一行为无效，张学英不享有受遗赠的权利。事实上，法院避开法律规则，径直引用原则判案的做法引起了很大争议。非但放弃规则不用存有疑问，而且援引公序良俗原则亦不无问题。与该原则并列，且同时存在《民法通则》中的"意思自治原则"在私法中的地位举足轻重，适用公序良俗原则意味着对民法这一核心原则的违背。此外，黄永彬与张学英非法同居行为

---

[1] 参见陈杰："基于裁判理由的民意判决的正当性探析"，载《河北法学》2018年第4期。

确系违反公序良俗，但遗赠行为本身是否有伤风化也存在争议。所有这些问题加上社会公众于一审前介入的事实，很自然地引发我们合理怀疑民意是否干预司法，法官是否在适用民意进行判决。但是，这一怀疑毕竟缺少进一步证据。相反，从形式上看，判决书中的明确依据是法律。

在刘涌故意杀人案中，从一审死刑到二审死缓，再到再审死刑。尽管判决结果一波三折，但对刘涌的罪名指控却无甚变化。三次审判都认定刘涌犯有故意伤害罪，组织、领导黑社会性质组织罪，故意毁坏财物罪，非法经营罪，行贿罪，非法持有枪支罪和妨害公务罪。司法实践中，法官对数种罪名量刑采取的是限制加重原则，即对数罪分别定罪量刑后以最重刑罚为基础，同时考虑其他罪行所判刑罚的情况进行加重。本案中，刘涌所犯最重罪行是故意伤害，依照我国《刑法》第 234 条规定，刘涌应当被处 10 年以上有期徒刑、无期徒刑或者死刑，考虑到其他罪行的限制加重，无论是对刘涌判决死刑立即执行还是死刑缓期执行都是符合法律规定的判决。

许霆一审被认定有盗窃金融机构并且数额特别巨大的事实，因此被判处无期徒刑。其法律依据是 1997 年《刑法》第 264 条第 1 项、第 57 条、第 59 条和第 64 条。[1] 1997 年《刑法》第 264 条规定："盗窃公私财物，数额较大或者多次盗窃的，处 3 年以下有期徒刑、拘役或者管制，并处或者单处罚金；数额巨大或者有其他严重情节的，处 3 年以上 10 年以下有期徒刑，并处罚金；数额特别巨大或者有其他特别严重情节的，处 10 年以上有期徒刑或者无期徒刑，并处罚金或者没收财产；有下列情形之一的，处无期徒刑或者死刑，并处没收财产：①盗窃金融

---

〔1〕 关于许霆案一审的判决依据详见广东省广州市中级人民法院（2007）穗中法刑二初字第 196 号刑事判决书。

机构，数额特别巨大的；②盗窃珍贵文物，情节严重的。"可以看到，依照该法条，结合盗窃金融机构并且数额特别巨大的案件事实，法官判处许霆无期徒刑已经手下留情。因为法律只留给法官两个选择，要么死刑，要么无期徒刑。而在该案被上一级法院发回重审后，广州中院仍然认定许霆犯有盗窃金融机构和数额特别巨大的事实，但是依照 1997 年《刑法》第 264 条、第 63 条第 2 款、第 64 条和最高人民法院《关于审理盗窃案件具体应用法律若干问题的解释》第 3 条、第 8 条的规定，判处了许霆 5 年有期徒刑。[1]与原审相比，重审法院多引用了三个条款。其中，《关于审理盗窃案件具体应用法律若干问题的解释》的第 3 条和第 8 条分别对数额巨大和盗窃金融机构作出了进一步明确。其中，盗窃数额达到 3 万元至 10 万元以上的为数额特别巨大；盗窃金融机构是指盗窃金融机构的经营资金、有价证券和客户的资金等，如储户的存款、债券、其他款物，企业的结算资金、股票，但是不包括盗窃金融机构的办公用品、交通工具等财物的行为。引用这两条是为了进一步明确许霆的行为是盗窃金融机构且数额特别巨大。而对于改判最为关键的要素是 1997 年《刑法》第 63 条第 2 款关于酌定减轻处罚的规定被引入，"犯罪分子虽然不具有本法规定的减轻处罚情节，但是根据案件的特殊情况，经最高人民法院核准，也可以在法定刑以下判处刑罚"。案件事实在二审中并未改变，判决结论的改变仅归因于裁判理由的改变。同样，改变前后的判决都有明确的法律依据。

在李昌奎强奸杀人案中，直接决定李昌奎应当适用死刑的是其故意杀人行为，判决依据是 1997 年《刑法》第 232 条：

---

〔1〕 关于许霆案重审判决见广东省广州市中级人民法院（2008）穗中法刑二重字第 2 号刑事判决书。

"故意杀人的，处死刑、无期徒刑或者 10 年以上有期徒刑……"
一审法院认为，被告人李昌奎犯故意杀人罪，手段特别残忍，
情节特别恶劣，后果特别严重，其罪行特别严重，社会危害极
大，应依法严惩，虽李昌奎有自首情节，但依法不足以对其从
轻处罚。[1]因此，在结合强奸罪基础上，法院一并判处李昌奎
死刑。而二审法院则认为，被告人李昌奎在犯罪后到公安机关
投案，并如实供述其犯罪事实，属自首；在归案后认罪、悔罪
态度好；并赔偿了被害人家属部分经济损失，故上诉人李昌奎
及其辩护人所提被告人具有自首情节，认罪、悔罪态度好，积
极赔偿被害人家属的上诉理由和辩护意见属实，本院予以采纳。
鉴于此，对李昌奎应当判处死刑，但可以不立即执行。[2]但是，
在社会公众介入审判之后，法院启动了再审，推翻二审判决，
回归一审判决，理由也如同一审。尽管理由在每一次判决中都
发生变化，但适用的法律依据没有改变。

以上民意审判典型案例表明：一方面，法官最终判决符合
公众意见。无论是张学英的遗赠权利被否决、许霆的五年有期
徒刑，还是李昌奎和刘涌的死刑，审判都迎合了社会公众的要
求，判决结果表现为与公众意见的趋同。另一方面，所有符合
公众意见的判决又都是法官适用法律后的判决，每一案件结果
都于法有据。这便消解了民意与法律的对立，二者在裁判理由
中交叠重合，共同形成判决结果。

案件事实→（法律规范=公众意见）裁判理由→判决结果

---

[1]　云南省昭通市中级人民法（2010）昭中刑一初字第 52 号刑事附带民事判
决书。

[2]　云南省高级人民法院（2010）云高法终字第 1314 号刑事判决书。

民意审判的形成过程表明，在一些案件的审理中，作为小前提的事实可以被涵摄于多种方案之下，这些方案又都是符合法律的方案，最终的判决结果只是多个可能性之一。当法官在二者或多者之间，选择最能体现民意的法律规则作为裁判理由时，民意判决随即产生。这一分析，不仅表明法律问题不存在唯一正确答案，而且道出法律规范的不确定性。

法律的唯一正确答案是著名法学家德沃金所提出的一个命题，尽管在中西方司法实践中屡屡被证伪，并不断遭受批评和质疑，但它仍受到大批笃信者的坚定追随。一定意义上，判决有一个唯一正确答案，是司法获取权威的基础，亦是法律治理的根基。在一个权利本位的时代，整体而言，法治与民主密切关联。国家权力的最终合法性来自公民授权，当代中国亦是如此。法治背景下，法律是人民意志的体现，各项制度根据人民要求创建和安排。在立法层面，人民的意志和要求通过成文法的形式被固定下来，其生成了一种道义力量，各项规范文本具有应然性。在运行过程中根据法律文本中的规定贯彻人民意愿，将立法中的道义力量付诸实现，这是法治整体运行的第二个层面，即实然层面。其中，行政权力的运行，是获得人民授权的行政主体对国家各个方面事务的管理活动。贯彻人民意志，就是要求行政主体管理的内容、方式以及决定应当严格依法进行。而审判在法治国家中的功能是解决纠纷，它是各类主体之间争议解决的最后一道防线。同行政权力的运行一样，贯彻人民意志在司法中要求依法审判。如此一来，以立法为中心、严格按照法律执法和司法保障了法治的稳健运行，架构了一个法治国家的良性循环系统，而人民意志位于这个系统根基处。由此可见，法治的核心要义是，将人民意志经由立法上升为确定的规则，并且在生活实践的各个领域得以贯彻。

　　然而，落实人民意志的必然前提是，人民意志在法律文本中得到清楚明白的表达，每一个具体意志都具有一个固定的意义。很难想象模棱两可的人民意志能够形成确定的规则。倘若规则摇摆不定，就很难保证负责行使执法和司法权力的个人，不在适用这些规则之际掺杂进自己意志。就司法而言，一旦唯一正确答案的信念被颠覆，法律的不确定性将敞开原本应当确定的法律规则的意义空间。如果法官可以在多重意义之间进行选择，判决结果将很难保障是原初法律中的人民意志，这不仅使得判决的权威被消解，还使法治岌岌可危。一方面，被规定在立法中的人民意志是司法的正当性基础，仅当法院在判决之际贯彻了这一意志，判决才被导入了权威。另一方面，如果法治基础的人民意志没有在司法领域被付诸实现，我们还可以类比推断，行政领域也必然存在同样情形。一旦立法中的人民意志被架空，民主根基就被摧毁，整座法治大厦将在人民意志的不确定中逐渐坍塌。

　　单从四例民意干预司法的典型案例看，我们很难确定这些案件中的唯一正确答案是什么。法院的判决向我们显示出法律的不确定性，至少在这些案件中的不确定性。事实上，民意审判的合法性需要建立在这种不确定上，不确定法律所给出的结论才能恰好与社会公众意见交叠重合，并使民意穿戴上合法外衣。另一方面，如果法律是确定的，在事实未作改变的前提下，判决结果也是唯一确定的，那么司法判决反复改变、并且都有法律依据的情形就不可能发生。因此，我们可以作出如下断定：没有法律的不确定性就没有民意审判现象，即法律的不确定性是民意审判的必要条件。一个简单判定因果关系的方法是，观察两个可能存在关联事物，如果有 A 则有 B、无 A 则无 B，那么便可初步断定 A 是 B 的原因。

　　将法律不确定性视为民意审判的一个原因，尽管得到了四例典型案件的验证，但是，摆在我们面前的困难是，承认这一结论将与长期以来我们所秉持的法治观念格格不入。我们都熟知，在种种国家治理模式中，与法治相对的是人治，前者理性、恒常和可预期，后者恣意、无常和不确定。由于具有许多人治所无法实现的优点和美德，法治倍受现代国家推崇，已发展成为各国流行的治理方式，当下中国亦不例外。摒弃人治首先要求建立起确定规则。法治凭借一整套被规定在法律文本中的可以预期的规则系统而与人治的个人无常决定划清界限。然而，如果法律文本中规则的确定性失却，法律问题不再有唯一正确答案，那么便意味着，法律文本乃至整套规则体系形同虚设，而法治与人治也将不再有实质性差别。由此可见，一方面，民意判决的合法性指出了法律的不确定性。另一方面，避免法治大厦的坍塌要求拯救法律的确定性。既立足现实，又不摧毁法治根基，要求寻获一个两者之间的折中。

第三章

民意审判的外在条件: 法律的不确定性

　　对法律确定性和不确定性过分强调，分别被哈特称作"高贵的梦"与"惊人的梦"。法律形式主义和后现代法学分别为法律确定性理论光谱中的两极。法律的确定性是法治的基石，坚守这一观点是出于对法治的捍卫。然而，法治本身却可以具有多重含义，实质法治可以容纳得下法律在实然层面的不确定性。从司法裁判的角度来看，法律的不确定性就是，法律问题在个案中没有一个唯一正确答案。德沃金的"唯一正确答案"论证虽然精巧，但却每每与事实不一致。大量案件表明，法律的不确定性是司法实践中的一个基本事实。法律规则中的语义模糊、法律原则中的价值不可公度、不成文法律渊源的司法适用、多元法律解释和论证标准等，皆会引发法律的不确定性。

第一节　从"高贵的梦"　到"惊人的梦"

一、概念法学和法律形式主义

（一）概念法学

　　拉伦茨曾言道，大概在一百年以前曾经有过那么一个时代，不论就法律事件的解决，或就研究整个现行法而言，法学家们根本不怀疑他们拥有适当的方法，他们的方法相较于其他学问的方法毫不逊色。[1]拉伦茨提及的时代正是十九世纪的德国，概念分析方法在当时的法学中占据主导地位。

　　法律是调整人们行为的规范，这种规范在形式上通过法律文本表现出来。法律文本由一整套语句体系构成，而语句中的最小单位是概念。法律规范指引作用得以充分发挥必定先要澄清法律概念。概念系指涉事物或现象的语词，表面上看，概念分析是在梳理和揭示语词和语词之间的逻辑关系，实际上，这种分析方法指向的是语词背后的事物。立法者通过语词之间的逻辑联系将客观事物之间的关系反映在法律文本之中。概念分析若要实现对语词的突破、达致背后所指事物，进而揭示客观规律，需要以一个预设作为基础，即，语词和事物之间存在着精确对应。也就是说，一旦我们使用一个语词，我们不但能够清楚地知晓它所指涉的事物，还要能够将其他事物与不属于该语词的事物明确地区分开来。对一个语词外延的清晰认知，要求我们至少能够在观念中想象出它的全部情形。但事实上，这一要求很难达到。如果我们不能精确指出语词和事物之间的对应关系，那么概念分析常常就会脱离实际。进而，分析语词错误地替代了分析事物本身。德国法学家耶林认为，概念的操作一旦脱离人们的目的，概念分析也就成为游离于实际生活之外的逻辑游戏。在《法学的扯淡与认真》中，他将擅长概念分析方法的潘德克顿法学讥讽为"概念法学"。[2]

　　概念法学的创始人普赫塔师承著名法学家萨维尼。早在他的老师那里，概念法学思想就已经萌生。萨维尼认为，罗马法中有着十分完备的概念体系，任何一个法律问题，几乎都可通

---

　　〔1〕　参见［德］卡尔·拉伦茨：《法学方法论》，陈爱娥译，商务印书馆2003年版，第19页。

　　〔2〕　参见梁慧星：《民法解释学》，中国政法大学出版社1995年版，第57页。

过概念推演获得解答。在老师的启发下，普赫塔通过仿效罗马法，在他的著作《制度教程》中，建立了一个完整的"概念金字塔"。

无论法学研究还是法学应用，究其实质，都是一项在抽象与具体之间建立关联的工作，但两者的朝向相反，并且前者是后者的基础。法学家通过经验观察，搜集生活素材，将现象归纳概括为概念。概念之间也有层级差别，形成概念后，法学家通过增加或减少它的内涵，使其具体或抽象。在概念的语词内涵不断增加的情形下，抽象程度不断降低，反之，则抽象程度提高。一个概念的抽象程度提高意味着，概念的外延不断扩大，语词所收纳的现象不断增多。而一个概念的抽象程度降低表明，概念外延不断缩小，原本由语词所指涉的事物因此而不断被排斥出去。通过运用这些逻辑方式连接具体与抽象，法学家最终得以完成一整套囊括具体概念、一般概念和最高概念的体系。法学应用在法学家工作的基础上展开，与之相对，它是一个从抽象到具体的过程。现实中的个别案件都是经验事实，法律应用者的工作就是将它们同法学家所构建的那套概念体系一一对应起来，通过概念中的意义来调整人们行为。整体来看，如果法学研究建立概念体系的工作是归纳，那么法学应用就是演绎。

同罗马法中的概念体系如出一辙，"概念金字塔"不过是一套更加完备的法律概念分类系统。其顶端屹立着一个极端抽象的最高概念，从中可以推导出多个较为抽象的一般概念，进而，从这些一般概念中，又可再推导出包含更多内容的具体概念。[1]所有概念均经由严密的逻辑形式加以连接，所有下位概念均由位于塔尖的最高概念所统摄，它是一个层级分明，上下位概念

---

〔1〕 参见［德］阿图尔·考夫曼：《当代法哲学和法律理论导论》，郑永流译，法律出版社 2002 年版，第 162 页。

之间可以自由转换的推导系统。在这一体系中，一条具有必然性的逻辑链条串联起各个层级的概念，从最高级别法律理念到具体法律概念。普赫塔认为，任何有经验的法律工作者都能够发现这个链条，这个概念金字塔具备确定的造法能力。在他看来，法律规范是对概念进行"科学推论的产物"，它不需要在民族意识中存在，而是来自概念的逻辑结论。[1]

由于金字塔式的概念分类体系先验存在，现实中的具体应用又是经由具有必然性的演绎方法，概念法学视域下的法律规范必然是确定的。在法律渊源上，概念法学尊崇法典，仅承认成文法的合法地位，拒绝考量习惯和先例。潘克顿学派虽然在思想上承继于历史法学派，但却完全抛弃了法律是民族精神的观点，这是普赫塔和萨维尼思想之间的清晰界限。概念分析强调法律的逻辑自足性，使概念法学拒绝承认成文法的漏洞，实际生活中的所有具体案件的处理，均能从法律概念体系中找到正确解答。在解释法律的方法方面，概念法学极力主张克制。经由萨维尼确立的古典解释方法包括，文义解释、体系解释、历史解释和目的解释。概念法学要求，在适用法律之际仅应使用文义和体系解释方法，坚决反对目的解释。

（二）形式主义

出于对法律确定性追求的概念法学源自欧陆。无独有偶，英美法学中也有相同目的的法学理论，即，法律形式主义（legal formalism）。这一法律思想形成于18世纪中叶的美国，当时，资本主义商品经济的快速发展形成了商人和企业家阶层，政府不断以社会平等、福利政策和劳工就业等各类实质理由对自由市场的干预侵害了这一阶层的利益。形式主义思想的产生

---

〔1〕　参见［德］伯恩·魏德士：《法理学》，丁小春、吴越译，法律出版社2003年版，第209页。

正是出于这一利益集团反对美国政府插手干预经济的需要。它极力反对为了保护社会弱势群体而进行财富再分配，以及各种社会功利主义，体现了资产阶级自由派的法律意愿。在法律与道德的问题上，法律形式主义极力主张二者的分离，因为政府过多地干预市场并进行社会财富再分配大多是出自于道德的名义。法律形式主义是一种反对权衡，力图使法律非政治化的思想。"创造一种理性体系，使普通法规则似乎是完备的，非政治性的和冷酷无情的，这样做有重要的好处。这种体系还通过'使法律推理像数学一样'使司法判决显得'不可避免'。"〔1〕一定意义上，商人阶层对利益的要求和法学家们希望法律独立于政治的迫切愿望共同促成了法律形式主义的诞生。

同概念法学类似，法律形式主义确信，通过逻辑演绎方法的运用，每一个具体案件的答案都能从法律文本中必然推出。他们坚信，只要法律大前提和小前提正确，结论就必然正确，法律是一套自给自足的体系，人类确定的理性是其最终基础。"法律思维的理性建立在超越具体问题的合理性之上，形式上达到那么一种程度，法律制度的内在因素是决定性尺度；法律具体规则和原则被有意识地建造在法学思维的特殊模式里，那里富有极高的逻辑系统性，因而只有从预先设定的法律规范或原则的特定逻辑演绎程序里，才能得出对具体问题的判断。"〔2〕

形式主义理性思维的起点也是概念，法律概念的完整性使其可以事先适用于任一具体案件。如果具体情况与法律概念的

---

〔1〕 ［美］默顿·霍维茨："法律形式主义的兴起"，吴玉章译，载《环球法律评论》1990年第5期。

〔2〕 ［美］艾伦·沃森：《民法法系的演变及形成》，李静冰、姚新华译，中国法制出版社2005年版，第30页。

预设不符，那么法律就不能适用于这一案件。法律形式主义的倡导者，兰代尔认为，在失物招领合同中，尽管失主曾经发出要约奖赏拾获者，但如果失物归还者事先不知晓要约，他就没有权利要求获得合同悬赏。兰代尔给出的解释是，归还者在不知道失主发出悬赏要约的前提下，不可能对这个要约进行承诺，而如果没有承诺，合同则不成立。在法律形式主义看来，一方要约和另一方承诺是合同成立的必备条件。如果合同没有成立，一方当然不享有合同中的权利。[1]

尽管逻辑推导过程非常严密，但这一法律结果却十分荒谬。以合同形式上没有成立作为理由，剥夺善意行为人获得奖励的权利显得有悖常理。法律形式主义的哲学基础是本质主义，在把合同视为一个本体的前提下，要约和承诺是其本质要素，一旦这些要素被改变之后，它就不再是原本那个事物了。由此可见，法律形式主义极力排斥对法律概念作任何变通，以一种基础主义的方式维持法律的确定。

博登海默指出，法律必须稳定，但不可一成不变。[2]而在概念法学和法律形式主义那里，法律具有确定性是一个不容置疑的命题。概念和逻辑在司法裁判中无疑具有举足轻重的地位，但显然，它们不是司法推理的全部。如果人类语言结构能够等同于世界结构，概念法学和形式主义的主张就必然是真理。遗憾的是，真实世界远比人们认识的世界要复杂。诚如魏德士所批判的，科学的概念体系沉醉于脱离真实的纯粹智慧的法存在方式，概念法学用严格而完美的学术将法与社会、法与现实彻

---

〔1〕　参见〔美〕理查德·A. 波斯纳：《法理学问题》，苏力译，中国政法大学出版社 2002 年版，第 315 页。

〔2〕　参见〔美〕E. 博登海默：《法理学：法律哲学与法律方法》，邓正来译，中国政法大学出版社 1999 年版，第 325 页。

底割裂开来。[1]自 20 世纪初，不断有新理论向它们发起攻击，在欧陆分别有耶林发起的目的法学和埃里希的自由法学运动；在英美则是现实主义法学派和后现代法学。

二、目的法学和自由法律运动

(一) 目的法学

概念分析虽然在当时德国的法学中占据主导地位，但这一方法一直遭受质疑和反对。早在 1847 年，基尔希曼（Julius Von Kirchmann）在柏林发表一篇演讲"法学无学问价值论"，他指出，立法者只要把"改正"这个词说三遍，汗牛充栋的法学著作就会变为一堆废纸。[2]法律改正后的概念如何与之前的概念在逻辑上保持一致，是概念法学面临的一个棘手问题。立法者修改法律实质上是对原先法律体系中的概念分类作出变动，立法者无论如何也不可能修改太阳从东方升起这一客观规律。因而，原先法律分类系统不过是概念分析法学家们的主观思想产物。概念所组建的体系并不牢靠，处理案件的结论也不具有必然性。

与概念法学针锋相对的是德国的法学家耶林所创立的目的法学。耶林认为，盲目追求语词精确和逻辑严谨的概念分析方法严重背离了法律创制目的。语词、概念和逻辑仅是立法者实现特定目的的手段，撇开目的不谈，专注研究语词，无异于舍本逐末。耶林同意萨维尼的观点，即法律是历史实践的产物并在历史中不断演进。但是，他坚决反对历史法学派将法律的形成归因为偶然的、自发的和纯粹的历史力量。耶林指出，法同

---

〔1〕 参见［德］伯恩·魏德士：《法理学》，丁小春、吴越译，法律出版社 2003 年版，第 209 页。

〔2〕 参见杨仁寿：《法学方法论》，中国政法大学出版社 1999 年版，第 80 页。

原野上的草一样，无痛苦，无疾劳，无须雕琢，自然形成，这样的想法的确是浪漫主义的观念。[1]历史是人类的历史，是主体的历史，没有人的历史是纯粹的自然。尽管人类历史生发于自然之上，但却与之有着质的区别。这种区别在于，主体对自身的反观。因此，历史首先被赋予了人的意义。就自然和历史而言，它们分属客观精神和主观精神不同领域，分别受到不同的规律支配，前者是自然律，后者则是目的律。主体的目的构成了人类历史的全部意义。在《法律：作为目的的手段》一书中，耶林指出，目的是全部法律的创造者。每条法律规则的产生都源于一种目的，即一种实际的动机。[2]

就个体而言，其目的是最大化地实现自己利益，因此，目的与利益相互交织，难以剥离。就人类而言，最大化地实现人类利益成了一个整体性目标。无论就个体还是整体而言，作为实现这一目标的手段之一，法律在形成过程中就必不可少地伴随着目的和利益。认清它们，对于理解法律概念和实施法律至关重要。耶林清楚地知晓人们对个人利益的诉求往往要强于实现社会利益事物动机，尽管很大程度上二者具有一致性，但在发生冲突时，如果不加管控，社会利益往往无法实现。法律的目的并不是绝对和无条件地支持一类利益，个人利益和社会利益都有实现的必要。法律的目的恰恰在于实现两种利益间的平衡。

耶林将法律看作，"个人和社会之间业已确立的合伙关系"，尽管大家有着不同的利益和目的，但都能为实现一个相同目标

---

〔1〕 参见〔德〕鲁道夫·冯·卡耶林：《为权利而斗争》，胡宝海译，中国法制出版社 2004 年版，第 10 页。

〔2〕 参见〔美〕E. 博登海默：《法理学：法律哲学与法律方法》，邓正来译，中国政法大学出版社 1999 年版，第 109 页。

而团结起来。同一个结婚行为，可以出于各式各样动机。有的人是出于本能之中最为高尚的情感，有些人则为了野蛮的感官与肉体快乐，其他一些人则向往生活的安乐与舒适，还有一种人为了获取财产。因此，法律就有可能使人们从利益这一低层次的动机出发，经由人格的道德认识，最终实现有利于社会的法理念而每个人都要同心协力的认识。[1]

用利益和目的替代语词和逻辑来审视法律体系中的概念，必然会引发法律的不确定性。概念法学的顺延逻辑之一，是要求法官对法律文本的解释保持克制。解释法律必定涉及主体的理解与创造，这一过程可能超越了对语词和逻辑工具的使用，法官个人目的和动机会渗入到法律之中，影响原先概念分类体系的纯粹性。即使允许偶尔运用，概念法学也仅限于文义解释和体系解释。相较于其他方法而言，这两种解释的客观性较强，可在最大限度内确保法律的形式性和确定性不受侵害。但是，目的法学要求法官超越法律的形式化解释，在斟酌法律目的基础上适用法律。在具体方法上，必然会突破文义和体系解释的限制，侧重于对目的解释的强调。就澄清法律中的目的而言，这是一项具有争议性的工作。不仅不同时期和社会条件下的目的存在客观上的差异，同一时期和相同条件下的法律目的在不同法官那里也不尽相同。因此，目的法学所倡导的方法已不再将法律的确定性视作一个不可撼动的目标。

（二）自由法律运动

在耶林之后，对概念法学进行批判的还有奥地利法学家尤金·埃里希。他发起了一场"自由法律运动"（free law movement），主张法官在司法裁判中可以不受立法者创制的法律规范

---

〔1〕 参见 ［德］鲁道夫·冯·耶林：《为权利而斗争》，胡宝海译，中国法制出版社 2004 年版，第 56 页。

约束，可以根据正义原则自由地创造法律并据此判决。

倡导自由法的逻辑起点是对"法律"这一概念的澄清。通常认为，法律是由国家制定或认可的，调整人们行为的规范。在经由国家承认的一整套民主程序后，法律被具有特定资格的立法者创制出来。并且，经由这一程序生成的法律规范一经生效就立即获得了国家权威，一个国家内的所有公民皆须遵守，法院在审判案件时必须适用。无论遵守法律，还是适用法律，背后都有强制力加以保障。埃里希认为，对法律概念的传统界定不能成立。一方面，一个不可否认的历史事实是，并非所有的法律都由国家制定，法律与国家没有必然的联系。法律的发展历史已经表明，原始的立法和司法都不是在国家范畴下发生的。[1]法律的历史要早于国家的历史。另一方面，埃里希认为，强制力也并非法律所独有，其他社会规范也具有强制力。社会规范的强制力还是国家强制力的基础，没有它们，法律中的国家强制无法实现。"同其他规则相比，法律规则仅仅只是以较为明确和清晰的语言表达出来而已"。[2]但明确的文本系统并不是法律同伦理习俗、道德规范、宗教规范和社会礼仪等之间的本质区别。除此之外，法院在审判时也并非只能引用法律。与国家与法律之间无必然联系的观点如出一辙，司法权力并不是来自于国家授予，相反，在国家建立之前就有司法判决的存在。[3]现实中的情形也表明，法官的许多判决乃是根据其他社会规范而做出

---

〔1〕　See Eugen Ehrlich, *Fundamental Principles of the Sociology of Law*, selected from *The Great Legal Philosophers*, University of Pennsylvania Press, 1958, p. 452.

〔2〕　Eugen Ehrlich, *Fundamental Principles of the Sociology of Law*, selected from *The Great Legal Philosophers*, University of Pennsylvania Press, 1958, p. 447.

〔3〕　See Eugen Ehrlich, *Fundamental Principles of the Sociology of Law*, selected from *The Great Legal Philosophers*, University of Pennsylvania Press, 1958, p. 452.

的。伦理习俗、道德规范、宗教规范和社会礼仪在特定条件下都可以成为法官判决的依据。由于这些社会规范没有固定的文本、缺少存在形式，因此，埃里希鼓励法官在裁判之际去积极挖掘和发现这些规范作为依据。

埃里希进而指出，没有哪个经过严格训练的法学家会怀疑曾经的许多法律不是由国家制定的这一命题。今天的法律在很大程度上依然有其他的渊源。[1]他将国家制定法和其他法律渊源统称为"活法"（living law）。"活法"首先囊括了成文法。埃里希认为，必须将法律文件当作活法的一部分，并从其中引出活法的概念，就像罗马法学家从中得出他们的继承法和契约法一样。[2]除此之外，"活法"还包括法律之外，在实际生活中调整人们行为的规范，诸如：商业惯例、伦理习俗、道德规范、宗教规范和社会礼仪等。"活法"这一概念替代传统法律概念，从根本上否定了法律仅仅是国家法的观点。

从形式化的法律文本延伸到实质化的生活规范，"活法"必然会引发系统性的法律不确定。在其他社会规范加入到法律之中后，国家所颁布的成文法律被降格为调整和规范人们社会生活的所有秩序之一。同时，但凡能够对人们行为起到调整作用的规范都成了法律。并且，一定意义上，这些规范往往相对于成文法律来说更为重要，甚至是它的基础。在埃里希之前，一个广为接受的观念是，由国家制定和颁布的法律背后存在着一个主权者的意志，成文法律的创制、认可、修改和废止都需要通过他的意志实现，法律的确定性由这个一元意志加以保障。

---

〔1〕 See Eugen Ehrlich, *Fundamental Principles of the Sociology of Law*, selected from *The Great Legal Philosophers*, University of Pennsylvania Press, 1958, p. 439.

〔2〕 See Eugen Ehrlich, *Fundamental Principles of the Sociology of Law*, translated Walter L. Moll, Harvard University Press, 1936, p. 496.

但是，埃里希的"活法"理论却击倒了国家法背后的那个主权者，并向世人呈现了一幅多种规范竞相并立的图画。当规范背后的意志由一元被解构为多元，具体适用之际就会产生一种非确定的无所适从。

一定意义上，法官的无所适从也意味着个人自由的获得，"法律的自由发现运动"自然也就成了"活法"理论在司法领域的延伸。埃里希区分了两种判决方法，一种是传统的技术主义的判决方法，它类似于概念主义和法律形式主义所倡导的方法，以概念、逻辑和语词为主要工具，要求法官严格按照制定法中的确定规则裁判。另一种则是他本人所积极倡导的"自由判决方法"。法官不必为国家制定的成文法律所束缚，可以根据其自由发现的法律进行裁判。在多元规范并立的局面下，法官不仅应当熟悉国家制定的成文法律，也要通晓社会中的其他规范。每一部法律都有时代局限性，立法者的智慧很难投射到遥远的未来。严格依据成文法有时很难妥善处理和解决现实中出现的新问题。并且，相当一部分新问题，成文法律甚至未作调整。一个出色和称职的法官在审判中应当抛开成文法的不合理约束，自由发现适用于当下案件的"活法"。然而，一旦法官获得自由，成文法被"活法"架空而搁置一旁不用，法律的稳定性与确定性将岌岌可危。

三、现实主义法学和后现代法学

如果目的法学和自由法学构成了概念法学和法律形式主义的初步反动，现实主义和后现代法学则将这一反动推至极端。当概念和逻辑工具不再占据主导地位，并且，随着利益、目的和"活法"的发现，法官个性的凸显、政治观点的渗透以及一元价值解构和多元价值并起，从确定到不确定，再到极端不确定，长期以来一直被认为稳定的法律系统，逐渐开始呈现出紊乱的态势。

（一）现实主义法学

现实主义法学和后现代法学都滥觞于美国，它们主要针对的是预设了一个固定不变本体的法律形式主义。对事物基础的极端追求，尽管强化了法律的确定性，但也带来很多悖谬。随着资本主义由自由竞争向国家垄断过渡，严格形式主义法律观已同时代发展格格不入。20 世纪初期，在美国涌起了一股现实主义法学思潮，它在美国曾一度占据支配地位，并为后现代法学奠定了基础。这一法学思想的典型代表人物是卡尔·卢埃林和杰罗姆·弗兰克。

卢埃林认为，法律并不是通常意义上的制定法，而是官员解决纠纷的行为，在这里，规范被还原成了事实。如此大反常态的法律概念界定招致许多批评。卢埃林的回应是，他的法律概念表述旨在改变人们先前看待法律的方式。以往的法律观过于注重法律的表现形式，即法律文本及其规则，并认为法律是稳定和确定不变的，至少在法律文本未作改变的情况下如此，法律的确定性被绑牢在法律文字之上。但是，真正重要的是法官和其他官员对现实纠纷的处理。很明显，如此界定法律必然引发不确定的法律观。因为每一个官员的成长经历、个人性格和所处客观环境都不尽相同，对于案件的处理肯定不会完全一致。

"法律规则的确定性仅仅是人们简单地假设"。[1]可以原谅一个法律外行如此简单地看待法律，但却不能原谅一个法律职业者对法律持有此种虚假的观念，法律的确定性只不过是人们

---

〔1〕　Karl N. Llewellyn, *The Case Law System in America*, University of Chicago Press, 1962, p. 12.

的想象。表面上看，法官的工作就是将法律文本中的规则通过逻辑演绎的方法适用到具体案件之中。但是，这种观念是完全错误的。"在任何不断变化着的社会中，法律的不确定性在所难免。"[1]任何法律都首先是社会中的规范，嵌套在社会中运行。没有任何社会静止不变，不断变化的社会要求法律也须随之改变。由于系统性原因，法律文本的改变往往滞后于实际需要。僵化适用法律规则经常带来荒谬结果。一种审视法律规则的不确定视角，就显得尤为必要。法官在裁决个案之际应当尽量考虑适用不同规则所带来的影响和后果，根据法官个人的智慧、正义和各种情势找出最佳方案。所有这些归结为一点就是：法官在尊重传统的同时，根据具体情况及时改变已有规则，或确立新的规则。[2]

另一位美国现实主义法学派的代表人物杰罗姆·弗兰克认为，法律的确定性是一个"基本法律神话"（basic legal myth）。法律常常是不确定的，我们仅仅在有限程度上才能获得法律的确定性。[3]然而，人们却偏偏要坚持相信法律是确定的，并且不惜一切代价渴望并追求这种确定性。

弗兰克从心理学的视角出发，认为那些确信法律是确定和稳定的错误观念产生于儿童的"恋父情结"。每个人都渴望安定与可靠的环境。在儿童时代我们将这种期望寄托在了高大的父亲身上，对父亲的信赖使我们渴望安定的心理得到满足。当我

---

〔1〕　Karl N. Llewellyn, *The Case Law System in America*, University of Chicago Press, 1962, p. 84.

〔2〕　参见张乃根：《西方法哲学史纲》，中国政法大学出版社1997年版，第319页。

〔3〕　See Jerome Frank, *Law and the Modern Mind*, Tudor Publishing Company, 1930, p. 11.

们长大成人之后，原先那位伟岸的父亲便从我们心目中消失了，安定的寄托也随之消去，我们所面对着的是一个动荡不安、反复无常和充满着变数与不确定的世界，这些都使我们深深地感到不安。于是，很多人将法律当成父亲的替代品，法律成为他们渴求安定与可靠的新寄托。然而，在弗兰克看来，对法律确定性的不切实际向往是我们心理不成熟的表现。只有抛弃这一心理，才能更好地应对现实。

法律的不确定性有其现实基础。文本语言的模糊性，是导致法律不确定性的一个主要因素。美国国会于 1890 年通过的《保护贸易及商业以免非法限制及垄断法案》规定了，凡是以限制贸易和商业为目的的契约均为非法。在 1911 年之前，美国联邦最高法院的判例都认为，这一规定仅适用于那些明显不合理的限制贸易契约。但是，国会的解释是，无论合理与否，该条款都对限制贸易的契约加以禁止。美国国会的法律解释直到 1911 年以后才被美国联邦最高法院所采纳。通过这一法律的实施情况，弗兰克发现，立法语言具有一定弹性，法官可以在不同目的导向下做出不同解释。与概念法学和法律形式主义不同，弗兰克对法官这种对法律概念作变通处理的裁判方式大加赞赏，并称其为法律实践的艺术。但是，这一艺术无疑将引发法律的不确定性。

传统观点认为法律是可以预见的，但在法律不确定的视角下，预见性将不复存在。弗兰克指出，"事实上，如果我了解到我现在所实施的行为涉及的法律会在日后被法官所改变，那么法律的可预见性就非常不现实。因为我在行为时我行为所涉及的法律还尚不存在，所以我们的行动就不可能预见或依赖法律。"[1]同卢埃林的观点类似，法律是不确定的是因为文本中的

---

[1] Jerome Frank, *Law and the Modern Mind*, Tudor Publishing Company, 1930, p. 38.

规范并非法律的最终状态，真正的法律是被法官付诸实践的规范，法律文本仅能成为我们行动的参考，切不可对它抱有过多期待。

无论目的法学对目的和利益的关注，还是自由法学对"活法"的强调，均已触及法律的不确定性。到了美国现实主义法学家这里，法律的不确定性命题则被明确提出，卢埃林和弗兰克都在论著中公开阐明法律的不确定性，并分别指出原因。在概念法学和形式主义的时代，法律是确定的观念根深蒂固，一度作为一种力图实现的理想，从未遭受质疑，法律不确定性的主张是一种悖逆。一旦这一禁忌逐渐打开，它便宛若一股洪流一发不可收拾。后现代法学将法律不确定性命题推至极端。

（二）后现代法学

后现代理论反映了元叙事破灭后，知识话语分散的状况。现代理论的最大特征是对理性的崇尚，黑格尔的"绝对精神"是其极致，宇宙万物都是绝对精神的逐渐展开，在经过逻辑、自然和历史阶段后，最终又复归自身。理性主义必然表现为认识上的一元和方法上的建构。"后现代"一词原被用来指称一种糅合多种类型和庞杂式样的建筑风格。作为现代的反面，后现代表现为多元论和反基础主义。如果法律的确定性是一种一元话语，那么法律的不确定性就是对它的解构。正是因为如此，所有主张法律包含确定价值的观点均遭到后现代法学的责难。批判法学和女权主义法学是后现代的两个重要分支。

约翰·肯尼迪是批判法学中的代表人物，他认为法律推理不是中立的而是政治的，法律争端并不能够通过适用法律得到公正解决。政治性使司法判决充满了不确定性。肯尼迪发现，法官在实际裁判过程中往往采用两种方式，一种是严格规则形式，另一种是个案平衡形式。与之相对的是两种司法裁判模式，利他主义模式和利己主义模式。两种模式各异，但法官有时采取前一种模式有时采取后一种，即，倾向于个人主义还是倾向于利他主义，并不恒常确定。因此，法律推理的不确定性不是偶然、个别的现象，而是一种普遍存在。另一位批判法学的头面人物是哈佛大学的昂格尔，与肯尼迪观点类似，他将法学中客观主义和形式主义纳入批判对象。昂格尔所谓的形式主义，是指不承认法律受一定社会中的意识形态左右，并认为法律推理是一种客观和中立的技术；而客观主义是指，不承认法律是权力斗争的偶然产物，并认为法律的存在是社会发展的必然和人类的共同需要。与形式和客观的法律难以企及，昂格尔认为，法律是政治的产物，永远不能超越和独立于政治。每一法官所处的政治环境不同，对一项政策的理解也存在差异，因而很难指望不同法官审理同一案件会有相同结论。

批判法学以美国法律为例，指出法律制度是一个充满着矛盾的体系。[1]就立法来看，尽管表面上中立，但实质上却具有阶级性。无论是议案提出、法案起草、投票表决还是正式通过，法律创制过程充满了政治性，绝不可能平等。大多数公民都没有参与立法，它永远只是少部分政治家的工作。就法律实施而言，貌似确定的法律制度，在运行中却经常不符合逻辑。无论是肯尼迪指出的两种司法裁判模式，还是昂格尔的政治环境差异，都道出此点，纸面上的法律和行动上的法律存在着不一致。前者描绘了一个理想，后者则反映了一个现实。就社会整体来看，作为一项子制度，法律的正式化、抽象化和普遍化要求与社会中其他价值存在矛盾。对立的不可调和以及双方力量的此起彼伏，使法律充满了不确定。就算立法预设了一个逻辑确定

---

〔1〕 参见张文显：《二十世纪西方方法哲学思潮研究》，法律出版社 2006 年版，第 290~291 页。

的实施方案，但在付诸实践之际会遭遇原先没有提及的因素。忽略考量这些因素造就了一种看待法律的理想化观点，似乎法律不是在社会中而是在纯粹类似真空的思想中运行。一旦回归现实，便会发现，法律的实施中充斥着各种政治力量的对比和较量。由此可见，在批判法学那里，法律及其推理过程充满了不确定性，以至于完全沦为一种政治决定，法律的客观性荡然无存。

　　女权主义法学是后现代法学中的一支重要生力军，它以独特的性别视角来审视法律，形成了许多独到观点。文学典故中的安提戈涅是女性主义思维的典型。[1]女性主义认为，存在两种截然不同的看待法律的观点，一种强调法律的技术细节、规则并且注重形式逻辑推理，而另一种则重视法律的宽泛标准、自由裁量和实质正义。前一种是男性主义法律观，后一种是女性主义法律观。男性法律观下的法律严峻、冷酷、理性与不人道；而女性法律观则代表了无政府主义和大众司法，以及对于社会弱势群体的特别考虑。女性法律观势必与法律的不确定性相连。

　　除了批判法学和女权主义法学外，后现代法学还有其他一些学派和代表人物，如：种族批判法学、法律与文学、福柯的"权力学说"、罗蒂的"新实用主义法律"等。整体而言，在后现代哲学思想的影响下，后现代法学彻底颠覆了现代性中的确定命题，他们基本主张有：理性个人或者理性本身并不存在；

---

　　〔1〕《安提戈涅》是古希腊悲剧作家索福克勒斯于公元前 442 年的一部作品，被公认为是戏剧史上最伟大的作品之一。该剧在剧情上是忒拜三部曲中的最后一部，但却是最早写就的。剧中的主要情节是俄狄浦斯的女儿安提戈涅不顾国王克瑞翁的禁令，坚持将自己反叛城邦的兄长波吕尼刻斯安葬而被克瑞翁处死。安提戈涅因此而被塑造成维护正义，不向世俗法律低头的伟大女英雄。

人类的历史并不一定是一个不断进步的历史；不存在可以通过知识认知的真理。[1]

第二节　实质法治中的不确定性

从概念法学和形式主义到目的法学和自由法学，再到现实主义和后现代法学，法律确定性观点不断遭受质疑。但法律的确定性与法治唇齿相依，一旦确定性遭遇挑战，法治必然受到威胁。捍卫法治首先要拯救法律的确定性。尽管理论上批判不断，实践上也一再加以证伪，但法律确定性命题在今天的法律思想中仍有市场。一定意义上，波斯纳笔下的法条主义就是概念法学和形式主义的改头换面。他们担心，失去确定性的法律就像这个世界失去了上帝一样。终极价值的崩溃势必在社会中引发系统性紊乱。没有法律的确定约束，法官便什么都可以干了，他甚至可以通过抛硬币来产生一个判决，司法的预期性难以实现，社会秩序不再恒常，法治也因此而消失得无影无踪。

一、法律的确定性与法治原则

法治思想在西方源远流长，一直可以追溯到古希腊的柏拉图和亚里士多德。柏拉图极力主张人治，他看到，立法者由于各类主客观限制，在制定城邦法律时往往无法预见到所有情形，而僵化地适用先前制定的法律会造成很多现实的非正义。城邦治理的最佳模式是一事一议，对于一项事务的处理应当在事情出现之后再由统治者决定。柏拉图非常确信，一事一议才能更好地实现正义。他当然知晓，事后处理仅仅是实现正义治理的

---

〔1〕　参见信春鹰："后现代法学：为法治探索未来"，载《中国社会科学》2000 年第 5 期。

一个必要条件。正义的最终实现还需要一个极其睿智，并具有高尚道德的统治者，只有哲学家才能担纲这一重任。一个城邦，在哲学王的统治下，采取一事一议的治理模式，善治才能实现。亚里士多德认为柏拉图的哲学王治理太过理想化，现实中的政治家并非都是哲学家。而且哲学家也是人，很大程度上受到情感制约，如果治理过程中伴随着个人非理性，正义往往难以实现。此外，从可行性看，所有城邦事务都由哲学王一人在事后妥善处理也显得不切实际。因此，与老师的观点相左，亚里士多德认为，法治优于一人之治。柏拉图在晚年也对自己先前治理观念进行反思，尽管仍然坚持哲学王的人治模式是城邦最佳治理模式，但从现实性看，柏拉图也承认，如果这一模式不易实现，法律治理可以成为替代模式。

现代法治观念则滥觞于近代资产阶级革命，在启蒙思想家的主张下，法治随同自由、平等、人权和民主思想一起在欧洲得到广泛传播。在资产阶级革命胜利后，通过法律对社会进行治理的理念均被写入各国宪法，作为一种治理方式的法治由此得到巩固和确立。法治是一种与人治相对的治理模式，最为重要的一点就是法律至上，它反对任何国家中个人，哪怕国王，拥有超越法律的特权。如果人治国家的国王是法律，那么法治国家的法律应当成为国王。在承认这一前提下，人们对法治含义的理解仍然存在差异。实践中，各个法治国家所表现出来的情形也不尽相同。因而，对于什么是法治，并没有一个明确和清晰的定义，法学家们也都通过特征列举的方式对其加以阐释。

美国法学家富勒曾系统地论述自己对法律治理事业的理解：①法律应当具有一般性；②法律必须被颁布；③法律不应当溯及既往；④法律的清晰性；⑤避免法律中的矛盾；⑥法律不应当要求不可能之事；⑦法律在时间之流中应当具有连续性；⑧官

方行动与公布的规则之间应当具有一致性。[1] 这一关于法治的见解在西方具有代表性，很多学者先后对法治做出与之大体一致的阐释。很大程度上，这些原则都与法律的确定性有关。

法律的一般性意味着法律规范的普遍调整。在一个既定主权国家范围内，法律对一国公民普遍适用。一般性还蕴含着平等，它反对特权和歧视，不因身份、性别、种族等与法律无关的因素而区别对待。无论普遍调整还是平等对待，又都以法律的确定性为前提。没有确定性，一般性不可能实现。

法律必须被颁布要求所有法律处于公开状态，现代国家的法律在通过民主立法程序后大多以文本的方式表现出来。法治国家拒绝任何处于秘密状态的法律，并绝对禁止通过不为人知的法律限制公民权利。法律的公开性指向了一种形式上的确定。

溯及既往的法律之所以要被禁止，很大程度上，是因为损害了法律的不确定性。适用一项事后颁布的法律，与适用一条处于秘密状态的法律无异。由于需要做出哪些法律要求的行为，公民在没有法律明确规定的条件下并不知晓，当国家通过事后制定的规范进行调整时，他们便拥有了一个不去遵守的正当理由。强制实施这些法律明显不公正。此时，国家就必须在不公正和不去实施法律之间做出选择，无论何者，都会损害法律的权威，都很难取得一个良好的治理效果。其中，后者是对法律确定性的违反。因此，不去实施溯及既往的法律，自然成为一个法治国家的选择。

法律的清晰性是指立法者在法律文本中所使用的语言清楚、明确和无歧义，它是法律确定性的一个必要条件。整体来看，法律的规范功能包括对人们行为的指引、评价、教育、预测和

---

〔1〕 参见〔美〕富勒：《法律的道德性》，郑戈译，商务印书馆 2005 年版，第 55~107 页。

强制。这些功能的顺利实现皆有赖于法律语言的清楚表达。具体来看，立法者在制定一条规范之际，自始至终受到实现这些功能的目的导向。然而，实现这些目标并非单凭立法者一己之力便可完成，尽管创制规范是一个必不可少的前提，但却仅是所有功能实现的最初步骤。只有全体公民都按照立法规范中的意思表示去行为时，法律目标才完整实现。其间，必须要有一个在立法者和全体公民之间意志的传达，连接两者的是语言。作为一种符号体系，语言具有公共性，它在一定范围内为社会共同体成员一致确认。但是，语言也具有模糊性，多项语词表达一个意思以及多个含义均由一项语词表达，是语言模糊性的典型体现。如果立法者将模糊语言写入法律规范，共同体成员的理解差异将引发法律的不确定性。

　　法律的矛盾性是指，多条法律规范同时调整了一类行为，并且规定了不同的法律后果。法律规范对行为的调整是系统性的，任何一条规范必须放置在整个法律背景下理解，因此，法律体系应当是一个融贯、协调和具有一致性的整体。如果法律体系中出现两条以上针对同一行为模式的规范，但却分别规定了不同的法律后果，公民就会无所适从。法律体系中的规范矛盾、对立和相互冲突可以发生在两个层面。第一个层面是法律的表面冲突，它所发生的情形是，尽管有两个规定不同的法律规范，但同时，在法律体系中另行存在一条如何解决这一冲突的规范。法律规范的表面冲突不是真正的冲突，虽然会暂时性地引发人们疑惑，但在进一步深究之后，疑惑可以消解。第二个层面是法律的深层冲突，这是真正的冲突。与前一种情形一样，法律体系中的规范具有不一致性，但在寻遍整个法律体系之后，协调二者的规范仍然不能获及。规范矛盾的第二个层面，必然带来法律的不确定性。即使第一个层面，也会引发暂时性的不确定。两种情况在立法时都应加以避免。

如果法律规定了不可能行为，那么很难指望公民会根据法律规定去履行义务，法律规则因此也就处于一种非确定状态。法律所要求的不可能行为包括客观和主观两种情形。前者是指实施法律的客观条件尚不具备，法律义务承担者尽管愿意去履行义务但却无法实施行为。后者是指，尽管客观条件具备，行为可以实施，但是法律要求与公民意愿相违背，因而遭到抵抗。这里必须区分出一些情形。很多法律规定，尤其是限制和剥夺当事人利益的行为，在实施中也会遭到不利行为人的抵抗。但是，抵抗规定了不可能行为的法律与纯粹回避法律不利后果的抵抗之间，存在很大差别。从量上看，抵抗规定了不可能行为法律的公众人数要远远超出回避法律不利后果的数量。从质上看，前一种抵抗具有道义上的正当性。

法律在时间之流中的确定性道出了法律的稳定性特征，它是法律确定性的时间之维。一部理性的法律应当是立法者深思熟虑后的结果，如果规范经常变动不居，人们将无所适从，法律的行为指引功能就难以实现。相较于恣意善变、难以捉摸和充斥着情绪化人治，恒常性是法治的重要美德之一。法律的恒常性迎合了人性最深处的需求。事实上，人们所处的世界无时无刻不在变化，随时间变动而一直流变的环境会激发起人们的恐惧感和无意义感，这可在萨特所著的《恶心》中找到初步证据。消解变动惶恐和唤起生活意义需要人们去把握世界的一些稳定方面，在此基础上作出各项行动安排。确定的法律规则和法律体系有助于人们实现这一目的。因而，法治也就自然而然地成为优于人治的治理模式。

官方行动与公布规则之间的一致性，是法律在国家权力运行过程中的确定性。法治国家首先要求所有的权力运行都有法律依据，法律体系中应当包含调整这权力运行行为的规则。其次，立法、行政和司法在实施过程中应当遵守法律，行为的方式、步骤、顺序和时限应当与相应法律规则一致。这既是法治顺利实现由应然到实然转变的关键，也是法治得以维系的根基。在哈特的理论体系中，整个法律体系由初级规则（primary rules）和次级规则（secondary rules）构成，在后一规则中，最为重要的是承认规则（a rule of recognition），它是所有法律规范具有效力的最终基础。任何一项规范，只有在受到承认规则的确认后，才被确认为法律规范。但若我们追问承认规则的效力从何而来，根据哈特，我们就不能再诉诸额外规则，而只能诉诸事实。在各类事实中，官方的一致确认，尤其是从内在视角的确认，生成了承认规则的效力。在一种极端情形中，哪怕所有公民都拒绝承认法律体系的有效性，但只要官员加以确认，法律体系就应被视为有效。官员确认法律有效的一个最好方式，就是使其行动与法律一致。

富勒一直主张，法律是使人们的行为服从规则治理的事业。在这个意义上，法律治理就是预先设置好一套规则体系，国家官员和普通公民在行动中普遍遵守。官方依法实施立法行为、行政行为和司法行为，公民按照法律的要求从事各个领域内的各项活动。这是一套良好的治理方式，也是一种合理的生活模式。在法治背景下，人治的无常、恣意和肆虐被理性的法律避免，生活的紊乱、惶恐和不安被恒常的规则消解，国家治理和公民生活均被纳入了良性轨道。然而，法治的理想图景实现最终建立在法律的确定性之上，规则的任何不确定性都会形成这一美好事业的阻碍。

　　几乎与富勒是在同一时期，拉兹[1]和菲尼斯[2]也先后对法治原则进行阐释。尽管西方学者的观点不尽相同，但他们的理解和洞见之间，还是存在很大重叠。仔细比较后可以发现，法律的明晰性、稳定性、可预见性和公开性是他们的一致共识，而这些法治原则几乎又都与法律的确定性密不可分，确定性似乎成为法治的一个基本前提。从另一方面来看，法律的不确定性会使这些法治原则名存实亡，沦为无本之木。没有确定性，无论是明晰性、稳定性、可预见性还是公开性，都难以获及。

　　如果这些原则搭建了法治大厦的框架，法律确定性就是整座大厦的基石。就此而言，法治就是在确定性这个牢靠的根基上，演化出应然的法律规范和实然的治理状态。前者是一套确定的法律规则体系，后者是将确定的法律规则付诸实践的实际运行。规则体系中确定的应然力量是法律实践的标准，规范运行中确定的实然状态，又是对法律体系的贯彻。两个方面相互

---

　　〔1〕　拉兹在《法律的权威中》也列举了法治的八个原则：①所有的法律应当具有可预见性、公开性与清晰性；②法律应当具有稳定性；③特别法（特别是法律命令）应当受到公开、稳定、明确和一般的规则所指引；④应当保证依法独立审判；⑤自然正义的原则必须得到遵守；⑥法院对其他原则的执行具有司法审查权；⑦法院应当容易为社会公众所接近；⑧预防犯罪的机构不能利用其自由裁量权来扭曲法律。Joseph Raz: *The Authority of Law: Essays on Law and Morality*, Oxford University Press, 1979, pp. 214−218.

　　〔2〕　英国的法学家菲尼斯在《自然法与自然权利》中认为法治应当包含着以下八个可欲求的要素（desideratum），这八个要素几乎是对富勒八个原则的重述。①法律适用于将来的而不能溯及既往；②法律具有被社会公众遵守的可能性；③法律是公开的；④法律的内容是明晰的；⑤法律规则之间相互一致；⑥法律规则具有稳定性，它能够使得人们便于对其内容的了解以及从中受到指引；⑦适用于相对有限情况下法令和命令之作成受已公布、明晰、稳定和相对一般的规则之指引；⑧那些有权力制定、执行和适用规则的官员应当（a）有遵守他们所适用的规则之义务；并且（b）一以贯之地按照法律的意图执行法律。John Finnis: *Natural Law and Natural Rights*, Clarendon Press, 1980, pp. 270−271.

作用、协调配合以及循环递归，一个理想的治理模式和良好的生活状态就此实现。在这一法治意义下，无论法律文本，还是立法、行政、司法以及守法本身都必须渗透进确定性。

二、法治确定性的两个层面

规范与事实并不等同，法律的确定性，并不意味实际生活的确定。但在法律的确定性中，必然有着要求实现这种确定性的潜在含义。整个法律治理中的确定性首先在规范层面确立，通过规定义务产生应然的确定，进而传导至事实层面，形成一种实然的状态。

（一）应然层面

应然层面的确定体现为法律规范的确定性，规范系人们行为的标准，是一种道义力量。是故，法律规范的确定性即法律义务的确定性。无论实现有序国家治理还是形成良好生活状态，法治价值的充分发挥首先有赖于此种确定。

确定的法律义务是对人们行为的确定指引，包括两种模式。一是应为模式，其要求义务主体通过主动行为去实现义务内容。这一模式下的规范语句常常通过"必须""应当"表现出来。另一种是勿为模式，它要求法律义务主体通过一种消极行为即不作为的方式实现法律的义务内容。这一模式的法律用语经常表现为"不得"与"禁止"。

从一条含有义务的法律规则来看，它在逻辑结构上可被拆分为行为模式和法律后果。行为模式从大量日常行为中提炼而出，规定了具体内容，具有直接指引功能。法律后果中设置了违背行为模式的处理结果，以此间接激励行为人遵守行为模式中的内容。也可以将行为模式和法律后果视为两类意义上的规则，前者是对普通公民的行为要求，是一般规则，后者规定了官方行为义务，系裁判规则。

指引人们的行为意味着对主体自由的限制。指引所期望的结果是有序化，而自由的外在表现无章可循。法律所调整的是众多有思想的个体的行为，限制自由本身必须遵循自由意志规律，法律指引需要契合人性。一方面，行为模式中的义务应当尽量迎合人们的自然需求，它保障了一种无强制下的应然实现。另一方面，当行为模式中"应为"和"勿为"具体内容为主体所不愿时，法律后果的导控设置就显得十分重要。法律后果或裁判规则，尽管在不同类别的法律中表现各异，但概括起来，无非两类：人们不希望的消极后果，如：剥夺生命、自由、财产或其他权利；人们所追求的肯定后果，如：获得奖励、荣誉或其他利益。

两类法律后果的间接导控功能体现在：如果法律希望实现令人们不去实施某一特定行为的指引，法律后果中可以设置剥夺和限制主体权利的规定；相反，如果实施某些行为对国家治理和公民生活有利，法律便会规定积极后果去促成该类行为。

无论积极还是消极后果，若欲有效规制，进而实现法治目的，都必须以确定形式表现出来。法律规范道义指引的确定，最终指向法律文本的确定，其不但要求法律规范的逻辑结构完整，而且要求表述语句清晰。

法律义务的确定，是法治的一个基础性要求，处于法律确定性的第一个层次。一条河流的源头受到污染，它的下游必然不能幸免。道义内容的不确定性，必然会引发后两个层次的不确定性。

（二）实然层面

法律义务有第一性和第二性之分。前者是规范文本中的义务，即应然规则体系中的义务；后者是违反第一性义务而派生出来的义务。例如：《刑法》禁止盗窃，为第一性法律义务。当许霆实施盗窃行为后，法院依据法律判处许霆有期徒刑五年，即第二性义务。第二性法律义务，道出了法律确定性由应然向实然的转换。

法律在应然层面的确定性已经考虑到正反两个方面的情形。从行为模式或一般规则看，它确定了义务被履行的正面情形。如，不得盗窃、不得杀人或应当遵守公序良俗等。法律后果或裁判规则中明确了义务未被履行的反面情形，在一般规则中的确定义务落空时由法律后果或裁判规则补救，如，判处有期徒刑、死刑或宣告无效等。实然层面对于确定规范的落实也因此包含了两个方面。一方面，当法律所调整的各类主体均按照一般规则中的法律义务去行为时，应然的确定于实然中自然实现。这是确定性从应然层面转换至实然层面的常规状态。另一方面，一般规则中的确定义务遭受违反时，裁判规则的义务将施加于主体。也即，主体由于违反一般规则中的第一性法律义务而被苛以裁判规则中的第二性义务。这是确定性由应然层面转换至实然层面的非常规状态。

非常规转换必然牵涉到法律后果或裁判规则，它体现了法律具有平复纠纷以实现确定性的功能。纠纷是因主体利益主张不同而出现的对立状态，矛盾的诉求使其必有一方与法律的一般规则相契合，同时，一方与之相违背。无论有罪或无罪、有效或无效、成立或不成立等，皆未跳脱法律所规定的情形。法律后果或裁判规则必将施加于一方主体。因此，纠纷最终在法律上一定能被确定。当法律就双方纠纷给出一个明确答案时，也是一种确定性由应然至实然的转换。

有时，法律确定性从应然至实然的非常规转换还需要具有实现它的能力，即强制力。如果第二性法律义务被自愿履行，从应然至实然的转换即顺利实现。然而，由于需要承担不利后果，与自己利益不一致，义务主体常常不愿履行。没有履行义务，表明义务还是停留在应然层面。强制力是促成转换的动力。在这个意义上，法律如果没有强制力，它就只能是一把不燃烧的火，一缕不发亮的光。[1]

三、实质法治中的不确定性

"法治"一词的涵义可以追溯至亚里士多德：已成立的法律获得普遍服从，大家所服从的法律又应该是良好的法律。[2]这是一个被广为引用的法治命题，前半句是一个形式要求，其暗含了对法律确定性的预设。而后半句则是一个实质要求，蕴含了"良好"这一价值前提。然而，对于什么是"良好"，亚里士多德没有进一步展开。事实上，他也无法展开。正义、秩序、效率、自由在抽象层面都可以被断定为"良好"，但在具体层面，会涉及具体价值之间的比较，哪一种价值最好或更好无法先验地确定。由于欠缺一个明确的事先价值指导，特定条件下突破形式标准束缚的可能性会使法律处于不确定状态。

亚里士多德关于法治论断的形式和实质方面，在当代表现为形式法治和实质法治观的对立。形式法治观认为，法治反对人的统治，强调法律得到严格实施，而对具体的法律内容未作要求。实质法治观也反对人的统治，主张法律统治，但是，它对法律内容有进一步要求，即，必须是实质上"良法"统治，诸如：法治旨在制约公共权力、保障公民自由和权利。在两种

---

〔1〕 参见［美］E. 博登海默：《法理学：法律哲学与法律方法》，邓正来译，中国政法大学出版社 1999 年版，第 110 页。

〔2〕 参见［古希腊］亚里士多德：《政治学》，吴寿彭译，商务印书馆 1983 年版，第 199 页。

冲突的法治观之间应当如何取舍，将影响到法治中国的"法治"意义。可以看到，两种理论都有学术市场，均不缺乏追随者。主张形式法治的学者们认为，法治中不应当包括太多的道德内容，法治里没有诸如"正义""公平"这样一些神圣的字眼。[1]但反对者指出，法治的构成要件不仅包括一系列的形式条件，而且包括一定的实质条件，缺少实质条件，法治无从实行，或者不能长久。[2]因而，从形式法治走向实质法治是我国法治化建设的必由之路，也是现代国家坚持以人为本、尊重和保障人权的必然要求。[3]从正题、反题到合题，似乎构成了每一种理论的衍生规律和运动轨迹。在看到两种法治理论各自正确的方面后，有学者提出了将形式和实质统一起来的"综合法治论"。[4]然而，这种看似解决问题的辩证观点，不过是打破形式、强调实质的法治观的改头换面。

　　形式法治的理念萌生于洛克、卢梭和孟德斯鸠等启蒙思想家。打破君主的恣意和暴戾、建立稳定和恒常的规则是他们那个时代的迫切需要。在资产阶级革命胜利后的18、19世纪，建立商品市场、发展国内外贸易反对政府对自由竞争作出过多实质性干预。同时，伴随着以逻辑实证为工具、视法律文本为对象的实证分析法学诞生，主张实质道德内容的自然法理论日渐衰落。形式法治理论在这些实践和思想因素的作用下逐步确立。根本上看，它是特定历史条件下的产物，扮演着为自由竞争经

---

〔1〕　参见苏力：《阅读秩序》，山东教育出版社1999年版，第149页。

〔2〕　参见侯健："实质法治、形式法治与中国的选择"，载《湖南社会科学》2004年第2期。

〔3〕　参见王峰峰、郭庆珠："从形式法治走向实质法治：我国法治转型现实课题的法理解析"，载《社会科学家》2005年第3期。

〔4〕　参见车传波："综合法治论——兼评形式法治论与实质法治论"，载《社会科学战线》2010年第7期。

济服务的角色。从那个时代的概念法学或形式主义那里，可以窥见一斑。然而，当资本主义国家迈入 20 世纪，随着工业经济加速发展、生产规模不断扩大、对外贸易持续扩张，社会中固有的矛盾日渐显露并逐步爆发，一系列新问题不断涌现，固守恒常规则的形式法治理念已经不再能够适应社会发展和国家治理的需要。突发事件、经济危机、环境污染等各类社会问题的妥善应对要求各个资本主义国家不再扮演原先守夜人的消极角色。政府逐步加强对自由市场的管制，实质法治思想应运而生。

塞尔兹尼克把历史上各个国家的法律区分为三种类型：作为压制性权力的工具的法律；作为能够控制压制并维护自己的完整性的一种特别制度的法律；以及作为回应各种社会需要和愿望的一种便利工具的法律，[1]即压制型法、自治型法和回应型法。这三种法律状态在法治话语体系下，分别对应非法治、形式法治和实质法治。一定意义上，摆脱了压制的形式法治充其量只是一套自我封闭系统，自说自话的运行方式难以实现与其他系统间的协调配合。实质法治则将自身作为一个社会子系统放置于一个更大的背景中，一方面，它拥有一整套完整的体系机制，能够将其调整下的所有社会现象纳入自身，贴上法律运作标记后按照自身逻辑输出。另一方面，这一完整的体系机制又向一个更大的系统和其他子系统开放，在接受它们的信息后积极调节自身，并适当地改变原先的反馈机制。

由此可见，实质法治是为了更多地回应社会需要。就司法裁判来看，实质法治要求审判不仅符合法律规律，也要实现社会效果。反观当下正处于社会的转型时期中国，它正在经历着社会、政治、经济和文化等方面的一系列重大变革，这些都需

---

〔1〕 参见［美］诺内特、塞尔兹尼克：《转变中的法律与社会：迈向回应型法》，张志铭译，中国政法大学出版社 1994 年版，第 16 页。

要我们的法律制度积极回应，而不是拒斥考虑，并以事先规则生硬处理。形式法治要求恪守法律的精神固然值得提倡，但"徒法不足以自行"，法治绝不意味着一种僵化和死板，绝不意味着法官对规范的机械适用。如果一项依法而作的判决有悖常理，法官便有义务在法律体系内寻求变通，这对于当下正值转型时期的中国司法来说尤为必要。贫富差距问题、"三农问题"、教育资源分配问题、医疗社保问题和城乡发展二元化问题等共同铸就了当下改革中国的复杂利益格局，司法作为社会正义的最后一道防线，处于社会矛盾爆发的风口浪尖。这些问题所引发的纠纷最终都会以个案形式经由司法程序被推送至法院。平息利益冲突、调和社会矛盾的重任因此便落在了司法的肩上。如果判决常常使得社会公众的正当性期待落空，司法对于社会冲突的修复功能便难以实现。更有甚者，通过个案反馈至社会中的消极信息势必进一步加剧这些矛盾，整个社会系统将因缺乏有效的整合机制而长期处于不稳定状态。因此实质法治的理论更符合于我国当前的实际。各级人民法院所践行的"司法能动"政策便是法律积极回应社会的典型例证。

或许，正如博登海默所言，只有那些以某种具体的和妥切的方式将刚性与灵活性完美结合在一起的法律制度，才是真正伟大的法律制度。在这些法律制度的原则、具体制度和技术中，它们把稳定连续性的优长同发展变化的利益联系起来，从而获得了一种在不利的情形下也可以长期存在和避免灾难的能力。[1]

---

〔1〕　参见〔美〕E. 博登海默：《法理学：法律哲学与法律方法》，邓正来译，中国政法大学出版社 1999 年版，第 406~407 页。

第三节　司法审判的不确定性

一、不确定的法律

围绕着法律的确定性这一问题，两千多年中，法学领域尽管复杂多样，但一直表现为两个截然不同的激战群体。一方主张，法律绝非政治。即使最疑难的案件中，老练的法官也会给出正确答案。另一方则认为，政治伎俩贯穿于整个法律运行之中，法官具有宽泛的自由裁量权。[1]概念法学和形式主义的衰落，以及实质法治对形式法治观的替代预示着，当代法学家们皆对法律的不确定性或多或少地予以承认，仅在度上存有差异。

《汉语大词典中》对"确定"一词的解释是，"目标明确且肯定"和"明确地定下"。据此可以推知"不确定"为，"目标不明确和不肯定"并且"没有明确地定下"。与这一"确定"意义对应的英文单词是"determinacy"，在柯森编著的《法律词典》中，它被界定为，"已经完成和最终状态"。[2]"不确定"系"indeterminacy"。《布莱克法律辞典》给出的定义是，"不稳定，无常的，尤其未被指定"。[3]《牛津词典》则给出了，"事情未被决定和处理，尤其是争端不能事先解决"的解释。[4]有学者归纳出五种关于不确定的定义：如果 P 是不确定的，那么，

---

〔1〕　参见［美］理查德·A. 波斯纳：《法理学问题》，苏力译，中国政法大学出版社 2002 年版，第 32 页。

〔2〕　L. B. Curzon, *A Dictionary of Law*, Macdonald and Evans, 1979, p. 99.

〔3〕　Henry Campbell Black, *Black's Law Dictionary*, West Publishing, 1979, p. 694.

〔4〕　See A. S. Hornby, *Oxford Dictionary of Current English*, Oxford University Press, 1974, p. 433.

①P 没有发展到最终状态；②P 是不固定、模糊和不明确的，或是没有固定的价值；③P 没有被指定；④P 不能被预先决定；⑤P不能够被引用来解决纠纷。〔1〕糅合这些关于"不确定"的含义，并将它放置在司法裁判语境中加以考察，"法律的不确定性就是，指法律问题在司法个案中没有一个唯一正确答案。"〔2〕

　　一些学者认为法律在大多数情况下是确定的，仅在个别情况下，案件审理才会出现不确定状态。这一观点的典型代表是哈特，他认为，在任何法律体系中，总有一些未受法律调整的案件，审理这些案件，从法律无法推导出特定判决，法律因此是部分地不确定或不完全的。〔3〕与哈特的观点相对，另一些学者认为法律的不确定性是常态，确定性反而是个别情形。弗兰克主张，法律在任何时候都是确定的观点，是一个"基本法律神话"（basic legal myth），我们仅在有限程度上才能获得法律的确定性。〔4〕将法律的不确定性推至极端的是后现代法学。自尼采提出"上帝已死"口号之后，终极价值坍塌，原先由其所统摄的统一世界分裂为不同主体所认知的世界。对世界的解构最终导向了对自我意识的解构，确定性的根基崩溃，不确定性遂成为世界的常态。在后现代哲学思想的影响下，批判法学代表人物邓·肯尼迪认为，在不可妥协的关于人类和社会的观点中，我们甚至与我们自己是完全分裂的，不同的意识形态和政治理

---

〔1〕　See N. Otakpor, "On Indeterminacy in Law", *Journal of African Law*, Vol. 32, No. 1, 1988, pp. 112-121.

〔2〕　Brian Bix, *Law*, *Language and Legal Determinacy*, Clarendon Press, 1993, p. 1.

〔3〕　参见［英］H. L. A. 哈特：《法律的概念》，许家馨、李冠宜译，法律出版社 2006 年版，第 253 页。

〔4〕　See Jerome Frank, *Law and the Modern Mind*, Tudor Publishing Company, 1930, p. 11.

论以及完全不同的普通生活文化主导着我们如何去理解法律教义。[1]

从哈特到弗兰克再到肯尼迪，从实证法学到现实主义法学再到批判法学，关于法律不确定性强度的界定依次递增，由此形成了弱意义上的不确定和强意义上的不确定。无论强弱如何，都是对法律不确定命题的肯定，就司法审判来看，他们都不反对一个事实的存在，即法律问题在个案中没有一个唯一正确答案。区别在于，法律不确定的事实在全部审判案件数量中所占比重，从小到大，甚至全部。我将论证，区分比重大小，事实上是无意义的，而绝对不确定的观点，显然是可以被证伪的。因此，在给出法律是不确定的这一结论之后，不对其程度进行界定，不将这一结论推至极端，是非常稳妥的做法。

事实上，不确定案件数量相对于全部审判案件的比率很难被精确界定。如前所述，法律的不确定性是案件审判没有唯一正确答案。如果你给出一个断定，"少部分案件中的法律是不确定的"，或"大部分案件中的法律是不确定的"，你首先需要确定如下事实：不确定案件数量、全部审判案件数量，以及"大部分"和"少部分"所指称的精确数量。然而，学者们在界定法律不确定性这一命题的程度时，并未明确这些前提。

精确界定不确定案件和全部审判案件数量，首先需要明确经验材料的空间范围。这些案件发生在哪一国家、哪些国家或所有国家，对于最终结论的形成而言具有十分重要意义。如果哈特所说的是英国的案件，而弗兰克言及的是美国的审判，则他们所给出的两个不同命题之间根本不具有可比性。我们可以

---

[1] See Duncan Kennedy, "Form and Substance in Private Law Adjudication", *Harvard Law Review*, Vol. 89, No. 8, 1975, p. 1685.

从任何理论命题都想获得最大程度的解释力来推定，虽然没有给出区域范围的详细界定，这些学者可能都试图用各自理论指称一般命题。但是，他们理论命题所立足的又都是本国司法经验。一个普遍结论必须生成于广泛经验，仅凭个别国家的具体经验，就得出一个普遍命题，难免有过度概化之嫌。除却国别差异，社会发展的时间之维也会影响到不确定案件和审判案件数量之间的比率，进而影响到结论中的"大部分"或"少部分"。如果在搜集经验材料后，获得了一个关于不确定案件和全部审判案件精确数量。这一结论必定有其时间界限，即，数据得自于一个先前时间点。然而，在获取结果的那一刹那，这个数字就成为了历史。新的经验事实不因调查工作结束而终止，新的案件情况会一直连续不断地出现，继而发生的变化随时可能会影响到先前统计结果，进而影响到对不确定的"少部分"或"大部分"的判定。因此，无论从空间还是时间维度来看，不确定案件和全部审判案件的数量都难以确定。如果分子和分母不能确定，二者的比率也就不能确定。在缺乏量化结论的前提下，无论声称"大部分案件的法律是不确定的"还是"少部分案件的法律是不确定的"，都失去了它们的常规意义，二者之间的差异可以消除。

肯尼迪认为所有案件中的法律都是不确定的显然过于极端，而任何极端的观点几乎都不可靠。极端的解构实际上是极端的怀疑，对人、世界和理论普遍抱持一种不信任态度。适当的怀疑是必要的，并且，是一种有益的哲学态度。它有助于我们反思自身和现实，跳脱陈规陋习的羁绊。然而，之所以说任何极端的怀疑在哲学上都不能成立是因为，只要他们去怀疑一下自身的怀疑，就会立即产生悖谬。另一方面，极端的怀疑无异于是在实施精神自杀。如果你什么都不相信，你还能表达什么呢？

你还能期待什么呢？你所面对的必将是永恒的虚无。

如果法律都是政治判断，那么，有法律和没有法律似乎就没有区别，政治判断替代了一切。然而，即便我们断定了法律的不确定性，也是首先肯定了法律的存在。这就意味着，法律决定与政治判断之间必定存在差异，哪怕微乎其微。尽管从四例民意审判的典型案件中，我们发现，每一案件中的法律规范都是不确定的，这似乎证成了肯尼迪的极端不确定观点，但是，由于样本数量极少，这一结论并不牢靠。任何全称命题都是在遵循个别枚举的归纳方法下获得的，一旦你的注意力从结论回溯至方法本身，就会发现，任何归纳都是不完全归纳，从个别事实到一般命题之间存在着一个巨大的鸿沟。这就再次从一个侧面验证了，极端观点的谬误：一般而言，极端观点都是一个全称命题，但是这一结论的基础却仅仅是个别事例。把"所有案件中的法律都是不确定的"这一命题放置到时间维度上考量，我们立刻就能够得出它被还原后所欲表达的真实意义。这就如同当你说出，"太阳永远都是从东方升起的"这一命题时，这是一个你依据观察到的经验而得出的一个普遍结论。但是，你所观察到太阳过去从东边升起的事实毕竟是有限的，并且，你没有观察到你在说出这句话时未来太阳升起的事实。谁也不能保证，太阳今后必定从东方升起。假如有一天，太阳从相反方向升起了，这一命题就错了。而且，就算这一事实没有发生，我们也可以说，你的命题依据是不充分的，你并没有观察到未来的事实。如果，要想使你的命题是正确的，与事实相符合。那么，就需要对你所言说的语句进行一个意义上的还原。所谓"太阳永远都是从东方升起的"不过意指，目前为止，你所观察到的太阳都是从东方升起的。与之类似，当肯尼迪表达出"所有法律都是不确定的"这一语句时，他不过就他所观察到的审判案件而言的。超越他个人经验之外的事实，他本人并不知晓。或许确定，亦未可知。但是，在将全称命题还原为特称命题后，其结论中所表达的意义较易为人们所接受。

由此可见，关于法律不确定的论述，强意义上的不确定和弱意义上的不确定之间的不确定没有意义，而所有法律案件都是不确定的极端观点根本不能成立，在进行意义还原后大致可与前两种观点相等同。表面上看，尽管这些论述之间存在很大差别，但在将它们重述、还原和必要的纠正后，所剩下的仅仅是这一事实：法律在有些案件中是不确定的。这种不确定性的范围仅仅是在"有些"这一模糊量化意义上，不多、不少，更非全部。这一意义上的法律的不确定性可被视为这些学者们的重叠共识。与这一观点不同，德沃金认为，每一个案件，即使在最为困难的疑难案件中，法律问题都有一个唯一的正确答案。法律的不确定性，是指在个别案件中，法律问题没有一个唯一正确答案。尽管这里的法律不确定性并非全称命题，可以容纳有些案件中存在唯一正确答案的事实。但当德沃金指出正确答案的存在场域是所有司法案件时，无疑与法律的不确定相对。尽管德沃金对唯一正确答案的确信并非出于与概念法学和形式主义同样的方式，但是，这一命题已与之前所提及的、二十世纪以来的所有法学理论不相兼容。

二、再论"唯一正确答案"

从形式逻辑观点看，德沃金对于唯一正确答案的论证十分精巧，其核心是将案件中的法律问题转化为"决定性概念的二值论题"（bivalence thesis for dispositive concept），即将所有法律问题的解答都化约为是或否两种。在任何案件中，要么合法，要么非法，二者必居其一使每一案件都存在一个唯一正确答案。

但是，对复杂的法律处理进行此种简约性转化无疑会引发批评。德沃金在回应时将所有质疑统称为"无正确答案命题"，根据分类逻辑，将其划分成两个版本。第一个版本通过指出在一个肯定性法律命题和否定性命题之间还另行存在着一个独立的逻辑空间，来反对非此即彼的唯一正确答案存在；第二个版本虽然否定这个独立空间的逻辑空间，但却认为两个对立的法律命题可以同时为假。其中第二个"无正确答案命题"又分别得到语义模糊、实证主义以及可论证论题的支撑。德沃金对此一一进行反驳，维护了自己的唯一正确答案命题，捍卫了法律的确定性。

（一）法律问题的二值逻辑

唯一正确答案命题从一个简单的虚拟案例中引出。德沃金首先假设有一条法律规定"亵渎神圣的合同是无效的"，而汤姆和蒂姆在周日签订了一份合同，随之而来的问题是，该合同是否有效？直接看来，这一合同的有效性取决于是否亵渎了神圣。在西方宗教文化背景中，周日是基督信徒给上帝做礼拜的日子，在这一天签订了一份合同是否构成对神圣的亵渎？回答这一问题需要对法律条文中的"亵渎神圣"进行解释。在单凭文字含义解读不出意义和内容时，立法者在制定这一法律时的意志就成为重要解释依据。但在此点上，德沃金首先给出了第一个否定预设：几乎没有立法者在投票时考虑过这个问题。在立法者意思表示无法获及时，社会共同体成员对法律文本含义的一致认同，也可以成为客观解释的依据。然而，为了进一步复杂化论证，德沃金给出了第二个否定预设：该社会共同体就这个问题该如何解释所持的意见也是对立的。在这些条件下，案件中的法律问题还有没有一个正确答案？[1]给出两个否定预设是为

---

[1] See Ronald Dworkin, *A Matter of Principle*, Harvard University Press, 1985, p. 119.

了增加最终结论的说服力。倘若在如此困难情形下，唯一正确都能够存在，每个案件都有唯一正确答案也就不证自明。

当法律文义含糊、立法者意思不明确以及共同体成员意见分裂时，声称这一案件仍有唯一正确答案不免遭受质疑，社会成员间的分歧似乎是法律不确定性的最好证明。然而，德沃金却认为，共同体的观点对立并不影响法律本身的确定性和法律答案的唯一性。充其量只是表明，在这个案件中，关于法律问题的那个正确答案是什么有争议。必须看清，一个问题有争议和因这种争议所引起的不确定性并不是一回事，坚持法律不确定论点实质上混淆了二者的区别。也就是说，存在多个答案的争议是一回事，正确答案的唯一存在是另外一回事。德沃金争辩道，正如在历史上，理查三世是否谋杀小王子是有争议的一样，法律问题的正确答案是什么也可能是分歧的。如果关于理查三世的争议并不意味着他在是否谋杀王子们这个具体问题上不存在正确答案，那么同样，从法律答案的分歧中也不能得出法律问题不存在正确答案的结论。[1]是故，德沃金坚信，即使在上述三种不利条件下，关于合同有效与否的问题也必定存在一个唯一正确答案。

"决定性概念"（dispositive concept）是德沃金唯一正确答案命题的主要论证工具。一些法律概念，诸如：合同效力、民事责任和犯罪行为，如果在形式上符合法律规定的构成要件，法官有义务按照法律要求做出决定，而如特定情形下的行为没有满足法律构成要件，法官则有义务做出相反的法律决定。德沃金首先明确，"决定性概念"要么符合法律，要么不符合，只有两种可能。在这基础上，德沃金又结合律师在每一法律案件中

---

〔1〕　See Ronald Dworkin, *A Matter of Principle*, Harvard University Press, 1985, p. 120.

的论辩方式引入了"二值论题"（bivalence thesis）。它是指，就一个具体法律问题而言，它要么成立要么不成立，除此之外不存在任何独立的第三种情形。最终，德沃金将决定性概念与二值论题结合，形成了"决定性概念的二值论题"。据此，德沃金认为，每一个案件中的法律问题答案都可以化约为一个是否符合法律构成要件的决定性概念。并且，按照二值逻辑，这一概念要么成立要么不成立，要么有效要么无效。进而，在每一个法律案件中都必定存在着唯一正确答案。

尽管关于问题的逻辑真值可以存在争议，但是它必然肯定或否定，二者必居其一。例如，一个关于某一事物交换的承诺或者是一个有效合同，或者不是一个有效的合同。如果答案是前者并且属于司法管辖的范围，那么法官就有义务，至少形式上有义务去强制执行这个承诺；如果这个承诺的交换不是一个有效的合同，法官就不会基于合同的理由去强制执行它。

德沃金关于唯一正确答案的论证，实质上是将所有案件中的法律问题都转化为"决定性概念的二值论题"。倘若用符号（-p）规定为（p）逻辑上的否定命题，那么（p）假则（-p）为真，（-p）假则（p）为真。如果用"p"来表示"汤姆的合同是有效的"，用"非p"表示"汤姆的合同是无效的"，那么根据二值论题，关于汤姆合同的问题必定有一个正确答案，即使我们不知道这个正确答案是什么。因为（-p）等同于（非p），（p）和（-p）必有一者为真。[1]

但是，这种转化招致了许多学者的质疑。德沃金作出回应时，将反对观点统称为"无正确答案命题"并且将它们分为两类。两类观点都否定二值论题适用于一些重要的决定性概念，

---

[1] See Ronald Dworkin, *A Matter of Principle*, Harvard University Press, 1985, pp. 121-122.

但是在给出的理由上又不尽相同。[1]第一个反对观点认为，德沃金的论述错误在于没有意识到在就同一事物所给出的肯定命题和否定命题之间存在着一定的逻辑空间。例如，"一个契约有效"和"一个契约无效"，这两个命题之间在逻辑上并不是非此即彼，对"一个契约有效"的否定并不必然肯定"一个契约无效"。前一命题的正确并不必然使后一命题错误，同样地，它被确认错误也并不必然使后一个命题正确。由于存在着独立的第三种可能，这两个命题可以同时为假。就此而言，询问一个契约是有效还是无效的问题，就如同在问一个人是老年人还是青年人一样。该问题之所以可能会没有正确答案，是因为问题中的种概念并没有穷尽全部属概念的可能情形，即，下位概念并未实现对上位概念的穷尽列举。在"人"这一属概念中，老年人和青年人并未实现"人"的周延。一个中年人同样是人的子概念，但他既不是青年人，也不是老年人。根据这种反对观点，唯一正确答案命题忽略了一个合同可能既不是有效合同也不是无效合同而是一种不完全合同（inchoate contract）的可能性。

与第一个反对命题不同，"无正确答案论题"的第二种表现形式没有假定在正面命题和反面命题之间存在逻辑空间，它同"唯一正确答案"一样否认存在第三种答案的可能性。但是，这一论题却反对两种可能性之一在特定情形下总是正确。[2]"无正确答案论题"的第二种表现形式承认，"一个契约有效"的反题是"一个契约无效"，但是这两种命题的其中之一可能并不成立，可以存在着两个命题皆错的情形。此种反对观点认为，一

---

　　[1]　See Ronald Dworkin, *A Matter of Principle*, Harvard University Press, 1985, p. 120.

　　[2]　See Ronald Dworkin, *A Matter of Principle*, Harvard University Press, 1985, p. 121.

个合同是有效还是无效的问题如同问一个人是中年人还是非中年人一样。它与先前那个反对观点提出的"青年人"和"老年人"分类不同，"中年人"和"非中年人"穷尽了所有"人"的概念分类，一个人要么是中年人要么不是中年人。但是，"无正确答案论题"的这一形式指出，如果一个人的年龄处在这两个可能范畴的分界线上，那么对于这个问题同样没有正确答案。此种版本的无正确答案论题所给出的理由并不是因为我们不能识别两个范畴之间的区别，而是当事物位于边界线上时，说它属于任何一边都是错误的。

(二) 驳"无正确答案命题"

德沃金认为，支持没有正确答案第一个版本的是关于法律概念意义的语义学理论及其日常实践。在日常生活中，我们很容易发现介于肯定和否定之间意义的一些概念。例如，签订合同的双方都年满 21 周岁，那么这个合同就是有效的，法官便有义务判决执行该合同；如若双方都未满 16 周岁，那么这个合同便是无效的，法官便没有义务去执行它。但若有一方的年龄在 16 周岁和 21 周岁之间，这个合同就是不完全的，法官将获得一定的自由裁量权，综合考虑其他方面的情况来决定是否执行它。但是，德沃金认为，由于法律人确实把"无效"视为"有效"的反面，"无罪"视为"有罪"的反面，这种诉诸法律概念语义学理论，进而认为法律问题没有唯一正确答案的观点不能成立。[1]概念的语义学支持在特定事物的是与非之间还存在着一个空间，但是在法律效力或法律问题上却不存在这样一个空间。也就是说概念可以是三价的，即是与非之间还有一个中间地带，但是法律义务或法律效力则一概是二值的，是或否，有或无。

---

〔1〕 See Ronald Dworkin, *A Matter of Principle*, Harvard University Press, 1985, p. 123.

所以，德沃金认为第一个无正确答案版本的荒谬之处在于，以义务概念具有三个值，推定用来规定义务情况的概念也必定有三个值。[1]德沃金的论证可在比较以下四个命题的关系中更为清楚地表现出来："汤姆的契约是有效的"、"汤姆的契约是无效的"、"法律规定汤姆的契约是有效的"以及"法律规定汤姆的契约是无效的"。前两个命题可以同假是无正确答案命题的关键，这一版本由此推导出，后两个命题也可以同时为假。但是德沃金确认为，前两个命题与后两个命题并非一回事，它们同时为假并不一定推出后两者也必然同时为假。

在德沃金看来，第二个版本的没有正确答案命题得到了语义模糊、实证主义和可论证命题的支持。

语义模糊理论认为法律语言的模糊性必将导致法律不确定性的结果，法律问题因此没有正确答案。语言的模糊性导致法律不确定性命题版本与第一个版本不同。对于"他是一个秃子"这个命题而言，第一个版本认为"他是一个秃子"和"他不是一个秃子"这两个命题皆错，在这两个命题之间存在着一个秃子和非秃子的中间地带。而语言模糊性版本则认为这两个命题有一个是正确的，但是由于概念的模糊我们不知道哪一个命题是正确的。[2]而德沃金却认为这种观点错在没有区分标准法律语言模糊性的事实和它的结果。[3]以"亵渎神圣的合同是无效的"法律条款为例，语义模糊论者认为如果亵渎神圣这个词的

---

〔1〕　See Ronald Dworkin, *A Matter of Principle*, Harvard University Press, 1985, p. 124.

〔2〕　See Ronald Dworkin, *A Matter of Principle*, Harvard University Press, 1985, pp. 129-130.

〔3〕　See Ronald Dworkin, *A Matter of Principle*, Harvard University Press, 1985, p. 128.

概念是模糊的，那么该项法律条款就是不确定的。相应地，汤姆的合同是不是有效的问题就没有一个正确的答案。但是德沃金则认为尽管亵渎神圣这个词的内涵和外延都是不确定的，但是法律人可以使用其相应的技术包括法律解释和法律构建等来使得抽象和模糊的立法语言的具体含义在一个具体案件中被固定。

其次，支持第二个版本的无正确答案命题的是法律实证主义的论证。实证主义有不同的形式，但他们都有一个共同的特点，即：将一个法律命题的真假判断与特定主体的实际行为联系起来。例如，"亵渎神圣的合同是无效的"这一法律命题是真的当且仅当立法者颁布过具有这一内容的法律。德沃金认为可以用以下方式来展现实证主义命题结构：如果用"p"表示一个法律命题，"L（p）"表示某人或某个集团所实施的、使"p"为真的特定行为，那么实证主义则认为仅当"L（p）"为真的时候，"p"才为真。[1]如果立法者既没有宣布礼拜天的合同有效，也没有宣布其无效，即，当"L（p）"和"L（-p）"都为假的时候，"p"和"-p"则相应地也都为假。此时，关于该问题的法律问题就没有一个正确答案。

但是，德沃金认为这种来自实证主义的论证是自相矛盾的。第二个版本的无正确答案的命题与第一个版本的差别在于前者穷尽了一切可能，与"p"相反的命题是"-p"，中年人的对立面是非中年人。一个人要么是中年人要么是非中年人，一个命题要么是"p"，要么是"-p"。来自实证主义的论证首先假定了"p"即是"L（p）"，"-p"即是"L（-p）"，按照先前的逻辑，"L（p）"和"L（-p）"必有一者为真。但在后续论证中，实证主义又指出了"L（p）"和"L（-p）"可以同

---

〔1〕 See Ronald Dworkin, *A Matter of Principle*, Harvard University Press, 1985, p. 131.

时为假。德沃金指出，语义实证主义的一个特别形式提供了"L"的一个值诸如 L（p）和 L（-p）不能同时为假，然而反对正确答案的第二个版本则认为它们可以同时为假。[1]因此，这一论证明显不能成立。

除却实证主义外，另有一个基于争议本身的论证，也支持第二个无正确答案命题。它通过质疑达成论证共识的可能性来挑战唯一正确答案的主张，德沃金称之为，可论证论题（demonstrability thesis）。该论题认为，在所有与一个命题的真值有关的硬性事实（hard fact）被获悉和规定后，该命题仍然不能被证明为真，那么它就不能为真。[2]硬性事实是指，客观事实和关于人们行为的事实，后者包括人们的思想和态度。

就星期天签订的合同是否亵渎神圣这一问题而言，签订合同的行为是一个硬性事实，但就该事实本身是否亵渎神圣，不同人却有不同理解。回溯至立法，硬性事实是立法者实施了创制"亵渎神圣合同无效"这一条款的行为，但就立法者在思想中是否将周日所签订的合同视为亵渎神圣这一事实，人们却会给出不同的答案及理由。因此，就该合同是否有效的硬性事实而言，不能证明持不同答案和理由的任何一方，是故，该法律问题没正确答案。

可论证论题的哲学基础是一种严格形式的经验主义，所有命题的正确性都必须建立在经验事实基础上。仅当一个命题被硬性事实证明，即与之相符合，该命题方才为真。如果没有得到硬性事实确证的话，那么这个命题就不能被断定为真。因此，

---

[1] See Ronald Dworkin, *A Matter of Principle*, Harvard University Press, 1985, p. 132.

[2] See Ronald Dworkin, *A Matter of Principle*, Harvard University Press, 1985, p. 137.

德沃金认为，我们只要证明，除却硬性事实外，还有其他方法也能够确证一个法律命题的真，就可以推翻这种支持没有正确答案的可论证论题。[1]沿着这一逻辑，德沃金进而主张，存在着一种能够补充和替代硬性事实的"道德事实"（moral fact），它可以在前者无力证成法律命题的时候发挥作用。道德事实既不是自然和社会中的物理事实，也并非超越性的、柏拉图式的实体。德沃金认为，奴隶制度的不正义是一个事实，既非依据人们认同也非出于传统惯习，而仅仅因为，奴隶制度是不正义的。这一道德事实同硬性事实一样，具有自明性，可以理性地确证一个法律命题为真，即使法律工作者们继续否认建立在硬性事实存在和被规定基础上的法律命题。[2]

（三）"唯一正确"的迷思

在对第一个无正确答案版本进行反驳时，德沃金的论证逻辑是：概念可以具有两种以上的意义，但是法律问题的答案却永远是二值的，二者并不等同。前者可以没有正确答案，而后者或合法或非法，必定存在唯一正确答案。但是，德沃金似乎犯了一个跳跃性的逻辑推导错误。法律概念是判定结论的基础，当基础命题不确定时，建立在基础之上的结论很难确定。一项判决建立在规范和事实基础之上，当二者之一不确定时，最终的结论自然存有疑问。

在反对第二个版本的无正确答案命题时，德沃金分别反驳了支持这一命题的三个理论：语义模糊、实证主义和可论证论题。在反驳语义模糊理论方面，德沃金主要论据是，语义模糊

---

〔1〕 See Ronald Dworkin, *A Matter of Principle*, Harvard University Press, 1985, p. 138.

〔2〕 See Ronald Dworkin, *A Matter of Principle*, Harvard University Press, 1985, p. 138.

没有区分法律语言模糊的事实和它所带来的法律结果，并认为语言模糊并不必然带来结果的不确定，在运用法律解释方法后，澄清法律文本中的语义可以确定法律问题的答案。这一获取法律确定性的方法被英国法学家恩迪克特称之为"德沃金定理"。但是，我们必须认识到，如果规则是不确定的，那么对它的解释很可能也是不确定的。解释方法并非一种，文义解释、逻辑解释、体系解释、历史解释和目的解释都是当法律语义模糊时，可供法官选择的方法。一个不容置疑的事实是，这些解释方法下的法律结果，未必尽然一致。当对立、矛盾和冲突出现时，又需要再进一步诉诸额外的标准进行选择，进而选择这一标准背后还有标准。仔细思之，这可能是一个无限倒退的过程。最终确定的基础在哪里，答案并不明确。其次，在反驳以主体行为的真来确认命题为真的实证主义论断中，德沃金认为实证主义对无正确答案的论证自相矛盾。他指出，实证主义先假定与"p"相反的命题是"-p"，后又认定"p"与"L（p）"符合，且"-p"由"L（-p）"确证，但是，实证主义最终却不承认"L（p）"的相反命题是"L（-p）"，并认为它们可以同假。这里，德沃金可能曲解了实证主义的原意。实证主义仅认为，L（p）为真可以证实 p 为真，L（p）系事实，p 为建立在事实上的一个命题。但却似乎从未将事实和命题等同，因此，p 与-p 命题的互斥，并不表明"L（p）"与"L（-p）"事实的互斥，断定实证主义自相矛盾的论据并不充分。最后，在反驳论证可能性论题时，德沃金认为，存在一种同样具有自明性的道德事实，它可以对硬性事实进行替代。当命题不能得到硬性事实证成时，如果能够得到道德事实的确证，该命题同样可被确证为真。但是，对于什么是道德事实，德沃金并没有阐释清楚，至少论证并不令人信服。毫无疑问，为什么奴隶制度的不正义是一个自明的事实，同其他命题一样，需要理性论证。但德沃金仅抛出了一个"自明性"就滑过了这一过程。实际上，所谓的"自明性"，不过是一个言说者使用的修辞，他试图以一个表面上的客观事实，来掩盖渗透了主观偏见的价值判断。

由此可见，德沃金的所有的反驳都沉浸自己预设的逻辑中，因而，他的论证也就很难得到反对者的认同。事实上，法律问题的解答，绝不仅限于"决定性概念"，答案也远非"二值论题"。必须承认，决定性概念在法律问题中普遍存在。所有司法案件都包含了这一问题。一个主体、事件、行为以及相互关系是否属于法律调整，首先就涉及了决定性概念。司法审判，就是将抽象的法律规范与具体的案件事实相结合。法官在适用法律时，首先需要对法律规范是否调整当下案件事实作出一个肯定或否定的决定。假设你实施了如下两个行为：其一，口头许诺将一幢房产以 500 万元的价格转让给你的朋友；其二，口头许诺明天晚上请你的朋友去一家高档西餐厅用餐。如果你都没有兑现你的承诺，你的朋友将你诉至法院。法院通常会决定受理第一个起诉，而不受理第二个起诉，其理由是一个决定性概念，即，案件属于或不属于法律规范的调整范围。在受理第一个案件之后，法院又会再进一步使用有效的法律构成要件来确认口头合同是否有效，确认依据仍是一个决定性概念，答案是作为二值命题的有效或无效。

尽管在一些案件中，仅凭决定性概念和二值逻辑，已足以解决其所涉及法律问题，但在另外一些案件中，尤其是法律关系稍微复杂的案件中，两个概念可能就会显得捉襟见肘。例如，你通过书面合同将一幢价值 500 万元的房产转让给你的朋友 A。遂后，你又以五百万元的价格转让给另一个朋友 B，并且，登记交付。A 遂将你起诉至法院。在这一案件中，尽管法院也必须运用决定性概念和二值逻辑，但仅凭它们不足以解决其中所有问题。同先前案例一样，法院在确认是否应当受理案件和两份合同是否有效的问题上，需要运用决定性概念。然而，法院在确认一份有效合同因无法履行而违约时，需要确定违约一方需要赔付的违约金。赔偿或不赔偿是一个决定性概念，但是，这一金额的具体确定却决非二值逻辑。与之类似，在刑事案件中，确定一个犯罪行为人有罪或无罪，或者，在行政案件中，确定行政主体是否需要承担法律责任，是一个决定性概念。但得出二值逻辑的答案，仅仅是处理案件的第一步，问题远未解决。量刑幅度以及最终刑罚的确定，国家赔偿金额的判决，都不是决定性概念的二值逻辑，毋宁是权衡性概念的多值逻辑。

就此反观民意审判的典型案件，在张学英案中，具体法律问题是遗赠合同是否有效。这是一个决定性概念，其答案是二值的，即，要么有效要么无效。并且，最终判决结果将建立在对这一决定性概念的二值解答上。如果遗赠合同有效，张学英将被法院判决获得遗赠财产，而其遗赠权利被法院否决则与否定性的二值解答相连。

但是，在其他三例典型案件中，单凭决定性概念的二值命题都很难给出一个最终的判决。在刘涌案和李昌奎案中，表面上看，法官最后的决定在死刑还是死缓之间摇摆，就判决执行死刑或不执行死刑而言，这是一个二值命题。但针对这两起案件的事实，法律规范所给出的备选方案并非如此狭窄。我国《刑法》对于故意伤害或故意杀人，设置了一个幅度较宽的量刑区间。如果犯罪行为情节较轻，从 3 年至 10 年不等，而如果较为严重，则从 10 年至死刑不等。法官在进行判决之际，经历了一系列决策过程，先前阶段中是否构罪、构成何罪的决定在很大程度上尚可依赖决定性概念解决，但在最终阶段的量刑时，二值命题则根本不是法官所称手的工具。可以看到，二值命题的取值范围有且仅有两项，当法律规范中的可能性方案超过这一数量时，决定性概念就难以应对。在许霆案中，情形要更为复杂。刘涌和李昌奎案件中的多种可能性方案尽管不确定，但均属于一条法律规范中所含有的方案。如果个案中适用法律规范已经确定且都不能确定下案件的最终结果，当规范本身再呈现出多种可能性时，此种不确定性势必加大。就法官对许霆的量刑来看，确定盗窃罪，适用《刑法》中的处罚盗窃行为的法律规范，其处罚方案不止两项。然而，许霆行为是否构成盗窃尚且存有疑问。在审判之际，侵占罪和诈骗罪的建议都曾被刑法专家们提出。在将这两条规范纳入考量后，该案中法律问题的答案进一步增多。如果再考虑到《刑法》中的酌定减轻情节，情形将更为复杂。由此可见，此案所形成的争议，绝不像德沃金所给的汤姆和吉姆所签合同是否亵渎神圣那么简单。对于给出该案判决来说需要回答多个是或否，这些回答之间并不是只有一个阶段，而且答案简单互斥。对于许霆案中的每一个阶段的是或否的回答，还需要在回答基础上再做进一步以及更进一步的是与否的选择，并且，最终的结果所面对的必将是法律规范中所分解出来的多项方案。诚然，从一审判处无期徒刑和二审判处五年有期徒刑的结果来看，按照德沃金的决定性概念，也可以将这一决定化约为要么5年有期徒刑，要么无期徒刑。但是，表面上的二值命题隐藏了许多复杂的决定。任何案件，在经由一系列诉讼程序后，从结果看，必然会有一个终极的判决。但是，我们必须意识到，这一终极结果是从充满了不确定的多项可能方案中获得的，它不是唯一结果，更不是唯一正确结果。

　　就张学英案而言，尽管该案中的法律问题表现为合同有效或无效，是一个标准的决定性概念，但并不意味着该案中的法律答案就是确定的。这将进一步证成质疑德沃金唯一正确答案命题的正确性。如果许霆案、李昌奎案以及刘涌案通过指出法律问题并不都能化约为二值论题来反对唯一正确答案命题的话，那么张学英案将证明，即使在可以将法律问题转化为二值论题的案件中，唯一正确答案也不能成立。德沃金推出唯一正确答案的工具，是决定性概念的二值论题，得出二值中的任一答案有赖于一个评判标准，并且，这一标准必须单一、确定和不含糊。违背任一要求都会使标准本身不确定，不确定的标准无法去确定不确定的答案。就此而言，法律决定的唯一正确有赖于法律规范的唯一性，一旦判决的基础发生分裂，仍然声称判决具有唯一正确性，无异于在断言一种闭上眼睛的看见。然而，当我们回到张学英案，具体到张学英所持公证遗嘱是否有效这一问题上，可以发现，法官从两部具有同等效力的法律，即：《民法通则》和《继承法》中，分别能够找到给出对立答案的依据。德沃金或许会争辩道，当两部具有同样效力的法律给出相反依据时，其中有一个是错误依据，正确依据所给出的法律决定仍是唯一确定的。然而，法律规范不能对自身适用的正确或错误进行判定，这一判定需要诉诸一个更高层次的标准。可以断定，这一标准绝非法律规范，法律规范自身可以排除存在两个可供个案决定依据标准的情形。判定法律规范是否正确，一定是一个法律之外的标准。寻求这一标准在事实上打开了一个对话和论证程序，尽管最终一定会有一个确定的标准。但是，并不意味这个标准就一定是正确的。一定意义上，它是可错的，它是不确定的。启动和打开这个标准的讨论本身，就意味着一种不确定性。因而，张学英案带给"唯一正确"的启示是，唯一正确答案论题的前提是审判规范的确定性，但是，这一条件常常无法实现。

三、裁判规范的不确定性

本书所谓的裁判规范是指，法官审理具体案件中所适用的规范。一项具体的裁判既要适用成文规范，又要适用不成文规范。裁判规范的不确定包括了成文规范的不确定和不成文规范的不确定，前一不确定包括规则和原则不确定的两种情形，适用后一规范本身就体现了一种不确定。依法治国背景下，一般而言，法官必须依法裁判，适用法律解决纠纷。这里的"法律"又通常被限定在国家权威机关颁布的、以文本形式表现出来的法律。因而，依法裁判的确切含义就是适用法律文本的裁判。但是，我将论证，在很多案件中，特别是在法律规范提供了数个可能判决情形下，法官仅凭成文法律将无法获得精确结论。一个必须给出判决的法官需要将目光投射到法律即成文法以外的规范上去。然而，不成文规范由于欠缺固定的存在场域，它的内容无法被准确界定与识别，运用不成文规范只能凭借法官对案件事实的意义理解。毫无疑问，这一指引的主观性较大，在不同主体那里并不会完全一致。因此，诉诸不成文规范本身，就体现了一种不确定性。另一方面，成文法的规范种类包括了法律规则和法律原则，前者在裁判中可以表现为规则间的不确定和规则内的不确定两种形式；而在适用后者时，会出现不同价值间的权衡所引发的不确定。

（一）不成文规范

尽管最终判决形式上表现为自成文法律而出，但事实上，作为决定依据的法律规范本身的获得也是法官根据一定标准加以选择的结果，也有推论依据和推论过程。然而，选定法律规范的推理通常并未反映在裁判文书中，以至于，我们常常会误认为，判决结论就像裁判书中所明确指出的那样，仅仅是依据法律的结果。

以四例典型的民意审判为例，无论是确认张学英所持的遗赠合同有效与无效、选择判处许霆无期还是五年有期徒刑，还是决定判处刘涌和李昌奎死刑或死缓，法官都能够从现行有效的法律规范中找到法律依据，成文法就这些案件中的法律问题给出了多个解答。然而，判决是一个确定的结果，只能是一个唯一的答案。因此，在法律规范给出这些解答后，法官势必还要在此基础上作出进一步选择。在法律规范和最终判决之间存在一个裂缝。由于法律规范所给出的多个答案，都是有法律依据的答案，都是符合法律的答案，一个出乎意料但却合乎逻辑论断是，法官即便是通过抛硬币的方式来决定这些答案的选择，判决也不会非法。

但是，让意志以外因素决定我们的行为，是一种放弃使用理性的行为。一个稳妥的断定是，除非迫不得已，我们都会在作出一项行为选择时，小心翼翼地使用理性。与非理性决策不同，理性主体需要将最终选择建立在自己所认同的依据上，即：理性行为的作出，一定是出于某一特定理由。有充足的理由相信，法官在多个形式上合法答案中的选择是一种合乎理性的选择，因而，这种选择一定有其认同的依据。然而，法官作出多个合法答案选择的依据往往不在成文法律之内。如果一条规定了实施故意杀人行为应当如何处罚的法律规范提供了多个处置方案，这条规范本身不能成为选择自身所提供方案的依据。也就是说，法官在具体情境下根据案件事实从多个法律规范提供的合法解答中选定的那个最终判决，并不依赖这一法条本身的指引，而要诉诸其他理由。一些情况下，该条规范之外的成文规范可以提供指引，而在另一些情况，法官所诉诸的理由往往超出了成文法的范围。

当法官所认同的理由不能在成文法内获得时，他势必要调动法律规范之外的资源。一旦法官寻获这一资源，并将它作为选定精确法律方案的依据，我们便会发现一个有意思的现象：一方面，这些资源不是法律规范；另一方面，这些资源又是形成法律决定的最终依据。在理论上，它们被称为非正式法律渊源或不成文法渊源。是故，存在着这样一类情形，法官在判决中既需要寻求成文规范的支持，也需要获得不成文规范的依据。最终的结论系由作为共同前提的二者推出。

（二）成文规范

成文法律表现为由法律原则和法律规则相互交织而成一套规范体系。司法判决经常表现为被一条规则蕴含，法官在个案中得出裁判结论的直接依据经常是法律规则。一些特殊情境下，一项纠纷的妥善解决需要法官放弃具有明确指引功能的法律规则，而取向于体现法律实质价值、反映法律理念的原则。无论适用法律规则还是取向法律原则，都会带来适用规范的不确定性。

1. 法律规则的不确定性

法律规则并非自然规律，也非"绝对命令"，[1]因而无法达到这两类意义规则所表现出来的确定性。单从形式上看，法律规则是陈列在文本之中的语句。规则本身的确定、重复和可预期要以表述规则语句的确定性为先决条件，其最终基础是语义的确定性。清晰且无歧义的法律规则语句，方可对司法裁判作出明确无误的指示。而事实上，这一条件常常难以满足。

---

〔1〕 康德认为，一切以"应当"方式表述出来的命令可以分为假言命令的和定言命令。前者表现为有条件的命令，可以为了某一具体或抽象目的；后者去掉了命令之外的一切外部条件，只强调命令本身，是为"绝对命令"。"定言命令则把某个行动自身独立地就表象为客观-必要的，与其他目的的毫无关系"。参见［德］康德：《道德形而上学奠基》，杨云飞译，人民出版社2013年版，第42页。

使用语言，是人区别于动物的最大特征。可以肯定的是，语言是一种公共符号。许多哲学家，包括维特根斯坦，都否认私人语言的存在。一种给自己设定的私人密码实现不了人类所寄托于语言之上的交际功能。一定意义上，每一主体，都是一个独立的个体，一个内在于自己意识的个体。主体所拥有的思想，必定是主体"个人的"思想。个人的实体性存在，成为获悉其他主体内在思想的现实屏障。作为一种符号媒介，语言的创制是为了促成主体间的思想交流，它是社会共同体成员间相互沟通的工具。就此而言，语言具有客观性。然而，这种客观性并不绝对，作为公共符号的语言在功能上也会出现一些瑕疵。不仅表现为一连串语音流的口头语言会引发歧义，即使是在形式上被固定下来的书面语言也同样不是一种稳定和精确的工具。语义流变和空缺结构共同导致了词与物、语言与世界、能指与所指之间的不完全对称，进而使法官在将案件事实纳入法律规则之际犹疑不决。

语义的不断流变是一个基本事实。作为一种思想的符号，语词在被特定文化共同体中的第一个主体所创造出来时，一般仅指称一项或一类事物。然而，我们却很难指望，作为公共符号的语言，被发明后就永远指称一样事物。正因为是一种公共符号，它可以为众多主体使用，有时，人们在使用过程中会在其原本含义之上增加一些个性化意义。与语词原先指称事物逐渐被共同体接受的过程十分类似，当这些个性化意义慢慢获得承认后，它遂被添置于语词的意义之中。就此而言，一个词的意义就是它在语言中的使用，[1]由此可见，在公共使用中，一项语词的意义很可能会超越单一个体原先所赋予的初始意义，

---

〔1〕　参见［奥］维特根斯坦：《哲学研究》，李步楼译，商务印书馆2000年版，第31页。

语词的意义可在时间之维上逐渐展开，不断丰富。不断添置新意义而生成的多项意义会造成语词的含糊和歧义。此外，新意义添加到语词之中的时间界限常常无法精确给定，这会进一步加大语词的模糊和歧义。

语词的空缺结构不可避免。哈特曾指出，法律中存在着空缺结构，它是法官行使自由裁量权的依据。事实上，法律中的空缺结构，归根结底，是语言的空缺结构，是语词的空缺结构。即使语词不因公共使用而在实施中进行意义叠加的流变，仅从静止状态看，它有时也不能与其所欲指涉的客体精确对应。哈特指出，每一个概念在其"核心范围"内有着相对确定的所指，但随着概念的核心向其边缘不断扩展，概念的所指会变得越来越不明确。在概念的边缘地带或曰灰色地带，概念的所指则非常不确定。一个连一根头发没有头发的人，我们可以毫不犹豫地称其为"秃子"，当一个人的头发非常稀疏时，尽管有些犹疑，我们也还是可以用"秃子"加以指称。但当他的头发较为稀疏时，再称之为"秃子"可能就会引起误解。针对这一情形，并不是所有语言共同体成员都会同意这一指称。进一步思考，还会发现一个颇有意思的问题。假设一个人的头发数量在五万根时，我们绝对不会称其为"秃子"，而当他头上一根头发没有的时候，我们可以铁定地称他为"秃子"。再假设他的头发从五万根开始依次递减，减至哪一具体的数字，这个人就可被称为"秃子"？如果这个数字不能确定，那么"秃子"这一语词的概念就是模糊的。事实上，为了使用包含一般化分类语汇的传播形式来传达事实情况，边界地带的不确定性是我们必须要付出的代价。[1]在"公园内禁止车辆通行"的规则中，机动车辆被

---

[1] 参见 [英] H. L. A. 哈特：《法律的概念》，许家馨、李冠宜译，法律出版社 2006 年版，第 22、123 页。

禁止通行无可置疑，但是该规则是否禁止自行车、带轮的溜冰鞋、玩具汽车或是飞机关系到它们可不可以被称为车辆，而这往往是模糊的。[1]

从逻辑结构看，法律规则可被拆分为行为模式和法律后果两个部分，二者中的语言都可能会表现出模糊和歧义。就行为模式而言，它在法律适用中的功能，是将案件中的具体事实涵摄于其下，为后续环节的法律后果适用做好铺垫。倘若表述行为模式的语言模糊，法律规则和案件事实之间的对接就无法实现，法官便不能将规则之中的法律后果运用到案件中去，判决也就无法形成。从法律效果来看，它通常被语言文字表述成多个备选方案。立法者作出模糊规定是为了使法律规则更好地适应现实情境，但代价却是，在客观上造成了规则的不确定性。构成要件和法律后果只要有一者表述不清就会引发规则的不确定性，非但如此，二者中各自语言的模糊性在适用于具体案件事实还可以进行叠加，进一步加大不确定性。

法律后果中语言模糊导致的不确定是，一种规则之内的不确定性，它是在实现案件事实和构成要件对接后出现的不确定性。与之相对，当案件事实与规则的构成要件对接出现问题时，会出现规则之外的不确定性。前者适用哪条规则业已明确，后者适用哪条规则尚不清楚。规则之外的不确定可以出自两个方面的原因，其一，规则方面。规则之间相互冲突。多条分别规定了不同法律效果，却同时调整同一行为、事实和关系的规则常共存于法体系中。这反映出法体系内部的冲突、矛盾和对立，法律竞合是其典型，即多项规范按其字面意思都可以适用于同

---

[1]　参见［英］H. L. A. 哈特："实证主义和法律与道德的分离（上）"，翟小波译，载《环球法律评论》2001 年第 2 期。

一事实状态的情形。[1]其二，事实方面。事实状态难以被语词精确指称。所产生的直接后果是，案件事实是否可以被涵摄于构成要件中的概念之下存在争议。以许霆案为例，许霆从自动取款机中恶意取款的行为是否属于盗窃，乃至盗窃金融机构存在争议。刑法专家提出诈骗罪和侵占罪的处罚即是在主张适用《刑法》中的诈骗罪规则和侵占罪规则，认为许霆的行为应被这两条规则涵射。由此便产生了出于事实方面所导致的规则之外的不确定性。而当一些法律学者提出适用酌定减轻处罚条款时，适用盗窃规则和同时适用盗窃规则与酌定减轻规则之间，就存在着基于规则方面所引发的外在不确定。《刑法》中的盗窃条款从有期徒刑、无期徒刑直至死刑的多项方案规定反映了规则之内的不确定性。

形式主义法学理论曾天真地认为法律的概念是明确、清晰和无歧义的，并且能够为人们准确的理解和把握。在这种理论指导下的法学家们曾经迷信于用精确的法律概念来规范和调整我们的生活，并力图构建一部能够囊括并调整一切人类行为的法典。一旦有了这样一部无所不包的法典，法官便可以像用数量关系和空间形式刻画认识对象那样将案件事实高度精准地涵摄于法律规则之下。然而，形式主义法学家的美梦在哈特"概念的天国"的嘲讽中破灭了。[2]海德格尔认为"世界的存在是不可表达的，语言永远也不能表达世界的本来面目。"[3]语言结

---

〔1〕 参见 ［德］齐佩利乌斯：《法学方法论》，金振豹译，法律出版社 2009 年版，第 52 页。

〔2〕 "概念的天国"出自于德国法学家耶林的《法学的概念天国》（Lm Juristischen Begriffshimmel），哈特曾对该著作进行评析并借此批判与德国早期概念法学相类似的形式主义法学。参见 ［英］H. L. A. 哈特："耶林的概念天国与现代分析法学"，载《法理学与哲学论文集》，支振锋译，法律出版社 2005 年版，第 279~293 页。

〔3〕 刘放桐等编著：《现代西方哲学》（下册），人民出版社 1981 年版，第 592 页。

构并不完全等同于世界结构。"虽然许多概念可以被认为是对存在于自然世界中的关系和一致性的精神映象，但是，对现实所做的这种精神再生产，往往是不精确的、过于简化的和不全面的。"〔1〕

　　有时，通过解释，可以在语言和事实之间建立更为精确的连接，所以法律解释就被用以作为一种澄清法律文本语言模糊状态的工具被学者们提呈出来。但遗憾的是，这一工具的效果并不理想。虽然在有些情况下，法律的确定性可以通过解释的途径得以拯救，但是法律概念模糊性所造成的不确定状态还是不能从根本上被排除。经常被提及的解释方法大致有：语义解释、逻辑解释、系统解释、历史解释、比较法解释、目的解释和社会学解释等。〔2〕但是不同的解释方法往往会导致不同的法律适用结果，甚至是截然对立的结果，这就需要对诸种解释方法的优先顺序进行编排。一般来说，语义解释具有严格的优先性，若语义解释的条件得到满足，它就优先于其他解释方法而被采用；只有具备足够的理由对语义解释的结果表示怀疑时，才有条件考虑上下文解释和体系解释；当这些解释结果都不能明显成立的时候，才可以考虑法意解释和目的解释；而比较法解释和社会学解释则通常被看作是最后的选择。〔3〕然而，以上的排序并非终极的和固定不变的，这就使其在实践中缺乏可操作性。其实，指导如何进行解释的是解释者的目的，它不可能被固定化，必然随着时间、地点和背景的变化而变化。因此，法律解释的方法也不能完全消解个案中由语言模糊所引起的法

---

〔1〕　［美］E. 博登海默：《法理学：法律哲学与法律方法》，邓正来译，中国政法大学出版社 1999 年版，第 486 页。

〔2〕　参见梁慧星：《民法解释学》，中国政法大学出版社 1995 年版，第 214～243 页。

〔3〕　参见桑本谦："法律解释的困境"，载《法学研究》2004 年第 5 期。

律的不确定。

更为复杂的是，通常我们在对法律文本中的概念进行解释之前需要对这个概念是否模糊做出判定，而这种判定本身就是不确定的。对于法律文本是否模糊的判断可以分为外部判断和内部判断，前者是特定语言的语言共同体所做出的判断，后者则是这个语言共同体中某一个特定的读者所做的判断，这两种判断并非总是一致，一个新近的实证调查研究表明：特定的个人在对法律文本做出是否模糊的内部判断时总是受到个人价值偏好的影响。[1]

用康德的话来表述，严格三段论的司法推理就是一种先天分析判断，其结论蕴含于前提中且由之必然推出。[2]一个关于司法推理的形象比喻是：把事先放进箱子里的东西拿出来。然而，当遭遇规则间的不确定境况时，有两个以上不同的箱子被置于我们的面前；而在面临规则内的不确定困惑时，我们不能确定之前我们是否曾将我们要找的东西放置进去。无论是规则间的不确定还是规则内的不确定都会造成个案中法律规则适用的唯一性缺失，法律的不确定性由此产生，法律案件也因此而

---

〔1〕 See Ward Farnsworth, Dustin F. Guzior, Anup Malani, "Ambiguity about Ambiguity: An Empirical Inquiry into Legal Interpretation", *Journal of Legal Analysis*, 2010, pp. 259-260.

〔2〕 康德认为单个的表象或概念本身不产生知识，只有把两个概念或表象用系动词"是"连接起来形成一个判断的时候才构成命题的真假和知识，故而一切知识皆是基于判断。康德进而区分了三种判断：先天分析判断，后天综合判断和先天综合判断。先天分析判断的谓词事先就存在于主词之中，只是在表述判断时被明确地分析出来。典型的例子是"物体是有广延的"，但凡是物体必定具有广延性，广延性事先就蕴含于主词"物体"之中。参见〔德〕康德：《纯粹理性批判》，邓晓芒译，人民出版社2004年版，第8页。法律确定下的司法推理恰如康德的先天分析判断，因为其判决结果由先前既定的法律规范中推出。

成为"两可案件"，甚至"多可案件"。[1]

2. 法律原则的不确定性

"法律原则被用来证立、整合及说明众多具体规则与法律适用活动的普遍性规范，它因此是更高层次法律推论的权威性出发点。"[2]很多学者认为，法律原则在法律体系中的功能是凭借其较广的涵摄面对规则适用缺陷进行补救。[3]

规则适用缺陷通常表现为三种情形：规则与规则相抵触、规则漏洞以及规则适用悖反。第一种情形是指处于同一效力等级的法律规则之间相互矛盾，这即是上述提及的由于规则方面而形成的法律规则的外在不确定。当这一情形发生时，法律原则可被用作一种标准，判定如何取舍同时调整同一案件事实的规则。例如：法官在许霆案的法律适用中，可能会在仅适用盗窃条款还是同时适用盗窃条款和酌定减轻条款这两组方案之间犹疑不决，罪责刑相适应原则或许有助于法官最终的判决认定。第二种情形是指，法官在法律规则体系中没有发现对当下发生

---

[1]　这里借用了朱苏力教授的"两可案件"的概念。"在经济资产的两可案件中，无法明晰的产权应配置给经济资产缺乏的人；以及文化资产的两可案件中，无法明晰的产权应配置给文化资产丰裕的人"。苏力："'海瑞定理'的经济学解读"，载《中国社会科学》2006年第6期。其中的"两可案件"之意是两种判决皆可成立。在本书所论述的规则间的和规则内的不确定状态下，司法判决结果也呈两可甚至多可之势。以许霆案为例，两次判决的巨大差别是因为二审法院不仅适用了1997年《刑法》第264条关于盗窃罪的法律规范还增加适用了1997年《刑法》第63条第2款关于酌定减轻处罚的法律规范。此便是规则间的不确定，许霆的行为既可以只对应于1997年《刑法》第264条，也可以同时对应于第264条和第63条第2款。我们很难说哪一种对应是错的，或者说两种对应可能都是可行的，"两可案件"由此形成。

[2]　See David M. Walker, *The Oxford Companion to Law*, Clarendon Press, 1980, p. 739.

[3]　See Joseph Raz, "Legal Principles and the Limits of Law", *Yale Law Journal*, Vol. 81, 1971, pp. 839–841.

的案件事实的规定，但依照法律的整体目的和计划，这一案件应当接受法律调整。在这一情形中，法律原则是续造法律规则的依据。第三种情形则是指，适用法律规则产生了严重不正义的后果。根据拉德布鲁赫公式，依照法定程序而产生的国家法律在司法裁判中具有优先地位，但是当其违反正义达到不能容忍的程度时，它必须向正义做出让步。[1]此时的法律原则可被用来废止法律规则。在张学英案中，我们可以窥见法律原则适用的第二种和第三种情形。该案的判决是张学英所持有的、经过公证的遗赠协议不具有法律效力。这一结果的依据是当时的《民法通则》第 7 条，"民事活动应当尊重社会公德，不得损害社会公共利益……"。单从文字上看，这一条款并未表明，对一个不遵守社会公德或损害社会公共利益的行为应当如何处理。但是，这一行为无效是这一原则的当然之意。将这一解读后的原则意义适用于张学英案的具体情形，在方法上实际已涉及对法律规则的续造。换一个角度来看，也可以将这一原则的适用结果视为对法律规则的废止。对于遗赠的设立和效果，《继承法》里有着明确规定。张学英所持遗赠协议形式上完全符合法律构成要件，按照相关法律规则，应当具有法律效力。据此，张学英将有权利获得遗赠财产。但是，根据《民法通则》第 7 条的法律原则，该遗嘱不发生法律效力。一定意义上，该案所反馈的信息是，法律原则废止了本该适用的法律规则。

尽管法律原则可以弥补规则适用缺陷，然而，也应当看到，相较于法律规则而言，原则规定的是一种高度不具体的行为，[2]

---

〔1〕 参见 [德] 古斯塔夫·拉德布鲁赫："法律的不法与超法律的法"，载《法律智慧警句集》，舒国滢译，中国法制出版社 2016 年版，第 187~202 页。

〔2〕 See Joseph Raz, "Legal Principles and the Limits of Law", *Yale Law Journal*, Vol. 81, 1971, p. 838.

一个悖反由此产生：表面上看，法律原则能够以其较广的涵摄面缝合规则适用漏洞。但当进一步考究并将注意力聚焦于法律原则本身时，我们就会发现，更为抽象的法律原则同时造就了另一种"漏洞"，即，如何选用适切法律原则所引发的不确定。

阿列克西认为，法律原则是一种应然的理想，是一种在当前法律与事实状况的基础上而要求尽可能实现某一目标的规范，即所谓的"最佳化要求"（optimization requirement）。[1]诚然，我们可以想象出这么一个最佳化的本体，作为一个结果，它是一项最优价值在司法裁判中的实现。但是，这一结果是以价值之间可以比较和衡量为前提。倘若价值之间不可公度，那么"最佳化要求"对我们来说便失去了认识论上的意义。"如果 A 不比 B 好，B 也不比 A 好，并且这二者也不等值，那么 A 事物与 B 事物之间就是不可公度的。"[2]每一法律原则皆是特定的价值理念在法律体系中的体现，原则的选取实则是其背后价值的衡量与比较。然而，价值之间的不可公度性会使得我们无法判断哪条法律原则在个案中更为适切。

起源于"爱奥尼亚谬误"的一元论企图从世界纷繁复杂的事物中找出一个统一的基础或本源。[3]由于强调真理的唯一性，真理与谬误的互斥性和真理与真理的相容性，一元论被认为是传统专制和极权社会的典型特征，它以一种上帝无所不能的眼

---

〔1〕　See Robert Alexy, *A Theory of Constitutional Rights*, Oxford University Press, 2002, p. 47.

〔2〕　Joseph Raz, *Morality of Freedom*, Oxford University Press, 1986, p. 328.

〔3〕　"爱奥尼亚谬误"（Ionian Fallacy）由英国哲学家和政治思想家以赛亚·柏林所提出，它力图发现事物背后的确定性本质，即事物的始基（primordium），并且认为一旦我们掌握了这种确定不变的始基，我们对于所有问题均能给出一个唯一正确的答案。See Isaiah Berlin, *Personal Impressions*, Rardon House of Canada, 1998, p. 255.

光对所有问题均给出了一个确定和统一的答案。[1]实际上，价值体现为客体对主体的满足，价值冲突的实质是不同主体的需求或同一主体不同愿望之间的竞争。当人们这些需求和愿望发生冲突的时候，我们常常很难给出一个客观评定。"民主的增进是不是应当以个人自由为代价？为了实现公平是不是要去牺牲天才的成就？或是为了实现仁慈而牺牲正义；牺牲效率以促进自发性；为了实现幸福、忠诚和纯洁去牺牲真理与知识？"[2]对于这些问题，每个人由于出身背景、社会阅历和天资禀赋的不同往往会给出不同的答案；甚至同一人在不同时期由于所处的客观环境不同也会做出相异的选择。主体的不同需求与价值间的不可公度性造就了当代价值多元、诸神并立的局面，它是对形而上学一元论命题的解构。与一元论相反，多元价值论倍受当代自由与民主社会推崇。

当出现规则适用缺陷时，法官则需引用法律原则选取、续造或废止法律规则，这就不可避免地要在蕴含不同价值理念的法律原则之间进行取舍，找出他认为最适切的法律原则，据以确立裁判规则。这一过程诚如哈特所言："不同的原则会导出彼此竞争的类推适用的方式，而法官必须像一位诚心的立法者般，按照他所认为什么是最好的，来就这些不同的方式做出选择"。[3]但是，由于客观上并不存在一个判定何种原则更为适切的元规则，一个具体案件中关于适切性的论证不能排除渗透了个人价值的臆断，法律原则的选取因此是不确定的。

---

〔1〕 See Isaiah Berlin, *Personal Impressions*, Rardon House of Canada, 1998, pp. 255–256.

〔2〕 Isaiah Berlin, *Liberty*, Oxford University Press, 2002, p. 42.

〔3〕 ［英］H. L. A. 哈特：《法律的概念》，许家馨、李冠宜译，法律出版社2006年版，第256页。

第四章

民意审判的内在条件：法官的理性选择

　　法律的不确定性敞开了法律的规范空间，符合法律的判决结果可以是多个。尽管公众意见发生在法律规范要求之外，但却可与多个备选结果之一恰好叠合，判决与民意相一致从形式上并不违背法律。然而，司法判决的非唯一性仅仅是民意审判现象发生的一个必要条件。除此之外，一个不容忽略的事实是，司法裁判权力握于法官之手。尽管有一个方案与民意叠合，但法官并非必然要做出这一选择。仅当法官选择了那个与民意相契合的判决结果后，判决才会表现出与民意趋同。如果法律的不确定性是必要条件，那么法官的选择，是民意审判现象发生的充分条件。由此可见，在法律不确定状态下，最终的判决结果可被视为法官的选择，而经济学则是研究选择的精密科学。

　　在引入经济学工具后，法官被视为追求效用最大化的理性经济人。理性经济人假设在古典经济学时期被经济学家们提出，并在新古典经济学时期得到修正和完善；尽管它受到了种种批判，但仍然是现代经济学推理的逻辑起点。法官于法律不确定下的裁判可被看作在形式上满足法律要求的多个解答中进行选择，实现自我利益最大化的目标一直贯穿始终。效用函数模型可以使整个选择过程更为直观地呈现出来，建构我国法官的效用函数模型既需要借鉴美国学者的研究成果，又需要考虑我国法官所面临的司法环境。如果民意干预了审判，那么理论上至少存在着两种判决：民意干预前的判决和民意干预后的判决，也即与民意不一致的判决和与民意相一致的判决。在法律不确定的前提下，由于选择后一种判决能够促成法官效用得到最大化的实现，这种选择也就成为现实，民意审判现象随即成为现实。

第一节　理性经济人假设

在从宏观制度层面对民意审判原因进行一番揭示后，我们的视角将转而进入微观层面，剖析和研究裁判者的行为。这与上文对法律不确定的论述在逻辑上是衔接的，法律的不确定使司法裁判中的"唯一正确答案"破产，个案中法律问题的解答可以是多个，其中包括了与民意相一致的解答。如果法官最终选择了与民意相一致的判决，我们便目睹到了民意审判现象。是故，对民意审判现象作出解释，需要深入研究法官为什么会做出这一选择。而这又是一个行为学的问题。

经济学是行为学的一部分，甚至还是最精密的一部分。[1]作为"社会科学的皇后"，经济学在分析市场中的个人和厂商选择行为时有一整套科学和形式化方法，它是研究人们理性选择的有效工具。在一个极为简略的市场经济模型中，只包括个人和厂商这两类微观经济主体。二者分别实施，且相互关联的生产和消费行为构成了一个动态的经济循环系统。一方面，个人从厂商那里购得日常消费品，同时，将自身的劳动力出卖给厂商。另一方面，厂商从个人那里购买劳动力，并将自己生产的产品出卖给个人。厂商是商品的生产者和劳动力的消费者，而个人则是商品的消费者和劳动力的生产者。生产、分配、交换

---

〔1〕　参见［奥］米塞斯：《人的行为》（上），夏道平译，远流出版事业股份有限公司 1991 年版，第 42 页。

和消费，分别是两类主体在市场中所实施的不同行为，每一环节都充斥着主体的选择，无数微观个体选择行为的加总，构成了整体的经济现象。由此可见，经济的最终基础是个体的选择行为，揭示经济规律实际上是在探究个体做出选择时的动因。

经济学分析主体行为的基础工具是"经济人"（economic man）或"理性人"（rational agents）或"理性经济人"（rational economic man）。无论厂商还是个人，无论扮演生产者还是消费者角色，无论是在生产、分配、交换还是消费任一行为环节，行为主体都毫无例外地追求实现自己最大化利益，都试图获取一种最佳效用状态。主体的理性自利，贯穿于整个经济活动的方方面面，是理性经济人的基本内涵。世界的资源是稀缺的，为了最大化实现主体的利益需求，经济学要求对资源进行最优化配置。宏观地看，整个经济学大厦的逻辑基础在于将每一行为主体视为理性经济人这一理论概括。经济人的理论命题既得自于无数现实实例观察，也是对这些具体经验的抽象概括。一方面，经济人命题具有描述的性质，它与大多数客观事实相符，是对过去发生的事实的解释。另一方面，经济人命题也并非完全描述，同样有假设的成分。就全部市场中的主体行为而言，不排除存在个别不符合这一假说的事例。特别是在它试图对未来所有行为进行预测时，由于事实尚未发生，理性经济人命题并不能保证今后的实践必然与之相符。尽管如此，现代经济学仍以其缜密的逻辑和精确的分析方法取得了巨大成功，以至于其他社会科学竞相效仿。从经济学来看，其他学科的效仿就是自身的扩张。近几十年来，这一趋势似乎势不可挡。经济学帝国主义遂成为这一趋势的概括。社会学、政治学和法学中都出现了与经济学相结合的交叉研究，并且，与经济学的融合不仅没有丧失原先学科的独立性，反而在本学科的研究中一时占据主导地位。法律经济学就曾在并且正在法律研究中盛行，成为法学之显学。

民意审判的形成，直接来自法官的选择。必须看到，法官对判决的选择和微观主体在市场交易中的经济选择在类型、条件和目的上存在显著差异。前者是行使国家权力的行为，有着法律规范的约束，目的应在于实现公平正义。后者则是运用权利的行为，享有充分的自由意愿，目的是为了获取最大利益。然而，在法律不确定状态出现之后，前一行为和后一行为均可被还原成个人在不确定条件下对多种可能方案的选择。正是建立了一种看似无关的连接，经济学工具的引入才使我们获得一种更为新颖，或许也是一种更富有解释力的视角去审视民意审判现象。

一、古典经济学时期

理性经济人的基本内涵是，个体的理性自利，其关涉到对人性的界定。文艺复兴时期的政治学家马基雅维利发现，自然把人造成想到一切而又无法做到，这样，欲望总是大于获得的能力。人们对自己的获得总觉得不满意。[1]在马基雅维利看来，由于无限欲望，人是见利忘义和自私自利的动物。所谓的"善"仅是人们达到自己目的的手段。十八世纪荷兰思想家曼德维尔（Mandeville）也对人性持基本相同的态度，一切生灵皆爱自己，任何动物皆能够如此；天下没有比这种爱更普遍更诚挚的情感了。无论什么动物，其保存自己的意志、愿望和努力都最为真挚，这是大自然的规律。[2]曼德维尔进而认为，人类一切行为，

---

〔1〕 参见法学教材编辑部《西方法律思想史编写组》编：《西方法律思想史资料选编》，北京大学出版社1980年版，第119页。

〔2〕 参见［荷］伯纳德·曼德维尔：《蜜蜂的寓言：私人的恶得，公众的利益》，肖隶译，中国社会科学出版社2002年版，第154页。

无论是保全自己生命，对名誉、地位和金钱的追逐，以及做出一些善意的举动都是在自利动机的驱使之下。针对人类性善的论调，曼德维尔还尖刻地认为，虽然是对人性很好地恭维，但它的原则基础与生活常识相矛盾。英国的霍布斯、洛克、休谟，法国的爱尔维修以及荷兰的斯宾诺莎等思想家们也都对人的自利之心做出论断，例如，爱尔维修曾精辟地指出，正如物质世界为运动规律所统治，人们的精神世界被利益规律所支配，河水不会向河源倒流，人们不会逆着利益的浪头走。[1]

　　苏格兰的亚当·斯密在批判继承这些思想家关于人性论点的基础上，以理性自利为逻辑起点创建了经济学学科，并开启了它的古典时代。同以上思想家一样，斯密也认为，处在社会中的人皆有自利心，其表现出对个人利益的强烈关注以及对他人利益的漠不关心。但是，斯密却敏锐地洞察到，"人类几乎随时随地都需要同胞的协助，要想仅仅依赖他人的恩惠，那是一定不行的。他如果能够刺激他们的利己心，使得有利于他，并告诉他们，给他做事，是对他们自己有利的，要达到目的就容易得多了。"[2]也就是说，处在社会中的个人总要依赖别人的帮助，仅从他人那里单方面地获取利益不具有现实性。就个人而言，一味地索取而没有回报，片面地追求自身利益并不可行。社会中的个人，只有将自己利益与他人利益结合，他的利益才能得到更好实现。

　　除却从现实层面考量，一味的利己动机不可行外，从个人本性来看，亚当·斯密也不认为人是完全自私和自利的，人同

---

　　〔1〕　参见北京大学哲学系外国哲学史教研室编译：《十八世纪法国哲学》，商务印书馆1963年版，第537页。

　　〔2〕　［英］亚当·斯密：《国民财富的性质和原因的研究》（上卷），郭大力、王亚南译，商务印书馆2002年版，第13页。

时还有利他心。他认为，同人的自利心一样，人类对他人的同情和怜悯也都是人的情感中最为自然和本能的反映。"无论人如何被视为自私自利，但是，在其本性中显然还存在某些自然的倾向，使他能去关心别人的命运，这就是怜悯和同情，当我们看到他人的痛苦，或只是因为栩栩如生地想象他人的痛苦时，都会有这样的情感。"〔1〕斯密所提及的是人类的同理心，一种对别人同情和理解的心理。在斯密那里，人性是分裂的。尽管是一种包含了利己与利他的人格二元论，但人的自利心是第一性的和基础性的。譬如，在看到他人遭受痛苦时，我们会为此感到难过，但这种情感首先出自对自身利益的考虑。我们首先假设遭受苦难的是我们自己，然后才会产生同情。

此外，斯密致力于探究个人利益与社会利益一致性的实现。在其不朽名著《国民财富的性质和原因的研究》中，斯密认为，在许多场合下，个体受一只看不见的手引导，去尽力达到一个并非他本意想要达到的目标；他追求自己的利益，往往使他能比真正出于本意的情况下更有效地促进社会的利益。〔2〕这就表明，人们在追逐个人利益的过程中，社会利益能够在一只"看不见的手"的操纵下实现。

在斯密之后，英国经济学家西尼尔力图将经济学建立成像自然科学那样严谨的学科。在看到自然科学的推导过程依赖于一些不变的公理、定理和定义后，西尼尔也想在经济学中找到类似的、可以作为一切结论推导基础的命题。最终，他发现，"人是自利的"这一命题在政治经济学中的地位，就和万有引力

〔1〕 ［英］亚当·斯密：《道德情操论》，余涌译，中国社会科学出版社 2003 年版，第 3 页。

〔2〕 参见 ［英］亚当·斯密：《国民财富的性质和原因的研究》（下卷），郭大力、王亚南译，商务印书馆 2002 年版，第 27 页。

在物理学的地位一样。离开这一基本事实，推理就无法进行，差不多一切其他命题只是对这一基本事实的注解。[1]西尼尔也承认，自利性是一种对人的抽象，与现实当中的人并不完全一致，但这是理论研究所不能避免的，理论研究与实际生活之间必然存在着一定的差距。不仅社会科学理论如此，即使在自然科学中也存在此类情形。例如，几何学对奇形怪状图形的研究并不意味着真实世界里就存在这种图形。

同西尼尔一样，约翰·密尔也把经济学视为一门科学，并极力提倡运用实证方法进行研究。密尔认为，科学的出发点是假设，任何科学理论都需要建立在某种前提之上。假设是对真实情况的抽象、概括和提炼，因而未必与复杂、多变和充满矛盾的现实世界完全契合。但如果不从中提炼出一般命题，科学研究的结论就难免会自相矛盾。经济学不讨论人性全部，也不讨论社会中人的全部行为。它只把人看作渴望占有财富，并能在达到目的的各种手段之间进行比较。[2]密尔还是伦理学中功利主义一派的重要代表：人们总是趋乐避苦，并且追求快乐的最大化。这与他关于经济学的论调是融贯的。人们总是在现有知识水平上以最少劳动和最小生理节制获取最多必需品、享受和奢侈品。[3]密尔强调经济人追求自利的命题仅仅是一个假设，他意识到现实中的人并不完全符合这一假设。没有一个经济学家会如此荒谬地认为人类事实如此，但这种假设是这门科学研

---

[1] 参见［英］N. W. 西尼尔：《政治经济学大纲》，蔡受百译，商务印书馆1977 年版，第 49 页。

[2] 参见程恩富、顾海良主编：《海派经济学》（第 6 辑），上海财经大学出版社 2004 年版，第 137 页。

[3] 参见程恩富、顾海良主编：《海派经济学》（第 6 辑），上海财经大学出版社 2004 年版，第 137 页。

究的必要方法。[1]

二、新古典经济学时期

19 世纪 70 年代，经济学科迎来了一场意义重大的边际革命，它促使原先强调生产、供给和成本的古典经济学向关注的消费、需求和效用的新古典经济学转变。直到 20 世纪初，边际革命相继持续了二三十年。这一革命的代表人物有：英国经济学家杰文斯（William Stanley Jevons），洛桑学派的法国经济学家瓦尔拉（Léon Walras）和奥地利学派的门格尔（Anton Menger）。他们在 19 世纪 70 年代初先后出版了各自著作，不约而同地讨论一个问题：什么决定了价值？并且，在深入探究这一问题后，他们又都找到了相同原因，即"效用"（utility）。

在新古典经济学家那里，效用是作为主体的人所获得的满足程度。用主体的感受去衡量一个商品的价值，是一种主观主义的价值学说，它与古典经济学家的客观主义价值学说形成鲜明对比。

在边际革命之前，一般认为，商品的价值由生产这一商品的平均成本决定，包括固定成本和可变成本。例如，一件衣服的价值既包括分摊到每件衣服上的厂房和机器的折旧费用，也包括应由这件衣服承担的原材料和工人工资等费用。但在新古典经济学家那里，价值并不由生产者决定，相反，由消费者决定。一件衣服的价值取决于消费者所获得的效用，尤其是边际效用，即，每增加一个单位的商品消费所带来的效用。如果商品不能给人们带来效用，无论成本多么昂贵，它也没有价值。

---

[1] 参见程恩富、顾海良主编：《海派经济学》（第 6 辑），上海财经大学出版社 2004 年版，第 138 页。

从客观价值转换至主观价值，能够解释很多先前难以解释的经济现象。在商品经济中，难免会有一些厂家破产倒闭。但就这些企业所提供的商品来看，如果按照客观价值理论，它们和在市场竞争中获胜的企业一样，都是在为消费者提供有价值的商品。由于落后的生产技术，竞争失败厂家所需要的成本一般比竞争获胜的厂家更大。如果成本决定价值，这些企业无疑是在创造"高价值"商品。经济学将面临一个理论上悖反，市场将淘汰创造高价值的生产者。现实情形并非如此，在将客观价值切换为主观价值后，理论上的悖反也得以消解。那些不被消费者认可，不能满足他们效用的商品，即使成本再高，也并无价值。

　　与主观效用相联系，新古典经济学家创立了偏好（preference）这一概念，并用偏好理论替代自利的理性经济人。新古典经济学家还利用求得各类边际量的数学工具，对理性经济人的行为进行分析。例如，作为理性经济人的厂商总是将生产产品的数量确定在边际成本等于边际效用的那一点上，并以此来实现利润最大化；同样是理性经济人的消费者也总是把购买商品的数量确定在边际效用与商品边际价格相等的那一点上。无论生产者还是消费者，都在追求效用最大化，通过形式化工具表现出来就是，一个微积分上的极大值。由此可见，在新古典经济学家那里，理性经济人被赋予了最大化动机，而这一最大化又与选择行为密不可分。消费者选择效用最大化的商品组合，生产者选择利润最大化的生产组合。

　　新古典经济学家的代表人物马歇尔在边际革命的成果上对"理性经济人"作了进一步完善。马歇尔首先批评了西尼尔和密尔的理性经济人假设，指出他们纯粹为了抽象而抽象，以至于抹去了假设中不应当忽略的，诸如：特定历史时期下的社会物质生活条件这些重要因素。人毕竟不是抽象的人，他是生活在特定历史条件下具体的人，历史时期的不同决定了人们的需求也不尽相同。马歇尔认为，古典经济学家所设想的不变人性论尽管出于追求科学上的精确这一目的，但却恰恰违背了经济学作为一门科学的要求。传统的理论似乎表明，自然科学公理和定理是一成不变的，但当今科学的发展已经表明，自然科学中的公理和定理也在不断受到挑战和修正。马歇尔主张把社会人的概念添加到理性经济人中去，这将使原有的假设更为丰富，因而更接近实际。

马歇尔指出，道德的力量也包括在经济学家必须考虑的那些力量之内。的确，曾经有过这样的打算：以一个"经济人"的活动为内容，建立一种抽象的经济学，所谓经济人就是他不受道德的影响，而是机械地和利己地孜孜为利。但是，这种打算却没有获得成功，甚至也没有彻底实行过。[1] 经济学不仅是一门研究财富的科学，也更是一门研究人的科学。所有经济现象的产生、发展和变更都离不开社会中的人。现实的人就不能仅追逐个人私利，一味由自私自利动机驱使的人，在现实中很难立足。是故，道德因素必须被纳入到理性经济人的考量之中。随着社会不断进步，人类社会已由农业社会过渡到工业社会。在传统社会中，人们的活动范围较小，基本囿于熟人社区。而在现代社会中，人与物的流动范围都要远远超过先前。在前一社会中，一个人一味依赖父母、亲戚和朋友来维系生活，即完全自利行为还存在可能。但后一社会中，人与人之间的互助和合作成为常态，一味追求私利的人必将步履维艰。这一社会中的经济人就应该具有利他特征，利他性符合自身利益。马歇尔

---

〔1〕 参见〔英〕阿弗里德·马歇尔：《经济学原理》（上），陈良璧译，商务印书馆1965年版，第11~12页。

将这种利他的自利称为理性自利，经济人因而被称为理性人。尽管经济人表现出来了利他性，但根本而言，他的行为仍出于对自己利益的追求。

三、现代经济学时期

20世纪30年代，英国经济学家凯恩斯的《就业、利息与货币通论》的出版标志着西方经济学理论由古典进入现代。当代西方经济学流派众多，包括了：芝加哥学派（Chicago School），供给学派（Supply-side School），理性预期学派（Rational-expectations School），新自由主义学派（Neo-liberalism），新剑桥凯恩斯学派（Neo-Cambridge School），新制度学派（Neo-system School）以及公共选择学派（Public choice School）等。它们分别从一个自身认为最重要的视角对经济现象进行研究，形成了纷繁复杂的当代经济学理论。虽然派别各异，理论旨趣也不尽相同，但它们的理论渊源皆出自古典经济学，大都继承了古典经济学关于理性经济人的思想。

在英国经济学家皮尔斯编写的《现代经济学词典》中，"经济人"是给经济学中的一种"构想"所取的名称，根据这种构想，个人的行为被假设为是要取得效用的最大化。[1]这一界定潜藏着三层含义。首先，经济人取得效用最大化是一种假设，而非实际情形。这种假设有其现实依据，但不等同于现实。无论古典经济学还是新古典经济学，都看到了人性的两重性。尽管大多数情形下的大多数个体行为是出于追求自身效用最大化，但它并不绝对，不排斥人们具有利他主义动机。现实中，排除考量主观动机，单从客观行为表现来看，尽管出发点和归宿是

---

〔1〕 参见［英］戴维·W. 皮尔斯主编：《现代经济学词典》，宋承先等译，上海译文出版社1988年版，第169页。

利己主义动机，人们也常常会做出利他行为，这是一种理性的自利。其次，从外部看，经济人对效用最大化的追求并非在真空中进行，并非不受限制，而是有着一系列现实条件的约束。比如，甲一天需要食用五个香蕉才能得到最大化的满足，但他的收入只能买得起四个香蕉，当甲购得并食用了四个香蕉时，他所获得的效用尽管没有理想状态下的五个香蕉那么大，但已实现了约束条件下的最大化。在所有制约经济人实现效用最大化追求的外部条件中，最明显的是收入。理性行为未必能实现那个最理想的结果。最后，从内部看，经济人对效用最大化的追求往往会受到个人认知水平的局限。经济人实际实施的行为会在客观上偏离他所预定的效用最大化目标。比如，根据甲的主观认知，他认为每天吃四个香蕉对他的健康是有好处的，但事实上，甲食用四个香蕉对他的健康十分有害。在甲看来，每天食用四个香蕉是其追求效用最大化的行为。但在一个知识健全的外部观察者看来，甲正在实施一种有损自己健康的行为，这并不是一种追求效用最大化的行为。尽管客观上甲没有实现自己效用最大化，但只要其主观上是在追求自身效用最大化，并且所实施的行为在这一目的导向下，甲仍是理性自利的经济人。"虽然经济人会遇到种种障碍，诸如不完整的信息，这些障碍会在事实上妨碍他达到这个目的。经济学中有理性的人会追求除效用最大化以外的目的，在这种情况下，如果他以自相一致的方式追求那个目的，那么他还是有理性的。"[1]

经济人被广泛地运用于市场中的各类决策主体。在一个较大的范围内，单个企业常常是如此行事，仿佛他们在有计划地使其预期回报最大化，而且掌握着为成功地实现这一目标所必

---

〔1〕 参见〔英〕戴维·W. 皮尔斯主编：《现代经济学词典》，宋承先等译，上海译文出版社 1988 年版，第 169 页。

需的全部资料。[1]市场中的消费者也以效用最大化作为自己的目标。每一个人，无论何时何地，都会在局限约束条件下争取他个人最大利益。[2]无数厂商和个人行为的加总构成了整个经济现象，经济人假设也就因此成为现代经济学理论体系的基石，所有一切理论都在这个假设上展开。

第二节　作为理性经济人的法官

无论古典经济学，新古典经济学还是现代经济学，其基础核心都是理性经济人假设。它们都看到了人性不仅有自利的一面，同时还有利他的一面，但为了避免得出一个自相矛盾的结果，不同时期的经济学都将理性自利作为经济推理的前提。经济学所揭示的是人性的基本面向，个体的经济理性选择因而并不局限于市场交易领域，人们在作出每一个选择时，可能都与市场中的选择一样，出于相同的动机。因而，理性自利对于人们的选择行为而言，应当总是能够成立。反观民意审判现象，其必要条件是法律的不确定性，它为法官最终决策提供了两个以上的备选方案。此时，法官的判决也是一种在多个可能结果中的选择行为。如果经济学的基础命题适用于一切人类行为领域，那么，也必将适用于司法裁判，即，法官的判决结果是出于利益最大化的追求。将市场主体的行为类比至法官裁判，似乎难以被接受，判决行为和市场行为在类型、条件和目的上都表现出较大差异。然而，现有的法律经济学理论已为二者之间

---

〔1〕　参见［美］米尔顿·弗里德曼："实证经济学方法论"，载［美］丹尼尔·豪斯曼编：《经济学的哲学》，丁建峰译，上海人民出版社2007年版，第148页。

〔2〕　参见程恩富：《西方产权理论评析——兼论中国企业改革》，当代中国出版社1997年版，第151页。

的共同性提供了很好的论证。

一、法官的理性选择

人的行为中蕴含了理性自利和追求效用最大化，是经济理论的基石。将这一命题拓展至司法裁判领域意味着，我们可以合理地作出法官也是追逐效用最大化的经济人的假设。在法律不确定的前提下，他的判决行为出自理性选择。

奥地利学派的创始人米塞斯曾断言，人们所有行为都是不可避免地被一个唯一的动机所引发，即，想以一个更适于行为者的情况来代替没有行为时的情况。[1] 人们行为的动机是出于对未满足状态的实现。例如，当我们感觉到饿了的时候就要去吃东西。其中，饥饿感就是一种主观感受，当这种状态出现时，我们就产生了一种需求和不满足。接下来的行动必然是为了消除这种不满足的状态。当我们寻找来食物并吃完后，饥饿状态就得到消除。主观感受也从不满足状态变化到满足状态。相对于饥饿而言，吃饱食物是一个满足状态，一个更好状态，即，米塞斯所言及的一种更适于行为者的状况，它是行为者的动机之所在。寻获一个更适于行为者的情况适用于人们所有行为，困了要睡觉，渴了要喝水，无聊了要从事娱乐，工作累了要休息，感到寂寞要陪伴等。因此，米塞斯的论断为理性经济人假设越过经济学科的囹圄，扩展至其他社会科学领域提供了坚实的支撑。法官只是一项职业，从事这一行当的个体与其他主体在需求上具有一致性。概括地看，法官的行为动机和普通人并无不同，也同样是想以一个更适合于自己的境况来代替原先所处的境况。

---

[1] 参见 ［奥］米塞斯：《经济学的最后基础》，夏道平译，远流出版事业股份有限公司 1991 年版，第 106 页。

　　人们能够选择的必要前提是享有自由，它包括两层含义：从客观条件看，行为主体不为外部环境所约束；从主观状态考量，行为主体具有自由意志。正如卢梭所言，人是生而自由的，但却无往不在枷锁之中。[1]一定意义上，我们都是在戴着镣铐跳舞。前一个条件并不能绝对地被满足，我们所享有的自由，都是相对意义上的自由。一方面，人类处在自然的掌控之下，不可能获得一种超越自然规律的自由。另一方面，人的本质不是单个人所固有的抽象物，在其现实性上，它是一切社会关系的总和。[2]社会性是人的本质属性，个人总是隶属于特定社会，他的行为总是要受到包括法律在内的一系列社会规范的约束。尽管我们的行为在外部环境上受到自然与社会的双重制约，但只要二者的束缚不必然使人们只能做出一种行为，人便获得了相对自由。这一意义上的自由，同时表明了主体面临着一种不确定性。就司法裁判而言，一个一直为我们熟知，并用来指导法官的准则是：以事实为依据，以法律为准绳。据此，法官的裁判行为必然要受到法律约束。如果法律是确定的，也即对法律的适用存在着一个唯一正确答案，那么法官便失去了选择的自由。然而，在法律不确定的条件下，个案中的法律解答可以是多个。尽管仍必须在这些答案中作出选择，但法律对法官的行为已非严格束缚，法官由此而获得了相对意义上的自由。从因果关系上看，决定最终那个判决结果的不仅是法律，还包括法官的选择行为。

　　没有受到严格的约束，是主体做出选择行为的外部条件。

---

　　[1]　参见［法］卢梭：《社会契约论》，何兆武译，商务印书馆1982年版，第4页。

　　[2]　参见中共中央马克思恩格斯列宁斯大林著作编译局编译：《马克思恩格斯选集》（第2卷），人民出版社1995年版，第60页。

内在地看，主体还必须要具有自由意志才能真正地行使这种选择。主体具有自由意志实际上是指，主体驾驭自己行为的能力。尽管没有外在约束，如果主体没有运用自己意志的能力，仍不能称其为自由。一个在任何场合下都胡乱挥动自己手臂的人，并不是一个自由的人，而是一个欠缺控制自己行为能力，因而丧失了自由的人。就此而言，自由意味着限制。"自由"一词的重要意义落在"自"上，一定意义上，行为主体依"自"而不依"他"，就是所谓的自由。哲学家们曾设想出一个自由意志的本体，它作为人体的神经中枢机构指挥着人们的每一项行为。尽管千百年来，哲学家们采取各种精致的论证试图阐明它的存在，但即便在科学技术如此发达的今天，它仍然没有能够得到经验上的证明。经济学家毋宁用理性选择来替代所谓的自由意志。

但凡是人都有需求和欲望，并且也都有实现它们的信念，这些需求、欲望和信念一起决定了人们的理性选择。人是具有意识并且能够思维的动物，如果人们的最大目的是更好的生存，我们同周边环境不断打交道的需求也是如此。那么，从功能上看，意识的重要性在于帮助我们看清有利因素和不利因素，并且在对二者进行一番比较和权衡后来帮助我们选择。以认清有利和不利因素为目的的比较和权衡实际上就是理性选择的过程。在人类最大目的驱使下，理性选择使人们必然趋向有利选择，在其他信息充分条件下，一个外部观察者能够必然地预测出人们的行为。

表面上看，理性选择与自由意志相互矛盾。当一个人的行为能够被他人精准预测时，我们是否还能够声称，行为者具有自由意志？自由意志意味着，存在着一种不确定性，并且，这一状态先于人们自由意志下的选择。也就是说，某人具有自由意志，我们无法在事前对此人的选择做出断定，即事先的否定性判定。与之相反，理性选择意味着外部观察者能够做出一种事前的肯定性断定。当我们声称一个人会做出理性选择时，其潜在含义是，我们已经在事前推断出他必然会做出某一选择。当且仅当，这一主体做出的选择与我们预测一致时，我们才将他的行为称之为理性。例如，我们能够必然地预见到，一个吸毒成瘾的人在毒瘾发作时，如果在他触手可及的区域内存放着毒品，他一定会做出拿起并吸食的行为。一个随之而来的问题是，就其吸毒行为而言，他究竟是在理性选择还是在行使自由意志？从"我们必然地预见"这一断定中，吸毒者的行为是确定的，毫无自由可言。然而，他吸食毒品的行为却又的确是在他自由意志支配下的活动，是一种他自认为有利的行为。

　　哲学家奎因认为，只要主体的动机或冲动是因果链条上的一环，其行为就是自由的，而这些动机和冲动却可以受到严格决定。[1]根据这一论断，吸毒者身体中的毒瘾是被严格决定了的，但是吸毒行为本身并非来自任何外力强加，而是他自己选择的结果。此时，一方面，我们可以说，行动者享有自由意志。另一方面，我们也可以将他的吸毒行为视作理性选择。在这里，理性选择就等同于自由意志，即使行为本身能够被一个外部观察者所准确预见，可预见性与自由意志的对立关系因此消解。再如，我们知道，就苹果和香蕉而言，甲更喜欢后者。根据这一信息，我们便能准确预见，当让甲在二者之间做出选择时，他必然会选择香蕉。我们的必然性预见并不否定，甲在选择苹果和香蕉时具有自由意志。套用奎因的论断来分析就是，甲喜欢吃香蕉的动机是被决定了的，但是他在选择香蕉这一环节所实施的行为却体现了他的自由意志。如果行为主体在每一项决策前都先随机抛出一枚硬币，并根据正反面来做出决断，那么，

---

〔1〕　See W. V. Quine, *Theories and Things*, The Belknap Press of Harvard University Press, 1981, p. 11.

他的行为就很难被精确预见。但这种无序与非恒常的决策行为，并不意味着行为者的自由，而恰恰表明，他是一个不能运用理性的非自由人。

在法律确定的前提下，法官的裁判行为完全受到规范约束，法律没有给法官的自由意志提供一个参与决策的空间。虽然一个人相较于苹果而言更喜欢香蕉，但是，当他仅被提供苹果的条件下，他只能选择苹果。这时的"选择"实际上是一种修辞，已非其本意，指代一种必须做出的行为。此种情形下的主体毫无自由可言，只能依照外部给定条件去行为。〔1〕如果法律规范给当下案件提供了一个唯一正确答案，那么法官必须选择这一解答，尽管他的内心偏好其他解答。然而，当法律处于不确定状态下，法官便从外部的强束缚中解脱出来，并且可以运用自己的自由意志来比较每一种方案，进而选择自己满意的解答。作为一个理性经济人，他所选择的判决常常能够实现自己的最大化效用。

人们在多种方案之间进行选择时，未被选择的方案是选定方案的机会成本（opportunity cost）。行为选择所实现的最大化效用，通过机会成本反映出来。一项行动的机会成本就是被舍弃掉的另一项行动的价值。〔2〕它意味着在两个行动方案不能同时实施时，我们会选择那个能够给我们带来效用最大化的行动方案，同时放弃具有次优价值的行动方案。这一被放弃方案所产生的效用就是选定方案的机会成本。如果一个理性经济人实现了他的效用最大化目标，那么，他所放弃行动的机会成本一

---

〔1〕 当然，即便在此情形下，仍可称主体享有自由，他可以放弃选择。为了简化论证的复杂性，这里设定了必须做出选择的限制。这类似于后文中论及的法官不得放弃裁判。

〔2〕 参见 ［英］戴维·W. 皮尔斯主编：《现代经济学词典》，宋承先等译，上海译文出版社 1988 年版，第 441 页。

定小于实际行动带给他的效用。一个机会成本大于实际效用的行为，一定不是理性经济人做出的行为。此种情形下，他放弃了最优方案，并没有实现效用最大化，而至多只是次优方案。

一些现代经济学家正是看到了行为主体往往选择的是次优方案这一事实，对理性经济人进行了修正。他们认为，在信息不对称和认知能力不足的条件下，行为主体尽管主观上在追求实现效用最大化，但他们的行为并没有在客观上实现最大化效用。"理性经济人"的理性仅仅是一种有限理性。表面上看，理性人和有限理性之间存在很大差别，但二者并无实质不同。对于一个装有半瓶水的杯子，你既可以将它称为"半满"，也可以称其为"半空"。两种差别仅仅是视角，而非内容。与之类似，我们可以用理性和有限理性，来指称同一选择行为。在前者看来，尽管在外部约束条件下没有实现客观上的最大化效用，但只要行为主体实施的行为与其所欲实现的目的之间在逻辑上是自洽的，他就是理性的。在后者看来，结果没有实现最大效用是一种受到限制的理性。由此可见，经济理性人系从主体内部的视角所做出的断定，而有限理性则是从外部客观结果给出的结论，二者都是指称同一事物的不同符号。

透过机会成本审视法官裁判行为，我们可以做出如下论断，在法律规范为个案提供了多个解答的条件下，作为理性经济人的法官之所以会做出此种判决是因为此种判决相对其他判决而言，机会成本最大。所有未被法官选择的可能方案所带来的效用均不及选定方案提供的效用，法官在此种选定方案中实现了效用最大化。在民意审判案件中，法官在与民意相一致的判决和其他与民意不一致的判决中进行抉择。相对于与民意趋同的判决方案而言，与民意不一致的判决是其机会成本。由于选择与民意相趋同的案件实现了法官的最大化效用，此种判决是一种理性选择的结果。

二、批评及其回应

从经济学视角看，民意审判现象的发生系出自法官的理性选择。但是，将法官视为理性经济人遭到了许多学者反对，概括起来，这些批评大致有三类。第一类反对意见认为，经济学方法不可以拓展至其他学科。自 20 世纪以来，"经济学帝国主义"频频被学者提及。经济学以不可一世的狂傲姿态不断向其他学科拓展，很多学科在方法上受到经济学的影响，经济社会学，经济伦理学，法律经济学等，都是经济学在方法上殖民其他学科的例证。很多学者对这一现象持抵触情绪。他们认为，经济学有其特有的研究对象，即，包括了生产、分配、交换和消费的经济现象，经济学的研究方法应当被严格地限定在市场领域内，不应对其他学科的研究对象横加干涉，否则，所有的学科皆可以被经济学替代。例如，针对经济学不仅完善自身而且丰富其他学科的论点，社会学家帕森斯认为，"经济学帝国主义"让一些社会学研究穿上了并不适合它们自身情况的，但却归于"经济"范畴的狭小外衣。[1]

第二种反对观点认为，人性并非总是理性自利，我们也经常做出利他行为。事实上，人性十分复杂，除却理性经济算计之外，一个人也可以是道德人。对人性做出单一概括的观点必将有失片面。这一批判的源头可追溯至亚当·斯密。作为经济学之父，斯密在一生中共撰写了两部重要作品，分别是《国富论》和《道德情操论》。但它们对人性的描述是相反的，前者道

---

[1] 参见［美］塔尔科特·帕森斯："对《人性与经济学的意义》的一些思考"，载《经界学季刊》1934 年第 48 卷，第 512 页，转引自石士钧："'经济学帝国主义'的合理内核及其启示"，载《上海经济研究》1999 年第 12 期。

出了人性自利的一面，而后者则刻画了人性的高尚，人性由此呈现出二元对立的分裂状态。古典经济学的创始人尚未否定人性的光辉，理性经济人命题遭受批判也就不足为奇。

　　第三种批评意见则拒绝将理性经济人的假设运用在法官身上，坚决反对以理性自利为前提来分析法官的裁判行为。这一批评认为，即使人们的行为是理性和自利的，理性经济人的假设能够成立，但法官却绝非如此。法官的审判事业是一项正义的事业，他们所追求的是公平正义而不是个人利益。十分有趣的是，许多学者甚至承认行政官员的行为理性自利，但却拒绝将法官视为理性经济人。此种情形正如弗雷德里克·肖尔所指出的，学者和社会公众已逐渐意识到，立法者、政府首脑和行政官员的行为受到各种形式的自利动机所驱使，包括：再次当选、晋升、扩大自己基本权力以及最大化未来而不是现在收入等。但是，对法官的行为作出类似界定和刻画的作品，在关于司法以及司法裁判领域内的学术论文中却很少见到。[1]

　　关于第一个质疑，波斯纳曾作出有力辩护。他认为，反对经济学进入非市场领域是基于一种顽固不化的哲学错误：本质主义（essentialism）。[2]本质主义也称作基础主义，它坚持认为，所有事物都有一个将其与其他事物区别开来的最为根本的特征，如果这一特征被取消，该事物也就丧失了其存在根基。本质主义具有便利化认识功能的意义，但仅靠某一本质特征去把握事物仅仅停留在认识的初级阶段，一种对事物在静止状态下的识别。本质主义的最大问题是，预设了一个固定不变的世

---

〔1〕　See Frederick Schauer, "Incentives, Reputation, and the Inglorious Determinants of Judicial Behavior", *University of Cincinnati Law Review*, 68（1999）, p. 616.

〔2〕　See Richard A. Posner, *The Problems of Jurisprudence*, Harvard University Press, 1990, p. 367.

界。就反对经济学方法进入其他学科领域的学者而言，他们的本质主义体现在，事先设定了一个经济学科的本体，即，市场领域。其立基于将事物看成静止不变的，形而上学的哲学观点。辩证唯物主义正确地指出，世界不是既成事物的集合体，而是过程的集合体，其中各个似乎稳定的事物同它们在我们头脑中的思想映象即概念一样都处在生成和灭亡的不断变化中。[1]一定意义上，关于永恒发展的真理就是，唯一不变的，就是一切在变。任何事物，包括一门学科的研究范围，皆非静止不变，而是随着社会的不断变化而迭代更新。最早提出"经济学帝国主义"的美国经济学家威廉·苏特明确指出，在20世纪要救助经济科学，在于有一种开明和民主的"经济学帝国主义"，它侵犯着邻近学科的疆域，不是为了并吞它们，而是为了援助它们，促进它们自我成长，并在这个过程中丰富经济学自身。[2]显然，苏特是以一种发展的眼光来看待经济学以及其他学科。经济学不可能被封死在既定的界限中不向外蔓延，事实上，这一预先设定的边界也不存在。从苏特的论述中还可以窥见，与永恒发展相伴而至的是普遍联系，经济学不仅从其他学科中吸收养料、丰富自身，同时，也给其他学科带来新方法。本质主义下的学科观不仅故步自封，而且切断了同其他学科间的联系。

针对人们并不总是自利的批评有两种回应：其一，自利不等于自私；其二，理论不必然也不必要与现实完全契合。即便理性经济人，他的自利动机也不全然排斥利他行为。一些情形

---

〔1〕 参见中共中央马克思恩格斯列宁斯大林著作编译局编译：《马克思恩格斯选集》（第4卷），人民出版社1995年版，第244页。

〔2〕 参见［美］威廉·芬特：《相对论经济学：扩大经济宇宙之机制的初步研究》的引言，哥伦比亚大学出版社1933年版，第3页，转引自石士钧："'经济学帝国主义'的合理内核及其启示"，载《上海经济研究》1999年第12期。

下，利他行为可以成为实现利己目的的手段。一方面，一个人的满足可以有赖于别人的幸福[1]。例如，当爷爷看到孙子吃着自己买给他的零食时，心里由衷地感到快乐。毋庸置疑，零食需要一笔金钱支出，这一成本由爷爷承担，买给孙子零食的行为完全是一种利他的行为，但爷爷并没有感到不高兴，反而很满足。之所以说自利行为能够容纳利他行为，是因为爷爷满足感的获得有赖于孙子的幸福。再比如，人们在看到他人遭受苦难之际，出于同理心，常常会感到一种莫名的难过。此时，在他能力之所及的范围内，他必定会对苦难者实施救助或帮助。这一行为完全是利他行为，付出的时间和精力的成本也完全由自己承担。然而，从另一个角度看，这一行为是自利的。如果不实施救助或帮助，他对他人的苦难而产生的难过感觉就会加强和持续。在利他行为实施后，他会由于良心上的慰藉而获得一种满足感。另一方面，主观上的利己之心的实现，要求客观上实施利他之行。亚当·斯密两百多年前曾经指出，市场有一只看不见的手，它能够神奇地调节人们在追逐自身利益的过程中实现整个社会的利益。我们期望的晚餐并非来自屠夫、酿酒师和面包师的恩惠，而是来自他们对自身利益的关切。我们不是向他们乞求仁慈，而是诉诸他们的自利心；我们从来不向他们谈论自己的需要，而只是谈论对他们的好处。[2]屠夫、酿酒师和面包师分别为我们提供了鲜美的肉食、香郁的美酒以及可口的面包，他们主观目的皆非出于无私地奉献社会而是出于他们自身的利益考虑，即赚取更多的金钱。但是，这些人却在客

---

　　[1]　See Richard A. Posner, *Economic Analysis of Law*, Little, Brown and Company, 1992, p. 4.

　　[2]　参见［英］亚当·斯密：《国富论》，唐日松等译，华夏出版社 2005 年版，第 14 页。

观上实施了利他行为，为整个社会做出了贡献。由此可见，利他行为总是能够被视作利己行为的手段，从根本上说，人们的一切行为都是出于利己的目的。因此人们的利他行为不构成对理性人自利行为命题的颠破。

就人们也有利他行为的另一种回应是，理论必然存在缺陷，不完美性是理论的本质。任何理论都是基于一个有限视角去审视现实，一种从无处看世界、上帝般无所不能的眼光是不存在的。[1]就此而言，理论都将会不可避免地遭受批判，一些开明的学者总是闻过则喜，乐于接受批判，并将其视作一种崇高的学术褒奖。他们深知，理论是将客观现象有逻辑的简单化，是对现实的逼近而不是等同。诺贝尔奖获得者、美国经济学家弗里德曼认为，那些真正重要的、有意义的假说，它们的"假设"是对现实粗略的、不精确的、描述性的表述，一般说来，一种理论越有意义，它的假设就越不现实。[2]除却理性经济人之外，

---

[1] See Tomas Nagel, *View from Nowhere*, New York：Oxford University Press, 1986. p. 13.

[2] 参见［美］米尔顿·弗里德曼：《弗里德曼文萃》（上册），胡雪峰、武玉宁译，北京经济学院出版社 2001 年版，第 130 页。米尔顿·弗里德曼的经济学方法论涉及一个深奥的哲学问题，这个问题源自于休谟，在哲学史上被称为"休谟难题"。休谟发现理论是一个一般化的概括，其本身在形式上表现为一个全称命题，而我们无法从单称命题过渡到全称命题。因为单称命题是经验的，而全称命题永远是超越于经验的。我们由经验而得的一切结论其基础何在？［英］休谟：《人类理解研究》，关文运译，商务印书馆 1981 年版，第 32 页。休谟难题对人类知识的确定性基础提出了严峻挑战。弗里德曼解决休谟难题的哲学视角是卡尔·波普尔的可证伪性学说。波普尔指出所有的理论就像是一道禁令，在这个禁令之外的现象越少，这个理论就越趋于完美。但是一旦这个理论能够将所有的现象都囊括进来，那么它也就失去了科学的意义。因此，他提出了可错性学说，在运用批判理性的基础上提出了猜想反驳机制，并认为一切定律和理论本质上都是猜测或试探性的假说。［英］卡尔·波普尔：《猜想与反驳——科学知识的增长》，傅季重等译，上海译文出版社 1986 年版，第 77 页。

经济学中还有许多并不真实的理论，比如"完全竞争市场"和"完全垄断"。尽管是一种对现实的虚拟，但并不妨碍它们成为经济推理的基础。就理性经济人的理性自利而言，虽然有些人在特定条件下会做出利他行为，但只要多数人在大多场合下作出的行为是利己的，就表明，这一命题是对现实的逼近。它的意义在于具有相当大的解释力，因而可以作为构建经济理论的基础。

关于第三个批评，即反对将理性经济人类比法官的意见，布坎南所创建的公共选择理论可以对这一批评作出回应。公共选择理论又称新政治经济学，是一门介入政治学和经济学之间的交叉学科。从经济学角度看，该学科也是经济学帝国主义的殖民成果，理性经济人假设成为分析政治行为的基础。同人们把法官看成正义化身一样，在布坎南之前，政治领域的论著也总是力图将官僚和道德融为一体。政治领袖被看成是有德性的，社会舆论和各类评说似乎总是显示，他们对社会公共事业的追求已使他们超越了一己私利。从华盛顿、杰弗逊到林肯，政治家们总是被冠之以伟大、杰出和无私，逐利的人，追求效用最大化的人，很少在道德哲学家中和政治哲学家中找到朋友。[1]布坎南颠覆了这一认识，对政治人物虚幻的圣洁和崇高发起了责难。他认为，政治家们其实和市场领域的经济人并无不同，他们都是效用最大化的追逐者。市场中的厂商追求利润最大化，个人追求效用最大化，政治领袖亦是如此。道貌岸然的行为背后，常常隐藏着拉拢选民、下届连任和获取利益集团支持的动机。

布坎南借用经济学的分析工具，以理性经济人为基础，对

---

〔1〕　参见〔美〕布坎南、塔洛克：《同意的计算》，陈光金译，中国社会科学出版社 2000 年版，第 21 页。

政治家们的无情披露起先也遭到传统政治理论的强烈反对。但是，随着这一命题在时间维度上的展开，人们也都逐渐明白，参与公共政治的人并不是出自对真善美的追求，而是为了满足自我利益。现代政治学理论业已将政治行为的动力由先前的公民道德更为实际地转变成私人利益。

公共选择理论的研究成果，为理性经济人在司法裁判领域的应用树立了一个典范。既然理性自利的假设可以应用于政治家，那么它就没有理由不能适用于法官。经济学家贝克尔曾充满自信地称道："经济方法是一种统一的方法，其适用于解释全部人类行为。"〔1〕这一自信并非没有根据，他本人就使用了经济学工具在犯罪、婚姻、家庭和种族歧视等非市场领域中的问题开展研究，并取得卓越成就。奥尔森也指出，经济学与其他社会科学的区别，首先不在于研究目标，而主要是方法和假定，它们不仅用于分析现代西方社会的市场运行一直十分成功，而且对于政府、政治、社会状况等问题同样有效。〔2〕

综上所述，将理性经济人假设运用司法裁判领域或许再现了"经济学帝国主义"，尽管可能会为一些学者所不喜，但追求真理也是他们义不容辞的使命，情感上的抵触往往会遮蔽探究世界的双眼。自20世纪70年代以来，经济学的方法在其他学科领域的扩张不再继续遭受非理性的冷遇或盲目封杀，相反，获得了普遍的支持和承认。很多学者公开以"经济学帝国主义"为题出版著作和发表论文，用各种令人信服的理由表明经济学方法在其他社会学科进行扩展的必要性，并具体探索了如何展

---

〔1〕 ［美］贝克尔：《人类行为的经济分析》，王业宇、陈琪译，上海人民出版社2008年版，第11页。

〔2〕 参见［美］曼瑟尔·奥尔森：《集体行动的逻辑》，陈郁、郭宇峰、李崇新译，上海人民出版社1995年版，第213页。

开的途径。[1]一个明智的研究态度是，应当将更多学术精力放在现实问题的解决上，而不应当在采用何种方法上产生不必要的争议。很多时候，问题本身没有边界。

第三节 法官的效用函数模型

理性自利是一个极为抽象的概括，仅将法官设定成"理性经济人"，还不能用以分析法官在法律不确定条件下的裁判行为。经济人假设仅表明，在面对多种裁判方案之际，法官会做出能够实现自己效用最大化的选择。然而，效用最大化意味着什么，或者说体现在哪些方面，是需要进一步探究的问题。例如，我国的法官，都具有国家公务员身份，有着相应的行政职级。一般而言，每位法官都渴望自己能够在职务上得到晋升。因此，职级晋升便是法官实现效用最大化的一个部分。所谓效用函数，就是一种表明自变量和因变量之间关系的数学公式。其中，因变量是效用，自变量是与晋升类似的一些其他因素。现实中，自变量表现为法官所追求的基本善品。自变量的设定需要建立在实证研究的基础上，通过研究我国法官所处的司法环境，访谈个别法官，才能调查清楚他们真正需求。在质性研究和借鉴波斯纳理论成果的基础上，我们将中国法官效用函数的自变量确定为：晋升、收入、闲暇、荣誉和公益。这些自变量和作为因变量的法官效用之间存在正相关关系，其中每一个因变量数值的增加都将使得法官总效用增加。是故，可以断定，在法律不确定的条件下，作为理性经济人的法官，必将选择能

---

[1] 参见石士钧："'经济学帝国主义'的合理内核及其启示"，载《上海经济研究》1999 年第 12 期。

够促使他最大化增加这六个变量值的方案。

一、效用函数

理性经济人实际上是对心智状态的一种推定。人的思想构成十分复杂，我们无法看见心智本体，试图对它进行精确描述存在认识上的困难。在对大量普通人的日常行为观察和总结后可知，理性自利是主体通过大多数行为表现出来的特征。这一结论使我们对人的心智认识已较先前明确，但理性自利毕竟是一个概括性指称，若再问及具体个体的自利内容，答案却又纷繁各异，在不同人那里有着不同的答案。展开如此琐碎的关注并无必要，但研究所涉及的群体特征的自利内容却有必要予以界定。

展开理性自利需要引进的第一个概念是效用，它被用以描述人们的需求获得满足的状态。与效用相关的是需求，当人们意图实现一个目标却没有实现时，需求随即产生。主体由此生成一种内在动力去满足自己需求，一旦需求导向下的目标由行为实现，主体也就获得相应效用。作为一种主观状态，需求和欲望都不是单一的。就需求而言，美国心理学家马斯洛曾将它划分为五个层次：第一个层次，是包括衣食住行在内的基本生存需要；第二个层次，是对生活环境安全的需要；第三个层次，是出于人的社会性的归属与爱的需要；第四个层次，是尊重的需要，包括自尊与他人的尊重；第五个层次，是需要的最高层次，即自我实现的需要。[1]相应地，效用也有大小和程度上的差别。具体来看，不仅每一需求层次都有相应效用与之配备，而且，每一层次的效用实现状态也非尽然一致。接踵而来的一

---

[1] 参见［美］弗兰克·戈布尔：《第三思潮：马斯洛心理学》，吕明、陈红雯译，上海译文出版社1987年版，第39~57页。

个问题是，效用如何计量。

在微观经济学中，效用是消费者从消费某种物品中所得到的满足程度。[1]作为理性经济人的消费者总是意图实现效用最大化。面对不同组的消费产品，他们势必挑选能够带给自己最大效用的产品组合。尽管效用是一种主观心理状态，但经济学家需要衡量和比较不同产品组合带给消费者效用的大小。关于效用的经济学计量方法有两种，即：基数效用理论（Cardinal Utility Theory）和序数效用理论（Theory Of Ordinal Utility）。前者认为效用的数值可以计量和加总求和，它对消费者所消费的一种或一组产品直接予以赋值，进而观察不同组产品或同一组产品给消费者带来的效用变化情况。与基数效用理论不同，后者认为主观状态的效用无法被精确计量。例如，萨缪尔森指出，不可将效用等同于可观测的或可衡量的心理功效或感觉。效用是一种科学构想，经济学用它来解释，理性的消费者如何将其有限的资源分配在能给他们带来最大满足的各种商品上。[2]但是，序数效用理论不否认，消费不同种类的产品给人们带来不同效用。进而，这一理论采用排序的方式表现效用之间的大小差异。现代经济学在效用的计量方法上综合了基数和序数这两种理论。

效用函数（Utility Function）是展开理性经济人的第二个概念，它是反映效用和影响效用的一个或多个因素之间相关性的数学公式。在基数效用论的计量方法下，人们消费一组产品或服务将会获得一定的效用，并且，这个效用可以用一个直观的数字来表示，其单位是"尤特尔"（util）。假设一个人在消费了

---

〔1〕　参见梁小民：《西方经济学教程》，中国统计出版社1998年版，第87页。

〔2〕　参见［美］保罗·萨缪尔森、威廉·诺德豪斯：《微观经济学》，萧琛主译，人民邮电出版社2008年版，第73页。

一个苹果之后将获得 1 个尤特尔，一个橘获得子 2 个尤特尔，而一个香蕉则获得 3 个尤特尔。当他消费完三个苹果、两个橘子和一个香蕉后，他将获得 10 个尤特尔的总效用。由此可见，此人所获得的总效用和他消费的水果种类和数量之间存在相关关系。从种类上看，香蕉的效用大于橘子，橘子大于苹果，消费香蕉对于总效用的贡献最大，橘子次之，苹果最末；从数量上看，当每个种类的水果消费数量提升时，效用总量也随之提升。将人们获得的效用同其消费的产品之间的关系抽象化，用数学公式来表示，就得到了经济学中的效用函数，即，个人的效用取决于他所消费的商品及其数量的函数。[1]

函数是指，在特定的映射法则下，每输入一个数值皆有一个唯一的数值与其相对应。前一个输入的数值称为自变量，通过映射法则的转换后，生成的数值是因变量，函数关系就是自变量和因变量之间的相关关系。例如，$y = f(x)$ 是一个表示自变量 x 和因变量 y 之间相关关系的函数，在 $f(x)$ 中的输入值是 x，输出值为 y。其中，包含这个函数所有的输入值的集合被称作这个函数的定义域，包含所有的输出值的集合被称作为值域。效用函数可以表示为：$U = U(X, Y, Z \cdots \cdots)$，其中的 X、Y、Z 指代消费者所消费的商品和数量，U 则表示从中获得的效用。

设定效用函数是打开主体内在精神状态的方式之一，它使无法直接认知的精神实体不再神秘。预设心灵本体多出自对事物因果关系的无知。当我们对海水涨潮造成灾难的原因缺乏了解时，我们会假定大海和人一样有心灵，存在着一个大海的心灵本体。然后，我们用大海的愤怒来解释涨潮现象。一旦我们

---

〔1〕 参见 ［英］戴维·W. 皮尔斯主编：《现代经济学词典》，宋承先等译，上海译文出版社 1988 年版，第 619 页。

通过科学的方法了解到海水涨潮的原因是月亮和太阳的引力后，海水有心灵的观念就被我们抛弃了。

　　作为因变量的效用总量是一种内在情形，而作为自变量的具体因素则是一种外部事物。确定函数的自变量来自经验观察，而一旦在外部因素和内在状态之间建立相关关系后，因变量的效用也就间接得以确定。此种由外及内的探究方式在适用法律时常被运用，一些法律责任的判定都涉及心智状态的认定。例如，民法中的善意取得制度规定，在一般情况下，无权占有人对财产的处分不具有法律效力，受让人不能获得该物的所有权，但在受让人为善意的条件下，他可以获取物权。其中的善意就是关于主体心智状态的界定。刑法中的心智状态判定更多，也更为精密，非但涉及此罪与彼罪，甚至关乎罪与非罪的认定。同样是在城市道路上违章超速驾驶并导致人身伤亡的情况，倘若行为者主观上持积极追求或放任的态度，那么他可能触犯故意杀人罪、以危险方法危害公共安全罪或危险驾驶罪；而如果仅是没有预见到或已经预见但轻信能够避免的话，那么他将可能被判处交通肇事罪。无论在民法还是刑法领域，不同心智状态将产生不同的法律后果，在前者不可观察的情形下，借助主体外在行为推导心智状态遂成为消解我们在心灵与行为的因果关系上无知的唯一途径。当判定交易主体是否善意时，我们会借助相关客观行为因素，诸如：买受人与无权处分人的关系、交易言谈内容以及无权处分物的受让价格等。同样地，在区分危害公共安全罪、故意杀人罪和危险驾驶罪与交通肇事罪之间的差别时，我们会考虑行为人与被害人之间的关系、驾驶前的准备行为和行为人控制汽车制动留下的痕迹等。由此可见，剖析和展现一个主体的心智状态离不开对主体行为的经验观察以及相关客观证据的收集，鉴于主体心灵与行为的关系体现在，前者是后者的内在驱动力，后者是前者的外在表现。当前者不能直接获及时，把握后者可以间接认识前者。正如波斯纳解释道，经济学中的效用函数概念相当于法律中的"意图"，它概括了追求这种函数的个人的口味、价值、偏好以及目的。[1]我们总是根据人们行为的客观表现来推断他的主观状态。

在法律不确定的前提下，法官仍需作出判决，在多组备选答案中选择一个解答。选择出自法官意识，如果这种选择不是一种违背法治的恣意，需要法官加以证明。此种证明常常表现为，法官有义务公布其判决时的主观状态，也就是说，他需要在判决书中给出裁判理由。端详裁判书中的判决理由并论证这一理由是否可以接受，是规范法学的研究进路。这一研究方式是法学最为常见的方法，但它所面临的问题是，在法官给出虚假理由时无能为力。由于基于一种内在的视角，并且只能就理由而给出理由，规范法学方法往往无法识别一个理由的真假。如果一个卑鄙龌龊的理由和一个冠冕堂皇的理由的结果恰好叠合，规范法学方法通常认定这一结果具有正当性。无法克服这一问题的根源在于，规范方法假定法官的裁判行为是在追求公平正义。假使法官出错，没有选择最为正确的那个解答，也是一种基于认识论上，而非机会主义下的错误。设定效用函数研究法官在法律不确定状态下的选择，是基于一种外部视角。与在规范方法中进入法官角色去判定理由的正当性不同，研究者通过效用函数中的自变量和因变量研究法官行为时，是一个外部观察者。在前一类研究中，研究者的潜在台词是，"如果我是法官，我'应当'如此判决"。而后一情形的暗含话语则是，"我看法官'是'如何判决的"。相较于具有规范性的"应当"，

---

〔1〕 参见〔美〕理查德·A. 波斯纳：《法理学问题》，苏力译，中国政法大学出版社 2002 年版，第 213 页。

"是"指出了研究的实证性。在着手确定自变量之前，同规范研究一样，经验研究之中也有一项规定性内容。但与规范研究不同的是，它假定了法官的自利性。

"对于我们普通人来说，收入、闲暇、家庭关系、工作的满意程度、个人的正直、和工作的成就感这些因素都是重要的，它们都是我们效用函数中的变量，法官的效用函数与普通人非常类似，只是这些变量的权重略有不同。"[1]在《法官最大化什么》一文中，波斯纳对法官的效用函数做出了详尽探讨。尽管国别不同，其对建构中国法官效用函数中的自变量亦不无启迪。

二、法官最大化什么：波斯纳的法官效用函数模型

(一) 平常的法官及其特殊激励结构

在实用主义哲学思想的引导下，波斯纳观察法官的范围局限于平常的法官，而不是那些被称为"自由的斗士"或"自我约束的大师"的英雄法官。后者有着异于常人的高尚追求，理性自利的前提对其无效，但他们终因数量过少而不具有代表性。

波斯纳认为，事实上，大多数美国法官都是平常的法官。一方面，在美国的具体政治环境中，民众具有很强的反智识主义和民主平等主义意识。如果一个法官表现太过出众，人们便会怀疑他的政治野心。这样的法官大多不会安分守己地扮演好一个指示发球和暂停的裁判，他往往具有改变和突破既定规则的雄心。这恰为美国人民所不愿。另一方面，美国宪法设计的就是一个仅依靠中等道德和智识水平的官僚，就能够运转起来的政府。设计者并不希望法官拥有多大智识和勇气。这一背景

---

[1] Richard A. Posner, "Judicial Behavior and Performance: An Economic Approach", *Florida State University Law Review* 32 (4) (2006), p. 1260.

决定了法官也和市场中的消费者一样追求自身效用的最大化：不能把法院系统视为一群圣洁的天才加英雄，他们并不神奇，不会不受到自我利益的牵引。[1]经济学没有关于天才的好理论，但对普通人却十分有用。是故，经济学工具可被用来分析美国平庸法官的行为。

但是，就联邦上诉法院的法官而言，与普通人的激励结构不同，联邦宪法第 3 条消除了很多激励因素。一方面，法官只有在从事犯罪行为的才会丢掉职务，一些细微的过分举止不会影响到法官的工作。另一方面，即使他们表现得再出色，他们的工资和薪水也不会因此得到提高。这就使得激励法官的"大棒"和"胡萝卜"不复存在。[2]尽管这里也存在着一个小小的胡萝卜——晋升，但大多数上诉法院法官对它根本不感兴趣。晋升之所以缺乏激励很大程度上是因为较小的可能性。最高法院法官席位数量极少，而且，并非所有大法官都能从上诉法院中提升，上诉法院法官的晋升概率非常低。此外，一个单独的司法决定对于晋升几乎没有影响，即使有，这种影响也无法测量。法官无法获悉在个案中如何裁判才能促进自己的晋升。

与联邦地区法官不同，上诉法院法官不需要在开放的法庭中做决定，他们不需要同律师和陪审员交谈，书面司法意见成为人们评价法官工作的基础。但是，由于这些意见撰写工作大多由法律助手完成，书面意见的好坏并不取决于法官的努力，而取决于法官挑选法律助手水平的高低。这一条件再次消解了激励法官努力的因素。因此，波斯纳指出，上诉法官的行为就

---

〔1〕 参见 ［美］理查德·A. 波斯纳：《超越法律》，苏力译，中国政法大学出版社 2001 年版，第 128 页。

〔2〕 "胡萝卜"和"大棒"是指奖励和惩罚两种手段的运用。在这里，"大棒"意味着免去法官职务，而"胡萝卜"则是指提升法官工资。

成了法律经济学分析，更广泛地说，成为经济学人类行为理论的普适主张的一个挑战。[1]

（二）关于非营利企业的类比

激励因素的消除使法官与包括立法议员和行政官员在内的普通官僚所处的外部环境不同。如果普通官员追逐利益最大化实现的行为可以类比为市场竞争中的一般企业，那么，联邦上诉法官就可被看作非营利企业。此类企业的最大特点是，生产所获取的利润不归企业所有。激励理论表明，仅当产权得到清晰界定后，所有者的积极性才能得到最大限度促进。缺乏产权激励势必引发懈怠。但好处在于，因信息不对称而产生的道德风险将得到缓解，尽管不能从根本上解决。

在市场中，当买方不能明确观察到产出时，一般会倾向于到非营利企业那里购买产品。相较于私人仲裁，美国法院提供解释法律规则、审理法律案件和执行判决裁定等全面法律服务。事务的复杂性使社会公众很难对它做出评价，这恰恰类似于买方不能明确的观察到企业产出。因此，理性的社会公众也就不会愿意到营利企业那里购买这种产品。禁止法官从个别案件中获益在一定程度上确保了法院不是在生产商品而是在生产"司法正义"。但另一方面，法院的非营利性使得大多数法官的努力程度都不高，法官很少有积极性去做更多的法院工作。此时就有必要对法官的第二职业进行限制以使法官不能轻易将他们的闲暇转换为金钱。如果这种转换顺利实现的话，理性自利的法官将会热衷于这种转换，进而更为懈怠于法院工作。

就法官懈怠的弊病而言，严格强化挑选机制或许可以在一定程度上得以缓解。挑选机制的改进应当以着力寻找到那些一

---

[1]　参见［美］理查德·A. 波斯纳：《超越法律》，苏力译，中国政法大学出版社 2001 年版，第 130 页。

贯勤奋的人为目标。人们的行为具有习惯性，一个目前很勤奋努力的人今后也极为可能勤奋努力。而且这种习惯的存续期间越长，这种行为习惯越能够得到保持。这点可以解释为什么被任命的联邦法官大多都在 40 岁以上。

在理性经济人的预设下，闲暇和工资收入无疑应当是上诉法院法官的效用函数的变量，但很多已到退休年龄的法官还在继续从事审判工作并且他们的工资收入也不会因此而提高。波斯纳由此断定，他们的效用函数必定包含某些休闲和工资之外的东西。[1]

（三）法官的效用函数变量

波斯纳根据自己多年担任联邦上诉法院法官的亲身经历和体会，列举出如下变量："众望（popularity）、威望（prestige）、公益（public interests）、回避判决被撤销（avoiding reversal）、声誉（reputation）和投票（voting）"。[2]众望表现为，每个人都希望别人喜欢自己，法官也不例外。他们一般都很关心自己在法律职业界的众望，但却不会关心自己在诉讼当事人中是否受欢迎。审理案件很难使双方当事人都满意，裁决结果必然会产生一个输家。

威望与众望不同，它是法官尊严的体现。威望在现实中具体表现为，联邦上诉法院法官极力反对扩大法官群体的数量，并且反对把法官的称号扩大到处理治安和破产纠纷的底层级法官。

公益是指公共利益。作为法官效用函数变量的公益意味着，

---

〔1〕 参见［美］理查德·A. 波斯纳：《超越法律》，苏力译，中国政法大学出版社 2001 年版，第 136 页。

〔2〕 ［美］理查德·A. 波斯纳：《超越法律》，苏力译，中国政法大学出版社 2001 年版，第 136~142 页。

实现这一因素的也是法官所追求的目标之一。表面上看，这与法官理性自利的经济人假设似乎不太协调。但仔细究之，其实并不矛盾。正如别人的幸福可以是自己快乐的来源一样，实现公共利益在特定条件下能够增加法官的个人效用。

尽管并不全然如此，法官作出的判决体现了自己的业务水平。一定意义上，撤销判决意味着对法官能力的否定。是故，每一个法官都不希望自己的判决被上级法院撤销，尽量避免这一事件的发生将无可置疑地成为法官效用函数中的变量。但是，波斯纳也同时指出，这个目标对于联邦上诉法院的法官来说不是特别重要。一方面，联邦最高法院几乎不会撤销上诉审的决定。另一方面，一个在业内几乎成为常识的观点是，即使判决被撤销，也不是上诉法院个人水平的原因，而是出于不同的司法哲学和司法政策。

声誉作为法官的效用函数的因素之一，与威望和众望在一定程度上有所叠合。声誉一般是努力程度的函项，它随着努力程度的提高而提高。但复杂的是，在集体懈怠的大环境中，一个过于勤奋的法官会招致同事的排挤，进而降低其他方面的效用。

法官的工作包括作出决定和陈述理由，作出决定的方式是投票，陈述理由则是撰写法律意见。大多数法官都对前者表现出极大兴趣并将后者抛给法律助手。正如政治选举中的投票是一种有价值的消费活动，法官在审理案件中的投票也是他们的效用来源。不仅投票本身体现了法官权力和显示出一种乐趣，律师和社会公众对法官的尊敬也来自投票本身。尽管这种尊敬是肤浅的，但丝毫不影响法官的愉悦。

（四）作为投票者的法官

波斯纳对投票变量持有极大兴趣，并认为它比以上任何一个变量都更加重要。在政治选举中，选民通过投票获得的效用恰如人们在某些问题上敞开自己思想所获得的效用一样。尽管他们所说的话什么都改变不了。但这种效用的获得独立于投票的工具性。法官的投票与之不同，他们不但能够获得选民投票所获得的效用，还能获得权力带来的效用。在特定情形下，为了实现手中的权力，法官可能没有普通选民那么严肃和负责。但是，由投票所产生的第一种效用还是会起到扼制法官恣意的作用。毕竟，第一种效用价值的获得必须建立在法官的深思熟虑之上。

法官的投票行为还可以与追求闲暇联系起来。在一个由三位法官组成的审判庭中，如果一位法官或一个法律助手对案件有着相当强烈的看法，其他两位无所谓或者不感兴趣的法官会投票赞同他们。法官的赞同是考虑到，如果他们提出反对意见，那位意见强烈的法官或法律助手会表现得更为强烈，后果便是耗费他们的时间去修改法律意见。[1]波斯纳还观察到，一个审判庭越大，反对意见的提出则会越加频繁。只要一个人撰写了反对意见，其他人都会倾向加入。这种顺着投票的方式节约了法官的时间，增加了闲暇。

（五）作为观察者和游戏者的法官

在将法官类比为非营利企业和政治选举中的投票者后，波斯纳还将法官类比为戏剧中的观察者和游戏者。将法官类比为观众是因为，他们与案件没有利害关系，具有超然性。但是，这并不意味，戏剧中的观众就完全没有立场。他们往往会选择同作品中的英雄人物站在一边，并随他们处境的好坏起伏而喜悦悲伤。这再次证明，即使联邦上诉法院法官们的激励因素被

---

〔1〕 这在波斯纳后来的作品中被概括为"异意厌恶"。详见 ［美］理查德·A. 波斯纳：《法官如何思考》，苏力译，北京大学出版社 2009 年版，第 30~31 页。

完全消解，他们还是会受到其他变量的操控。

　　作为观众的法官并不会将审判视为儿戏。尽管戏剧属于艺术范畴而不具有真实性，但它一点也不影响人们在观赏时的严肃思考。对于戏剧和文学的鉴赏本身也有一定规则，如果观察者们没有认真对待，他们将难以从中获得愉悦。很多对裁判行为的研究仅注意到法官撰写的法律文书，但它并非最为重要。法官在任务繁忙的时候会要求法律助手协助撰写法律文书，但很少会委托自己的法律助手听取证人证言和法庭辩论。对于法官来说，看戏本身才是最重要的。影响法官的因素有：他个人对某一律师或者当事人的喜好；不愿破坏同事关系；担心受到嘲笑等。波斯纳认为，尽管这些因素在一定程度上会影响法官，但考虑到遵守审判规则，影响并不是很大。有些时候，如果他们经不住这些诱惑的话，他们从审判中获得的效用就会减少，而不是增加。[1]为了这些效用去突破既定审判规则或法律规则，会破坏法官审判案件本身所获得的效用。审判的愉悦与服从一些限制性的规则有关。这就好比，如果为了获胜而破坏既定象棋规则的话，你从中获得的乐趣必定大为减少。

　　（六）联邦上诉法官的效用函数模型

　　在将法官类比为非营利企业、政治选举中的投票者和戏剧中的观察者以及游戏者之后，波斯纳通过建构三个关于美国联邦上诉法院法官的效用函数模型来具体解说他们的行为。

　　第一个模型是 $U=U$ (tj, tl, I, R, O)。[2]在这个模型中 tj （judgment time）指的是法官每天用于审判的小时数，tl（leisure

---

[1]　参见［美］理查德·A.波斯纳：《超越法律》，苏力译，中国政法大学出版社 2001 年版，第 152 页。

[2]　参见［美］理查德·A.波斯纳：《超越法律》，苏力译，中国政法大学出版社 2001 年版，第 157 页。

time）是法官用于休闲的时间。波斯纳把休闲界定为除了审判之外的一切行为活动，因此 tj+tl=24。I（income）是法官的金钱收入，即法官的工资。R（reputation）指的是法官的声誉，O（other）指的是其他法官效用函数变量，其囊括了众望、威望和避免司法判决被撤销等。

一般来说，因为金钱的边际效用呈现递减趋势，收入增加会使休闲效用随之增加。但这一论断预设了，工作仅仅产生收入而不产生其他的效用。如果考虑到工作本身同休闲一样也会给人们带来效用的话，这一规律就显得不是那么明显了。在以上效用函数中，审判本身就是效用的来源。

收入增加可以同时在数量上和质量上增加法官的闲暇效用。从数量上来看，增加的收入可以使法官通过雇佣额外家务助手的方式，节省下时间。另外，法官收入提高还可以通过消费更高档次的休闲来增加法官效用。法官的更高收入会增加法官对休闲的需求。波斯纳预测，提高法官的工资会减少在职法官的审判工作。但波斯纳认为，这并不意味着司法审判质量的下降。减少审判时间，并将其配置给闲暇活动可能会增加法官在审判上的努力。[1]

在考虑到法官兼职收入的情形下，可将法官的收入进一步划分为固定和可变两个部分，进而建立起研究限制非司法收入所产生效果的法官效用函数模型：U=（If, Iv（tv）, tj, tl）。[2]其中，If（fixed income）指法官的固定收入；Iv（variable income）则是法官的可变收入，它取决于法官从事兼职活动时间；I=If+

---

〔1〕 参见［美］理查德·A. 波斯纳：《超越法律》，苏力译，中国政法大学出版社 2001 年版，第 159 页。

〔2〕 参见［美］理查德·A. 波斯纳：《超越法律》，苏力译，中国政法大学出版社 2001 年版，第 160 页。

Iv 并且 tv+tj+tl = 24。通这一模型，波斯纳认为，法官投入在审判中的时间会影响到他的兼职收入和休闲时间。在制度上对法官的兼职时间进行限制后，法官休闲时间和法官工作的努力程度会得到提升。另外，由于边际效用递减，法官工资的增加会使法官兼职数量减少。在正反两方面的双重效应作用下，增加法官工资和限制法官的兼职可以提升法官们工作的努力程度。

波斯纳还利用法官的效用函数模型阐述了法官选拔机制。从个人选择的角度来看，如果一个人对任职法官的预期效用为正，即选择从事法官职业所带来的收益大于其放弃从事原先职业的机会成本，那么他就会选择接受从事法官职务。因此，接受法官职务的条件可以表示为 Uj（tj，tl，IJ，RJ，PJ）－UL（tL，IL）－C>0。[1] 其中，Uj 是担任法官所获得的效用；IJ 指代法官所获得的工资收入；原先法官效用函数中的 O 被 PJ 替换，其指代出任法官所获得的声望；UL 是作为执业律师所获得的效用；C 是当选法官的成本；由于波斯纳假定律师没有闲暇，因此 IJ 是法官所增加的闲暇。根据这一模型，波斯纳首先认为，当法官的成本越高，并且相对于从事实务的收入而言，律师就越不可能接受法官职务。[2] 由于美国存在着消费水平的区域差异，而所有联邦法院上诉法院法官的工资完全一样。低费用地区法官所领取的薪水实质上要高。这样，在低费用地区就会有更多精明能干的律师要求进入法官队伍。这些地区法官素质与律师素质的对比水平要高于高费用地区的对比水平。

波斯纳对法官声望的界定是：反对任何形式的法官队伍扩

---

〔1〕　参见［美］理查德·A. 波斯纳：《超越法律》，苏力译，中国政法大学出版社 2001 年版，第 160 页。

〔2〕　参见［美］理查德·A. 波斯纳：《超越法律》，苏力译，中国政法大学出版社 2001 年版，第 161~162 页。

大。声望与闲暇之间就出现了矛盾。尽管增加法官数量会增加闲暇效用，但也减少了法官的声望效用。大体上看，扩大法官数量范围所减少的效用可能正好与增加闲暇所带来的法官效用相抵消。但波斯纳认为，另一个可能的影响是，法官队伍的构成会在整体上发生变化，那些不太看重声望而更看重闲暇的法官数量将会增加。[1]

最后，波斯纳还用 Uj（tj, tl, IJ, RJ, PJ）-UL（tL, IL）-C>0 来预测联邦上诉法院法官与联邦最高法院大法官之间的行为差异。由于联邦最高法院大法官的 IJ, Uj, tj 和 PJ 都要大大地超出前者，联邦大法官的职位竞争异常激烈。现实中，很多联邦上诉法院的法官职位会被委任者拒绝任职，但这一情况在联邦最高法院那里基本不会发生。联邦最高法院的大法官一般也不会辞职去做律师。尽管他能够获得更好的私人从业机遇，并取得更高的 IL，即货币收入。但他们在审判 tj 和权威 PJ 上所损失的效用会更大。

三、我国法官效用函数模型的建构

（一）波斯纳法官效用函数的启示

1. 确证法官的理性自利

波斯纳关于法官行为的分析带给我们最大的启示是，颠覆了传统法官形象，印证了理性经济人假设命题在法官那里也同样成立。法官并不是僵硬和死板的自动售货机，和普通人一样，他们有血有肉有思想，并且按照效用最大化原则作出自己的行为。在一般人看来，法官是一个神圣的职业，他们公正无私地适用法律并始终以正义作为自己的目标。但波斯纳却震撼性的

---

〔1〕 参见〔美〕理查德·A. 波斯纳：《超越法律》，苏力译，中国政法大学出版社 2001 年版，第 162 页。

颠覆了这些观念。他写作这篇文章的目的就是要指出法官和市场中的普通人一样，通过普通方式来追求他们的工具性和消费性的目标。[1]

在波斯纳的笔下，正义被现实地替换成了个人效用最大化，法官的目标并不是追求前者，除非能在客观上产生后一效果。波斯纳论证的可信性体现在，他本人就是其所言说的对象之一。一般地，研究者自我内心祖露无疑可以增加论证的说服力，尤其是在道出一个不太光彩的动机。普通人对于法官的观念和波斯纳描绘的法官形象，实际上是关于法官的两个命题。第一个命题是：法官是公正审判者；第二个命题则是：法官是利益最大化的追求者。实际上，后一个命题要更为真实。不仅美国法官持有这一动机，我国法官亦是如此。

为了解法官在"两可案件"判决时的真实动机，笔者曾到一些法院展开问卷调研。通过直接与法官接触，并有针对性地开展一些个别访谈，我们发现，波斯纳对法官自利动机的描述，在他们那里，也同样有所体现。

第一，在最能体现利益的收入方面，法官们普遍抱怨他们的工资太低。一些法官还将自己办理案件的辛苦程度和收入状况与律师比较，并为自己多做了工作而并没有得到更高的收入而忿忿不平。"在律师那里，一个案子的收入是几万甚至几十万；我们法官办理一个案子，折合下来，也就十几和几十块钱。"一位法官言道，"从辛苦程度来看，我们也比律师要高。一方面，很多律师可以花费很低的价格聘用律师助理，大部分案件都可以交给这些年轻的助理去做。律师在案前可以不用阅卷，甚至不用出庭。另一方面，即使没有助理，律师们在业务

---

[1]　See Richard A. Posner, "What Do Judges and Justices Maximize? (The Same Thing Everybody Else Does)", *Supreme Court Economic Review*, 3 (1993), pp. 13-15.

特别繁忙的时候，也会经常不阅卷或草草阅卷后就参加开庭。因为，他们知道，他们可以乱说，但法官绝对不会乱判。"

第二，一些法官们追求闲暇，并因此对审理案件这一实现正义的崇高事业并不像想象中的那么热情。当下时期，我国司法工作的一个最大特点是，案件多、法官少。由于审级制度的设置，基层法院位于处理社会矛盾纠纷的风口浪尖。这些法院的法官们承担着较重的案件审判压力。他们处理案件的速度远远赶不上立案庭分配给他们案件的速度。"一波未平一波又起"的工作不断叠加常常令他们懊恼不已。一位法官指出，"原本，我很在意我个人案件库中的案件数量。当一个案件分派给我，案件数据库里显示的数字增加，都会带给我一点小小的不快。而这正构成了我去尽快解决它们的动力。每当一个案件被我处理完毕，看着这些数字的减少，我就会有一种完成任务的成就感。但是，曾经有过那么一段时间，我却因此陷入了严重的焦虑之中。无论我如何努力，案件库中的数据一直都在增加。我疯狂工作一周，好不容易解决掉七八个案子，但没过几天，他们又给我分配了十余起案件。库里的数量不但没有减少反而增加。于是，我再拼命加班加点忙着结案，解决一批案子。但是，当刚我完成这些工作，案件库中的数量又回到比原先还要多的水平。在经过几番徒劳的降低案件数量的尝试之后，我逐渐明白，法官是斗不过案子的。你越努力，收获到的并不是欣慰和喜悦，而只能得到更多的压力和焦虑。现在，我所能做的，就是放松自己，刻意让自己不要去看数字，或者努力让自己忽略这些数字。事实上，我做到了。在我看来，未审理案件数量是100和10，已经没有实质差别。审理案件，毕竟只是工作，不能让它完全侵占我的生活。"

另一位法官也告诉我们，"在刚开始参加工作的头几年，我曾经常关注案件的审理期限。系统中的快到期案件会变成红色，每当出现一个红色的案件提示时，我就格外紧张，会想要尽快去处理掉它。但后来我发现，无论我怎样努力，案件库里还是难保不出现红色。并且，即使出现一些审理期限不够的案件，我们总会有一些办法来妥善处理。领导也会帮助我们。之前，我错误地认为，一旦红色标记出现太多次数，或者，经常去找领导批准延长审理期限，会给领导造成工作懈怠的印象，进而不利于自己的发展。但随后，我逐渐明白，经常会见领导是有好处的，并且，他们不但不会认为你在懈怠，反而可以让他们知道你的工作很忙。"

第三，对自己公平的关注超过审理案件的公平。即使在超负荷的工作压力下，一些法官也没有忘记抽身将自己的眼光盯紧同事。他们会经常关注与他职级相当的同一审判庭法官的办理案件情况。他们的观察不仅停留在数量上，也包括案件的质量，即，案件的复杂性程度。在综合考量这些因素的基础上来判定自己是否"多"办了案件。法官们经常会因为多分到案件，而抱怨法院的"分案制度"不公。一位法官指出，"法院立案庭单从数量上分配案件根本就不合理。一些案件的案情非常简单，争议明确。这样的案子我一上午能审结两三起。而另外一些案件，争议焦点多，证据复杂，仅开庭就需要两三次，更不用说庭外还要与当事人沟通。在分配案件时，如果只考虑到案件数量而不注重质量，将会因为注重形式上的平等而忽略了实质意义上的平等。"而一位立案庭负责分配案件的法官对此却回应道，"立案庭基本上算是一个综合部门，与仅处理某一部门法业务的审判法庭不同，我们面对的是全院法官。案件简单还是复杂，需要审理之后才能知晓，至少需要仔细阅读案件材料之后才能给出判断。由于人手有限，你不可能指望我们像承办人那样细致审核每一份案卷后进行所谓的合理分配。事实上，这也超出了我们的业务水平。"

第四，以最有利于自己的方式审理案件。办理民事案件的法官大多希望当事人能够撤诉。在我们所调查的法院中，就法官的工作考核方面看，当事人撤诉和法官审结案件没有区别。一旦案件撤诉，法官就等于白白捡了一个便宜，实际没有完成工作被计算成已经完成工作。哪怕当事人在撤诉之后反悔，不久后又再次起诉，原先已经计算好的工作量也不减少，第二次起诉的案件将被看作一个新案件。因而，只要存在一丝撤诉可能，法官都会朝向这一方面努力。如果不能撤诉，大多数法官都希望能够通过调解的方式结案。调解结案的好处是，不用费神仔细研究案件的法律争议，不用劳心审查案件证据，也不用撰写冗长的裁判文书。除此之外，按照我国的诉讼制度，在调解结案之后，当事人将不能上诉，这就从根本上杜绝了法官的判决将被上级法院发回或改判的风险。

以上个别访谈是在波斯纳将法官视作理性经济人的启示下开展的。尽管这是一个带有前见的经验研究，但上述关于法官的访谈记录，能够初步证明波斯纳观点的成立，至少能够证明追求公平正义并非法官的唯一目的。法官对收入的关注，明显地表现了他们在公平正义之外，还另有一些特别重视的事物。首先，对律师收入的忿忿不平，甚至表明，法官对金钱的关注，超过了公正审判本身。他们没有看到，能够在纠纷中主持公道，决定案件最终结果，是律师所没有的能力。如果法官珍视这点，他就没有必要去和律师比收入。其次，如果以公平正义为唯一目标，法官应将关注重点放在案件本身，包括：案件性质、当事人、法律关系以及争议焦点。但从上述访谈看来，法官更多是将自己的注意力放在案件数量上。分配到手的案件被他们视作需要完成的任务。快速处理案件一定程度上替代了公平审判的目标。高效工作的追求也是出于博得领导赞誉，归根结底，是为了实现自己利益。再次，公平正义作为法官的唯一目标，应当是案件处理的最佳结果。力图公正审判的每一位法官应当都会认为，实现最佳结果的方式，应当是自己亲力亲为。别人无论怎样努力，他对一件事情的处理都不会完全让你满意。除非迫不得已，我们都不会把一件对我们而言特别重要的事情交办给他人去做。尤其是当我们还特别擅长这一工作时。如果一项工作是你的专业，而你却乐意将它委托给别人，尽管别人也和你同样擅长这一工作，那么，也就能够表明，你并不热衷于这一工作。至少能够表明，在这项工作之外，你另有更为热衷的事物。主张分配案件要公平的法官往往是承担了较多审判任务的法官。所谓的公平分配，实际上是要求把自己手中的案件移转一些出去，交由其他法官办理。在他们那里，公平正义至少不是第一位的追求。最后，法官以便利自己的方式审结案件，也表现出公平正义并非他们的第一位目标。公平正义的目标将决定案件的审理方式，无论形式上为何，至少有一点可以肯定，绝不应以法官的自我便利为出发点。不排除在当事人自愿撤诉、愿意接受调解的条件下，案件本身也能实现公平正义。但在法官极力促成下实现的这些结果，公平正义难免要被打上折扣。综上，所有这些都证成了波斯纳关于法官形象的描述对于一些中国法官也同样适用。在上述经验材料中，我们不但没有看到作为公正审判者的法官，反而处处窥见，某些法官是利益最大化的追求者。

2. 构建函数模型的论证

波斯纳在分析法官行为时，构建了一些效用函数模型，通过对这些模型展开分析，他向我们展示了一种较为清晰的论证思路。波斯纳所使用的第一个模型是 $U = U(tj, tl, I, R, O)$，其中，U 指代法官所获取的总效用，而 tj、tl、I、R、O 则分别指代影响法官效用函数值的各个变量，它们分别是，"审判时间"，"闲暇时间"、"收入"、"荣誉" 和 "其他"。在分析收入变量与闲暇变量之间的关系后，波斯纳得出，提高法官的工资会减少在职法官的审判工作的结论。同样地，在分析第二个效用函数 $U = (If, Iv(tv), tj, tl)$ 后，波斯纳得出，提升法官的工资和限制法官的兼职，会提升法官审判工作的努力程度的结论。

可以看到，波斯纳所给结论非常明确，而且，论证过程也十分直白。尽管我们未必认同他的结论，但却可以清晰地观察到所给结论的来由。这种清楚呈现自己思考过程的方法是运用效用函数模型的结果。作为数学概念的函数，是描述一些变量与另一些变量之间相关关系的数学模型。它试图表述，一些变量在发生变化后，会引起另一些变量随之变化。其中，引起其他变量发生变化的变量称作自变量，受到自变量影响而发生变化的是因变量。函数展现了自变量和因变量之间的对应关系。一旦函数关系确定，这种相关关系就是必然的。根据必然关系所展开的论证，自然会消除论证过程的模糊性。

研究民意审判现象为何发生，实际上是在考量法官在社会公众意见的干预和影响下如何作出裁判的行为。就这一问题而言，传统司法裁判理论很难给出一个明确解释。目前在司法裁判领域占据主导地位的学科是法律解释理论和法律论证理论。前者是在法律文本意义模糊而出现多种面向的裁判可能之际，通过对意义的澄清以确定一种裁判方案的方法。但这一方法终究将滑向相对主义或非理性（irrational）至少是无理性（a-rational）早已打造好了的陷阱。一方面，从种类上看，解释方法呈现出多元方法并立的局面。文义解释、逻辑解释、体系解释、历史解释和目的解释分别都可以成为法官在个案中所使用的解释工具。由于没有一个指导他们在竞争性解释方法中进行选择的解释元规则，法官可以任意挑选解释工具来达到他实现想要的那个结果，并且还可以声称，他是在严肃认真地运用法律方法。另一方面，解释方法表现为不断用一些语言去替代另一些语言，这是一个无限倒退的过程，最终的结论都是建立在解释者感觉基础之上的。维特根斯坦曾经指出，如果规则是不确定的，那么，对它的解释也必将是不确定的。当我们用一些语言去解释需要被解释的语言，这一用作解释的语言仍有可能存在模糊，需要进一步的解释。而被用作进一步解释的语言，也同样会出现这一情形。如果这一疑问不被终止，解释过程将无限倒退下去。结束解释的那个点一定是一种表现为非理性或无理性的断然终止。或许，任何解释的宿命都将如此，如果你不断然终止，那么你将无限倒退。一般而言，法律论证理论的目的是寻获个案中那个应当被正确执行的法律规范。从研究方法看，探究法律适用合理性的法律论证是一种对于法律的应然研究或规范研究。"合理性"、"应然"和"规范"都是涉及价值的语汇。在当今价值多元的时代，法律论证本身也将由于单一价值缺位而难以避免含混。前述关于法律解释和论证方法的描述，并不意味着我赞同，法官可以恣意地使用任何解释方法，以达到他所想要的任何判决结果。同时，我也并没有主张，关于个案中法律是什么的问题，可以作任意解答。事实上，解释方法的选定和法律规范命题的确认，可以依凭社会共识来确定。尽管如此，我想表达的一个观点是，从波斯纳利用效用函数分析法官行为来看，在民意审判问题上，事实研究将会比规范研究获取更加清晰的结论。

当解释和论证方法不能保证获取清晰的结论时，像波斯纳那样通过构建法官效用函数模型展开分析，或许是一条可行的研究进路。在把最终的判决结果视为法官的选择之后，在法官追求效用最大化的预设下，并通过设定具体影响法官行为的函数变量，我们能够更为清楚地看清司法裁判过程。这是一种在实然层面开展的研究，它试图尽量回避对可能引发争议、处于应然层面的价值探讨。法官的效用函数包括了作为效用的因变量和影响它们的自变量，构建法官的效用函数模型的重点和难点在于自变量的确定。虽然在波斯纳那里，影响法官效用的变量已被明确提出，但是，由于国情不同，这些变量并不完全适用于我国法官。确定我国法官的效用函数变量需要首先大致考查一下他们所处的现实条件。

（二）我国法官所处的司法环境

马克思指出，人的本质不是单个人所固有的抽象物，在其现实性上，他是一切社会关系的总和。[1]特定的个人总是社会中的个人，与群体相伴而生，他总是难以摆脱各种社会关系的包裹和缠绕。人类社会中最重要的社会关系一般通过社会制度或组织形态表现出来。是故，个人总是一定制度或组织中的个人。包裹着个人的制度或组织会对个人偏好的形成产生重要的影响。尽管人们的偏好具有普遍性，我们所追求的美好事物，大体上是一致的。但是，处于不同制度下的个体间差异，也不应当被忽略。

从波斯纳的分析中，可以看到，在美国现实司法体制之下，联邦上诉法院法官和最高法院法官所追求的基本善品和普通人之间存在很大差异，很多正常的激励因素被法官所处的组织和

---

〔1〕 参见中共中央马克思恩格斯列宁斯大林著作编译局编译：《马克思恩格斯选集》（第2卷），人民出版社1995年版，第60页。

制度消解，如，法官的终身任职制度（life tenure）、退休制度和法律助理制度等。反观我国法官的情况，与美国法官之间存在很大差异，因而，可被用来分析美国法官行为的效用函数变量对于中国法官来说，可能并不成立。如果不同的司法体制会衍生出不同的法官效用函数变量，那么体制差异的比较对于构建法官的效用函数来说就显得十分必要。

整体上看，美国的司法制度属于英美法系，我国的司法制度偏向大陆法系。法系之间的差异使法官所处的司法环境存在区别。就法官任职来看，以英国、美国为代表的英美法系的法官多从律师中选拔，而在德国、法国和意大利为代表的大陆法系，法官通常通过类似于选拔文职官员的方式进行。目前，我国通过公务员考试选拔法官的做法，与大陆法系十分类似。与法官任职制度相适应，大陆法系多对法院和法官采取行政化的管理模式。就我国而言，司法行政化给审判实践带来的诸多弊端已经招致许多学者的批评。去除司法行政化也成为我国司法改革的目标之一。我国司法管理体制具体表现在以下几个方面：

第一，法院规模较为庞大。我国各个法院的法官数量由于地区和级别不同而存在着差异，多则上千人少则上百人。根据相关统计数据，"法院编制总额在2008年应是32.7万（327 202人），国家政法编制内的法院规模30年扩展了5.5倍"。[1]这个数字还不包括在法院工作的编制以外的司法雇员，如果把这些人员也加上的话，保守估计，人数至少要再增加三分之一。庞大的人员规模正是行政组织的典型特征之一，并且，还将继续增大。与营利企业追求利润最大化不同，行政官僚机构没有利

---

[1] 刘忠："规模与内部治理——中国法院编制变迁三十年（1978-2008）"，载《法制与社会发展》（双月刊）2012年第5期。

润指标，机构规模的最大化变成了其所追求的目标。[1]

第二，法院内部机构繁多。每一法院都有超过十个以上的内设机构，并就整体来看，行政管理机构所占用的编制数额要多于司法审判的业务机构。立案庭是法院负责受理案件的机构，它审查应由本院受理的民事纠纷、行政案件的起诉，决定立案或者裁定不予受理；根据当事人申请，依法进行诉前财产保全、诉前证据保全及调解；另外，它还承担着处理来信来访的职能。审判庭承担着法院的审判职能，它是法院的核心职能机构，一般由民事、刑事和行政审判庭组合而成。其中民事审判庭最为庞大，通常设置三到六个分庭。刑事审判庭一般下设三个庭，分管常规类、经济类和死刑类的案件审判。行政审判庭负责审理行政相对人起诉行政主体的案件，并且负责国家赔偿案件的审理。在我们调研时，与其他审判法庭相比，它的案件数量最少，一般只设置一个庭。但近年来，随着立案登记制度改革，"民告官"的案件数量逐渐增多，行政审判法庭业务也变得越来越繁忙。审判监督庭负责审理刑事、民商事、行政再审案件（包括人民检察院抗诉再审案件）、上级交办的案件，并且监督和指导下级法院的审判监督工作。执行局（庭）负责执行法律规定应由法院执行的生效法律文书，其不仅包括法官的司法案件执行，还包括行政机关依法申请人民法院执行的案件。法院的办公室协助院领导组织、协调、处理司法行政事务，并且还负责文秘、档案、保密工作。政治部主要负责法院的人事和政治工作，并负责法官的绩效考评。一些级别较高的法院还设有研究室，这一机构负责有关人民法院工作的宏观调查研究，总

---

〔1〕 参见［英］帕特里克·敦利威：《民主、官僚制与公共选择——政治科学中的经济学阐释》，张庆东译，中国青年出版社2004年版，第173页。

结审判工作经验，起草本院综合性文件和报告。除了这些机构外，法院内部还有机关党委、共青团、纪检监察室、司法行政装备管理处、法警（大）支队、工会、法官协会等机构。

第三，法院层级制度明显。从整个法院系统来看，我国法院分为地方各级人民法院、军事法院与铁路法院等专门法院和最高人民法院。其中，地方法院又分为三等：基层、中级和高级。由于 2006 年实施的《中华人民共和国公务员法》将人民法院纳入公务员管理体制之中，每一法院都具有相应行政级别。在四个等级的法院之中，级别最低的是基层人民法院，其院长的职务层次一般是县处级副职；往上一级是中级人民法院，其院长的职务层次一般是厅局级副职；高级人民法院院长的职务级别是省部级副职；最高人民法院院长的职务层级是国家级副职。不仅不同法院之间存在层级化差别，法院内部也实行层级化管理。一个法院中的最高领导是院长，他一般还兼任法院党组书记一职，负责全面管理法院的各项党务、行政和审判工作。院长之下分管党务工作的是法院党委会，内有党委成员若干，分工完成党内各项事务。院长之下分管行政工作的是副院长，设有职位若干，他们在行政工作上有着固定的分工，分别管理一块行政事务。院长之下分管审判工作的是法院的审判委员会，内有委员若干，分别对口各个审判业务庭。党委会成员、副院长和审判委员会专委在人员上有所交叉。法院党委委员可以同时是法院副院长和审判委员会专委，他们构成了一个法院的领导班子。就审判组织这条线来看，领导班子之下是立案庭、各审判业务庭和执行局（庭）。立案庭和各审判业务庭均设有庭长一名，副庭长若干，具体分管本庭的审判和行政事务。执行局（庭）较为特殊，其负责人的行政级别比立案庭和各业务庭领导的级别要高。在审判业务庭内部又设有若干合议庭，由专门的审判长负责。除却审判长之外，合议庭内部还有审判员和助理审判员，后者是行政级别最低的法官。在基层法院，他们的行政职务大多是科员，但也独立承办案件。

（三）我国法官的效用函数变量

在《法官最大化什么》一文中，波斯纳根据自己的亲身体验，归纳出美国联邦上诉法院法官的效用函数变量，并根据不同的研究目的构建出不同的效用函数模型。波斯纳提及的函数变量包括："货币收入（money income）、闲暇（leisure）、受欢迎（popularity）、威望（prestige）、公共利益（public interests）、避免判决被撤销（avoiding reversal）和名誉（reputation）。"[1] 毫无疑问，人性存在着共通之处，美国法官所珍视的这些变量在一定程度上也适合中国法官。概览这些变量，一定程度上，都可以成为我国法官所追求的事物。但考虑到我国法官与美国法官所处的外部环境不同，这些变量不能直接用以分析我国法官行为，需要对它们做出一些切合我国实际的修正。在经验调查，尤其是通过对法官的个别访谈，并且考虑到我国司法管理体制的组织特征后，我们认为，影响我国法官行为的效用函数变量包括：晋升、收入、闲暇、荣誉和公益。这些变量和法官所获取的总效用之间存在着正相关关系。它们的数值单独或共同增加，会促使法官总效用的增加。相反，任何一个或一些变量单独或共同减少，都会导致总效用的减少。

1. 晋升

庞大的组织规模、繁多的内设机构和森严的科层等级凸显了我国法院管理的行政化特色，而在司法管理体制中，晋升可以成为个体行为的主要激励因素。需要指出的是，立法者在制

---

〔1〕 Richard A. Posner, "What Do Judges and Justices Maximize? (The Same Thing Everybody Else Does)", *Supreme Court Economic Review*, 3（1993）, pp. 13-15.

定宪法之际，业已意识到全国法院的组织架构体系应当同行政机关有所区别。无论《宪法》还是《中华人民共和国法院组织法》都明确了一点，我国各级法院之间的关系是监督和被监督关系，而非像行政机关那样，是领导与被领导关系。尽管法律规定清楚明白，但在实际管理运作过程中，"监督"和"领导"很难被区分开来。按照立法者的初衷，上级法院对下级法院的审判监督，绝大部分应当在事后通过诉讼程序开展。大量的事前的指导、协调和统筹充分表明，一些名义上的"监督"常常化作实质意义上的"领导"。

从层级角度来看。其一，纵向分层。这一方面的行政化不仅反映在单个法院中，也同时反映在整个法院体制中。就单个法院来看，以基层法院为例，法官的行政级别从副处级至科员不等。从整个法院体制观之，从最高人民法院到基层人民法院的行政级别从副国级至副处级。法院级别越高，法官之间的行政级别差距就越大。在法官职务上同样是助理审判员，但行政级别差距可以在很大程度上被拉开。比如，最高院的助理审判员的行政级别可以到副调研员，而基层人民法院的同样法官职务则只有科员。一定程度上，法官所在法院的层级，决定了他们行政职级的档次。其二，横向分类。每一个法院都包括十个以上的内设机构，它们分别承担着不同的职能。从数量上看，类似于办公室、政治部、监察室和行装处等行政职能机构要超过审判职能机构。

每一法院的人员组织结构呈现为金字塔状，即，法院组织中不同层级的人员自下而上一级一级地逐渐收窄，直至金字塔顶尖。同样地，我国整个法院系统，从基层人民法院到最高人民法院，亦可经由这一图状加以反映。金字塔中的权力配置呈逐级递增趋势，处于塔尖位置的通常只有一位成员（院长）或一个组织（最高人民法院），这一仅有成员和独家组织是整个系统中的最高权威，享有调动系统内部所有公共资源的权力。

行政化系统下的资源分配方式，促使内部成员产生强烈的晋升愿望。作为美国联邦上诉法院上级法院的联邦最高法院，仅有九个法官席位。而且，并非所有联邦大法官都从上诉法官中提任，所以联邦上诉法院法官得以晋级的希望非常渺茫。尽管一件事情非常美好，但若发生的可能性很小，那么，对于追求这一事物的主体来说，其激励动力将非常有限。同样，小概率的晋升在上诉法院法官的效用获得方面所起作用很小，故而，波斯纳没有将它纳入联邦上诉法官的效用函数变量。我国法院的司法管理体制，晋升应当成为我国法官效用函数中的一个变量。与单一法院和整个审判系统的金字塔图状相对应，我国法官的晋升是指行政级别的提高，它可以体现在两个方面。其一，是法院内的晋升。其二，是法院间的晋升。前一晋升是常规路径，例如，一个基层法院的助理审判员可以通过成为审判员、副庭长、庭长、审判委员会成员、党委委员、副院长直至院长而逐级晋升。然而，这仅是一个理想图景。现实当中，一个助理审判员通过二十多年的努力，能够晋升为庭长已属难得。由于受到组织行政级别的限制，即，基层法院院长的行政级别一般才只到副处级，一个庭长在行政级别上往往只有副科。此时，后一种非常规晋升路径就可以发挥它的激励作用，即，从级别较低的法院晋升至较高法院。之所以称之为非常规，是因为此种晋升渠道不像前者那么普遍。同样是助理审判员，在基层法院只有科员级别，在中院可以到副科，而在高院则可以被给予正科的行政职级。一旦一个法官成功地完成了第二种晋升，他将在行政级别上面临更广阔的发展空间。在行政化的组织序列当中，个体所获得的信息、权威、收入和声望与他的行政职级成正比，所以，晋升可以成为我国法官效用函数中的一个变量。

2. 收入

波斯纳毫不避讳地将货币收入确定为联邦上诉法院法官的效用函数变量。毋庸置疑，这一变量对于我国法官来说也同样适用。作为一切商品价值尺度并充当一般等价物的货币，在每个人的生活中都扮演着重要角色，我们的基本生活需求，包括衣食住行，处处都离不开它。当然，金钱并非万能，许多宝贵的事物都是货币所购买不到的。但是，这丝毫不妨碍金钱本身带给我们效用和我们本身对金钱需求的事实成立。作为社会经济系统中普通一员的法官，亦是如此。

金钱可以增加人们的效用是一个几乎不用论证的命题。首先，货币的职能之一，是充当一切商品的一般等价物。但凡进入流通领域的商品都能够通过支付货币的方式获得。这些商品既包括满足我们生理需求的物质资源也包括满足我们心理需求的精神产品。拥有的货币数量越多，意味着我们在生理和心理方面得到的满足的可能性就越大，我们所获得的效用也就越大。其次，"灵魂无纷扰"这一伊壁鸠鲁式的幸福观体现了人类渴望稳定与安全的天性，货币能够在一定程度上满足人们这一需求。正是所谓的，"家中有粮，心中不慌"。富人很少会为温饱而发愁，而穷人却常会为"明天的面包在哪里"而担忧。未来的不幸与意外可以用金钱去应对这一观念表明，坐拥巨额财富的人们会有很强的安全感，而财富较少的穷人往往难以获得这样的心理满足状态。再次，货币不仅能够通过购买商品或者增加稳定与安全感来增大人们效用，持有货币数量本身的增加，就能够给人们带来积极效用。例如，当一个人的收入由一千元提升为三千元时，他会立刻体验到直白的喜悦和即时的快乐。积极感觉的获得发生在仔细思索如何使用这些收入之后表明，这一效用的获得并不需要通过将金钱转化成为某种手段。最后，货币还可以通过节约时间来增加人们的效用。"时间就是金钱"，金钱也是时间。一个富有的人可以使用货币雇佣他人，来完成自己不愿意去做的事情，避免从事这些事情带来的痛苦。从另一个角度来看，就是增加自己的效用。此外，节约的时间可以从事其他价值更高或者更为乐意去做的事情，并从中获得快乐，进而增加总效用。

人们对金钱的追求也可以通过对自由的向往来解释。每个人都渴望自由，而自由实现的物质条件是财务自由。同时，获取财务自由的手段之一，是对货币的储蓄和积累。就此而言，收入越多，或者说，每增加一笔收入，都是朝向终极自由目标的一个小小迈进。单纯地看，探讨追求金钱总是显得不大光彩。再将这一目标同崇高自由联系起来后，直白地说出对金钱的渴望似乎就会变得可以接受。无论在美国法官还是中国法官那里，金钱都是一个重要的激励因素。这一命题的例外是，除非他已经实现财务自由。在所持货币数量巨大的条件下，金钱边际数量增加对其效用的贡献将几乎为零。事实上，很少法官能够满足这一条件。

3. 闲暇

闲暇的效用体现在两个方面：一种是纯粹的闲暇效用，即闲暇本身就是目的。尽管工作也是人们的基本需求，但没有人可以像机器那样从早到晚、昼夜不息的工作。适当地安插闲暇将有助于恢复工作中脑力和体力的耗费。对一般人而言，无所事事会产生一种无聊之苦，而忙忙碌碌则会产生疲惫之苦。在两种痛苦之间，我们需要求得一个权衡。最佳的比例是，工作与闲暇所产生的边际收益相等。就一项职业而言，尽管人们在选择这一行当时充满了极大兴趣，但在经年累月之后，厌倦感随即产生，即所谓的边际效用递减。相较于闲暇的边际收益而言，工作的收益要小得多。所以，大多数人在工作中习惯于偷懒也就成为一种常见的现象。增加闲暇本身因而能够促进人们的效用增加。另一种闲暇作为一种工具价值自古希腊以来就受到人们的重视。塞涅卡曾指出，人们从各种凡俗的事物中解脱出来，才能找到优秀的人来指导我们的生活、才能不被各种层出不穷的目标导向歧途生活。亚里士多德也曾将闲暇列为从事哲学思考的两个必要条件之一。闲暇在英文中为"leisure"，在古希腊语中为"skole"，它是拉丁文"scola"和英文"school"的词源。从"闲暇"演变为"学校和教育"可知，作为"school"的字根，"skole"一词的潜在含义是，只有在闲暇中人们才能创办学校进而开展教育。古希腊语中的闲暇并非无所事事，而是抽出空来从事高尚的追求——学习。此种意义上的闲暇作为一种工具性价值而为人们所追求。根据边际效用递减规律，人们在长期从事一项工作之后，每增加一个单位的工作量只能获得很少的效用。理性的个体，则会尽量地减少工作时间，并将它们投入到更有价值的事物上。其间的转换过程为：从工作时间到闲暇时间，再到投入更有价值事物的时间。是故，闲暇作为一种工具性价值，也能够给主体带来效用。

波斯纳效用函数中的闲暇是指，除却审判工作之外的其他活动。这里的闲暇与波斯纳所界定的大致相同，包括但不限于纯粹不作为的放松。对于审判任务繁重的中国法官而言，这一变量无疑是他们所追求的基本善品。闲暇首先带给法官最为直接的效用就是，消除工作引起的疲劳状态。法官的审判工作不但是脑力劳动，也是一件体力活。认定案件事实、寻找法律规则并在二者之间进行联接无疑需要耗费巨大的心智。长期伏案阅卷、连续开庭审理和沟通协调双方当事人是明显的体力支出。

这些工作分别使法官产生出两种疲劳状态：过度使用脑力而导致的精神疲倦和透支体力而带来的肉体疲劳。无论哪种状态，都会给法官带来痛苦体验，这一状态只有通过闲暇加以恢复。通过暂时性的停止工作，闲暇可以使法官的身心重新获取活力。

除了通过缓解精神和体力疲劳增加法官效用外，闲暇还能够使法官从事更有意义的活动而增加效用。他们可以在闲暇时阅读，通过增长见识或者陶冶情操而获得满足的感觉；他们也可以游览名山大川，与自然充分接触而获得愉悦；或者参加各种体育活动，体验挥汗如雨的畅快。由此可见，效用增加是法官个体的主观感受，但其根源于外部环境对主体的刺激。一定意义上，各种休闲活动是法官们积极营造的一种增加快乐体验的外部环境，其必要条件是闲暇。

4. 荣誉

在波斯纳列举的效用函数变量中，众望（popularity）、威望（prestige）名誉（reputation）之间存在一定重叠。波斯纳在论述众望时指出，这种众望是法官对自己在从业律师群体中的众望而不是在诉讼当事人的众望，因为"几乎每个判决决定都会有一个高兴的赢家和一个不满意的输家"。[1]可见，这里的众望是指，法官意识到自己在某一特定群体中是否受到欢迎。威望在波斯纳那里被定义为，"法官反对以任何方式大量增加法官的数量，至少是高层法官的数量，也反对把'法官'称号延伸到更低层的法官，诸如'地方治安法官'和'破产法官'"。[2]威望指的是，法官因为从事审判职业而产生的光荣性感觉。而

---

〔1〕［美］理查德·A. 波斯纳：《超越法律》，苏力译，中国政法大学出版社2001年版，第136页。

〔2〕［美］理查德·A. 波斯纳：《超越法律》，苏力译，中国政法大学出版社2001年版，第136页。

名誉变量则体现为，他人对自己表现的评价，既包括自己的同事也包括同事之外的法律职业群体。波斯纳也认为这个变量同众望存在着合流。[1]无论众望、威望或名誉都表现为主体对别人如何看待自己的在意，并且希望从他人那里获得关于自己的积极评价。我们决定用"荣誉"（honour）一词进行概括，荣誉在内涵上囊括了波斯纳所列举的上述三个变量。

荣誉是一个同时兼具主观和客观因素的事物。从荣誉的给予方来看，它具有客观性。一般地，荣誉总是一定范围内的群体对个体的评价。尽管评价包含了价值判断，具有主观性，但是群体评价作为一种社会共识，或主体间性，明显具有其客观的一面。包尔生指出："一个人通过他的品质和行为在他的伙伴中唤起某种情感，这些情感是以价值判断的形式来表现的：尊敬和无礼、崇拜和轻蔑、敬重和厌恶。这些情感以判断的形式表现自己并为其他的情感所影响、加强和共鸣，因而产生了对于社会中的特定个人的某种总的价值估价的东西，这就是他的客观荣誉。"[2]除却集体意向性本身彰显了荣誉的客观性外，获取荣誉的原因，也具有客观性。一个人之所以会获得荣誉，总是因为他做出了些什么。无论品质还是行为，都具有一种客观外在状态。

从荣誉的获得一方来看，荣誉表现为主体对社会客观评价的内化，因而具有主观性。每个人都希望别人喜欢自己，都希望获得别人的表扬、尊敬和赞美，而不希望遭到别人批评、轻蔑和厌恶。当我们从别人那里得到前一积极评价时，我们也就

---

〔1〕　参见［美］理查德·A. 波斯纳：《超越法律》，苏力译，中国政法大学出版社 2001 年版，第 138 页。

〔2〕　［美］包尔生：《伦理学体系》，何怀宏等译，中国社会科学出版社 1988年版，第 489 页。

获得了荣誉。斯宾诺莎曾经论述道，"自我满足实在是我们所希望的最高的对象。因为没有人努力保持他的存在，而其目的是为了别的东西。而且这种满足可以因称赞而愈益增进和坚强，反之可以因责罚而愈益扰乱不安，所以我们大都为荣誉所指导，很难忍受耻辱的生活。"[1]主体会对外部给予的荣誉自发地生成一种积极的内化决定了获得荣誉可以增加主体效用。

从社会角度来看，荣誉是对人们作出一定贡献的肯定的评价；就个人而言，荣誉表现为主体对他人评价的关注。中国法官积极争取获得办案能手、优秀标兵、优秀公务员并争取立功的事实表明，同美国联邦法院的法官一样，我们的法官偏好荣誉几乎不证自明。因此，荣誉可以成为法官效用函数中的一个变量。

5. 公益

公益就是公共利益。公共利益成为法官的效用函数变量意味着，公共利益可以成为法官所追求的目标，并且，在实现公共利益之后，法官的效用也会增加。从本质上看，法官对公共利益的追求是在实施一种利他行为。这种行为要么牺牲了自己的利益而成就了他人利益，要么是单纯地促成他人利益，无论哪一情形，行动者本人没有从该行为中获得益处。法官从事这种行为并且不能够从其中获得效用，表面上看，与法官的"理性经济人"假设相矛盾。但实际上，自利不等于自私，也并非纯粹的利己，一个人效用满足可以容纳得下他人幸福。

一些从事伦理学研究的学者把利己主义划分为两种类型，其一，是心理利己主义，其二，是伦理利己主义。前一种类型将利己行为限定在事实层面，即我们每一个人事实上都在从事

---

〔1〕 〔荷〕斯宾诺莎：《伦理学》，贺麟译，商务印书馆1998年版，第210页。

对自己有利的行为。而后一种类型则超越了对事实的描述，将利己行为上升到价值层面：每一个人都应当从事对自己有利的行为。伦理利己主义从两个方面来证成自己的观点。一方面，如果每个人都最大程度地追求并实现自己的利益，那么这个社会的利益也就得到了最大程度地实现。另一方面，人类天性的自我保存要求人们最大程度地实现和保护自己的利益。物种进化理论证实了这一点，一味地利他意味着自我毁灭，人类的进化的历史早已终结。

无论心理利己主义还是伦理利己主义，它们命题的正确与否取决于如何界定"利益"。个体所追求的利益，是否包括他人的利益，是判定两类利己主义所主张的命题是否正确的关键。心理利己主义指出，我们事实上在从事对自己有利的行为。如果其中的"有利"仅仅是指利己，那么，我们很容易证伪这一命题。当爷爷花钱给孙子买零食时，尽管自己破费，但他却感觉到了快乐，获得了效用。当面包师和调酒师制作出美味的面包和精致的葡萄酒时，尽管他们是在追求自己利益，但就他人从消费面包和葡萄酒的行为中获得效用来看，这又是一种利他行为。

伦理利己主义强调，我们应当从事对自己有利的行为。通常而言，规范命题反映了人们的价值主张。由于本体上欠缺一个像事实命题那样所指称的客观实在，此类命题没有真值可言。但任何应当，都是立足于现实的应当，欠缺此点，规范命题非但没有真值，而且将失去意义。其实，伦理利己主义命题中的"有利"也应当包含利他的涵义。在商品经济条件下，"企业应当实现利润最大化"。尽管是一个规范命题，但是我们都会赞同这一命题。市场中的企业生产产品，但最终利润的实现却需要通过交换完成。交换行为并非一方行为，这就决定了，企业若想实现利润最大化，必须考虑对方利益。也就是说，市场经济不排除企业的利己之心，但它必须要在客观上做出利人之行。纯粹利己、不考虑对方利益的行为一定会遭到拒绝。此种条件下，交换关系无法发生，企业利润也就无法实现。将市场中的企业类推至社会中的个人，情况亦是如此。

由此可见，纯粹的利己和纯粹的利他都不现实。利己行为和利他行为之间存在一个交集，这可被称为"己他两利主义"或"互惠互利的利他主义"。[1] 从事实层面看，人们会做出对别人有利的行为，利他行为很容易得到经验验证。同时，从另一个角度看，这些行为也可以被解释成利己行为。因而，客观上的利他行为仅是追求公共利益的一个必要条件。也就是说，以公共利益为目标必然要求主体作出利他行为，然而，并非所有利他行为都是为了公共利益。以上的分析表明，利他行为的做出，常常是出于利己的动机。就法官行为而言，不排除这一情形存在。

但是，法官也有纯粹的利他动机。我不打算声称，作为一种特殊职业，法官应当具有高于普通人的职业道德标准。事实上，诉诸道德规范命题的论证，说服力很小。就一项具体审判工作而言，法官首先会考虑按照法律规则审判。在法律规则不确定或行使自由裁量权时，法官通常也会公正判决。除非有一些外部因素，触发了法官的其他利益动机。当法官在依法且秉持公正之心判案时，我们就可以说，法官是在追求公共利益。一个案件的妥善解决，也会给法官带来积极效用。波斯纳将法官视为戏剧观赏者和游戏参与者。对案件进行严肃而认真的思考，并严格按照法律规则和职业道德规则去处理案件，本身就能获得相当大的效用。一旦法官草率对待工作，任意弃置规则，他从审判中所获得的愉悦也必将大为降低。在设置公共利益这

---

〔1〕 参见杨卉："利己？利他？——作为纯粹利己与纯粹利他交集的己他两利主义"，载《理论月刊》2010 年第 8 期。

个变量时，波斯纳业已意识到，"把促进公益纳入法官的效用函数与把法官当作'一般人'的做法不太一致"，[1]但是他也还是承认公益会影响到法官的偏好。

综上，一个人的快乐可以依赖于别人的幸福，我们常常在帮助别人的过程中获得喜悦，法官也会在做出促进公共利益的行为中获得快乐，他们的效用可以由此而得到提升。

（四）我国法官的效用函数模型

至此，在波斯纳研究成果的启发下，并结合中国的司法现实环境，我论证了符合我国法官实际情况的五个效用函数变量，它们分别是：晋升（elevating），收入（income），闲暇（leisure），荣誉（honor）和公益（commonweal）。据此，可以构建出我国法官的效用函数模型：

$$U = U (E, I, L, H, C)$$

在这个函数中，U 为因变量，它指代法官所获取的总效用。与之对应，E、I、L、H、C 为自变量，它们单独或共同发生变化均会引起总效用 U 的变动。其中，E 指代法官的晋升变量；I 指代法官的收入变量；L 指代法官的闲暇变量；H 指代法官的荣誉变量；C 是公共利益变量。该效用函数的定义域和值域均为一切实数，无论因变量 U 还是自变量 E、I、L、H、C，都可以是正数、零和负数。另外，该效用函数为增函数，效用值 U 在自变量定义域范围内随着自变量值的增加而增加。这意味着效用函数中的每一个变量值的增加都会使得效用值 U 得以增加；相反，每一个变量值的减少也都会引起法官效用值的减少。也

---

〔1〕　〔美〕理查德·A. 波斯纳：《超越法律》，苏力译，中国政法大学出版社 2001 年版，第 128 页。

就是说，晋升（elevating），收入（income），闲暇（leisure），荣誉（honor）和公益（commonweal）这五个变量中的任一变量的增加，都会引起法官所获得的总效用增加。反之，任一变量减少，都会引起总效用的降低。

第四节　法官的理性选择

晋升（elevating）、收入（income）、闲暇（leisure）、荣誉（honor）和公益（commonweal）可以作为我国法官效用函数的五个变量，据此建成的法官的效用函数模型为：$U = U（E，I，L，H，C）$。民意审判现象发生的必要条件是法律的不确定性。在这一前提下，形式上符合法律的解答存在多种可能。在这些答案中，有一项与社会公众的要求高度契合。民意审判现象的发生，是法官选择了那个与民意相一致的解答的结果。基于理性经济人假设，一个可能的结论是：选择与民意相一致的那个解答，能够最大化法官效用。也就是说，法官选择与民意相一致的那个解答所获取的效用，超出了任何一项与民意不一致判决的效用。这一结论是否能够得到证成，需要进一步考察民意和五个效用函数变量之间的关系。

一、法官效用函数模型的扩展

为了简化论证，并使结论清晰，尽管事实上法律不确定下的解答可能是多个，但这里将仅考虑两种情形，即，与民意一致的判决结论和与民意相悖的判决结论，两种情形分别用 P 和-P 指代。

可以把这两种结论设定成原先效用函数变量的自变量，进而形成两组关系。第一组为：晋升与 P、收入与 P、闲暇与 P、荣誉与 P 以及公益与 P；第二组为：晋升与-P、收入与-P、闲暇与-P、荣誉与-P 以及公益与-P。这十对关系分别反映 P 和-P 对五个法官效用函数变量的影响。通过对五个变量的直接影响，P 和-P 进而可以间接影响到法官所获取的总效用大小。原先法官的效用函数模型由此也就可以进一步扩展成为两个复合函数。在法律不确定的前提下，法官选择与民意相一致的判决或者选择与民意相悖的判决分别会产生两种效用。如果用 U1 表示法官选择与民意相一致的判决所获得的效用，用 U2 表示选择与民意不一致的判决所获得的效用。那么与民意相一致的效用函数模型就可以在原先模型 U＝U（E，I，L，H，C）的基础上扩展为：U1＝U｛E（P），I（P），L（P），H（P），C（P）｝；而与民意不一致的模型则可以相应地表示为：U2＝U｛E（-P），I（-P），L（-P），H（-P），C（-P）｝。

　　通过扩展模型可以看到，选择与民意相一致的判决（P）或者与民意不一致的判决（-P）会对原先法官效用函数模型中的五个变量值（E，I，L，H，C）产生不同的影响，进而生成不同的效用值 U1 与 U2。接下来，我们将对扩展函数中的两组关系进行考察，并比较 U1 与 U2 数值的大小。[1]

二、民意对法官效用函数变量的影响

（一）民意与晋升

　　根据 2017 年《中华人民共和国公务员法》、1997 年《中华人民共和国法官等级暂行规定》和《中华人民共和国法官法》

---

　　〔1〕　最直观的分析需要对这五个变量和法官效用进行赋值，但我并不打算如此论证。事实上，任何测量方法都无法给出精确数值。经济学中的"序数效用"理论表明，尽管没有具体数值，但并不妨碍在效用之间进行排序和比较。本书接下来的论证将证明此点。

的相关规定，我国法官的晋升包括三个方面：第一个方面是法官行政级别的提升。由于我国将法官纳入公务员管理序列，每一位法官都配有一个行政级别。在法官队伍中，行政级别最高的是最高人民法院的院长，其位居国家级副职；而行政级别最低的法官则是基层法院的助理审判员，他们一般是科员级别。[1]行政级别的高低最终体现在法官在法院所担任的行政职务上，包括：院长、副院长、庭长、副庭长等。每一位法官都有提升行政级别的空间，最高人民法院院长也不例外。第二个方面是法官等级的提升。我国法官分为四等，分别是：首席大法官，大法官、高级法官和法官。其中首席大法官有一个级别，大法官有两个级别，高级法官有四个级别，法官有五个级别，合起来共是四等十二级。[2]第三个方面是审判职务层级。我国各级法院中所设的审判职务层级包括：审判委员会委员、审判员、助理审判员和书记员。刚通过公务员考试进入法官队伍的新人一般要从最底层的书记员做起。

晋升的三个方面在任何一个层级的任何一个法官身上都会有所反映。例如，一个中级人民法院的院长在行政级别上可能是厅局级副职，在法官等级上是三级高级法官，同时，在审判职务上是审判委员会委员。现实中，某一方面得到提升后，其他方面也会受到影响而随之提升，但三者之间的晋升并非完全

---

[1] 2017年《中华人民共和国公务员法》第16条第2款规定"领导职务层次分为：国家级正职、国家级副职、省部级正职、省部级副职、厅局级正职、厅局级副职、县处级正职、县处级副职、乡科级正职、乡科级副职。"第17条第2款规定："综合管理类的非领导职务分为：巡视员、副巡视员、调研员、副调研员、主任科员、副主任科员、科员、办事员。"

[2] 《中华人民共和国法官等级暂行规定》第5条规定："法院等级设下列四等十二级：①首席大法官；②大法官：一级、二级；③高级法官：一级、二级、三级、四级；④法官：一级、二级、三级、四级、五级。"

同步。例如，一个副庭长晋升为庭长，可能在行政级别和法官等级方面得到了提升，而在审判职务层级方面却没有提升；当一个庭长提升为副院长时，他的审判职务层级得到了提升，但行政级别和法官等级却没有提升。

法官晋升的依据是法官所任职务、德才表现、业务水平、审判工作实绩和工作年限，其中，最为重要的因素是审判工作实绩。[1]对于如何考核法官个人审判工作的实绩，不同地区和不同级别的考核指标不尽相同，但一般都包括如下内容：①审判正确指标，包括二审发回重审率和再审发回重审率。②审判效率指标，包括普通审限内结案率、批准审限延长结案率和简易程序适用率等。③审判实现指标，包括当事人履行率和强制执行率。④社会效果指标，主要是指群众因不服判决而发生的上访率。[2]我将论证，在法律不确定条件下，法官选择与民意相一

---

〔1〕《中华人民共和国法官等级暂行规定》第9条规定："法官等级的确定，以法官所任职务、德才表现、业务水平、审判工作实绩和工作年限为依据。"《中华人民共和国法官法》第28条第1款规定："法官等级的确定，以法官德才表现、业务水平、审判工作实绩和工作年限等为依据。"《中华人民共和国法官法》第41条规定："对法官的考核内容包括：审判工作实绩、职业道德、专业水平、工作能力、审判作风。重点考核审判工作实绩"。

〔2〕 关于法官考核指标内容参见张建、李瑜青："法官绩效考评制度的功能与反思"，载《华东理工大学学报》（社会科学版）2016年第5期；李拥军、傅爱竹："'规训'的司法与'被缚'的法官——对法官绩效考核制度困境与误区的深层解读"，载《法律科学》（西北政法大学学报）2014年第6期；孙晨："法官考核指标体系的重构及其技术运用"，载《巢湖学院学报》2010年第4期；艾佳慧："中国法院绩效考评制度研究——'同构性'和'双轨制'的逻辑及其问题"，载《法制与社会发展》2008年第5期；山东省东营市中级人民法院课题组："构建有中国特色的法官考评制度——关于法官考评制度与评价制度的调研"，载《法律适用》2007年12期；江必新："司法绩效综合评价的实践与思考"，载《中国审判》2006年第6期；王宏、王明华："法官内部考核机制研究"，载《山东师范大学学报》（人文社会科学版）2006年第1期。

致的判决会有助于提升这些指标值，进而增加法官效用函数中晋升的变量值。

首先，选择与民意相一致的判决会提升法官的审判正确指标值。一般来说，得到社会公众支持的一方当事人如果败诉，其将更有底气提起上诉，成功与否暂且不论，但至少会增加被发回重审的风险。当然，如果法院作出与民意相一致的判决，另一方也有可能提出上诉。但在社会舆论的压力之下，其可能性要小。而且，诉讼请求与民意相抵牾的当事人较之得到民意支持的一方，其胜诉的概率也要小得多。较小可能的上诉提起率和较低的胜诉概率将使承办法官的发回重审率整体上降低，法官选择与民意相一致的判决也就从一定程度上提升了自己的审判公正指标值。其次，选择与民意相一致的判决提高了审判效率指标值。由于预见到判决结果将遭受公众质疑，法官在选择与民意不一致的判决势必会仔细斟酌裁判理由，小心求证，以至于迟迟不敢得出结论。从另一方面看，为了降低自己的责任风险，法官在拟作出与公众意见相悖的判决时大多会主动要求将案件提交审委会讨论。无论认真撰写裁判理由还是发起集体讨论程序都会在客观上延长审判期限。相反，如果法官拟选择与民意相一致的判决，上述这些顾虑自然可以消除，他也将更有底气地尽快结办案件，进而提高审判效率。再次，选择与民意相一致的判决能够提升审判实现指标值。毋庸置疑，与民意相一致的判决由于有着良好的群众基础，更容易在现实中得到贯彻，法院落实裁判内容也将更为轻松。相反，与民意不一致的判决将会因为不得民心而在执行过程中遭遇重重阻碍。承担判决不利结果的一方当事人更有理由拒绝配合执行。最后，与民意相一致的判决还能提升社会效果指标值。如果得到民意支持的当事人得不到司法的支持，他也将更有动力去寻求其他途径来使自己的权利得到救济。同提出上诉一样，另一方也有可能会去寻求其他救济途径。但是相较于得到民意支持的一方，其寻求的可能性与获得支持的概率要小很多。因此，选择与民意相一致的判决也就增加了社会效果指标的数值。

综上，选择与民意相一致的判决使得以上四个考核评价法官的指标值都得以提升，进而增加了效用函数中晋升的变量值。相反，法官选择与民意相悖的判决则会降低四个方面的指标值，进而降低晋升的变量值。因此，前一种判决将更有利于晋升，用符号表示为：$E(P) > E(-P)$。

（二）民意与收入

通常而言，法官的收入也就是法官的工资收入。2017 年版《法官法》第 36 条至第 38 条专门对法官的待遇作出了规定，我国法官是依法履行公职、纳入国家行政编制，由国家财政负担工资福利的工作人员。乍看上去，在一个单独的案件中，无论法官如何判决，对他的薪水都不会有影响。在舆情案件中似乎亦是如此，判决与民意是否一致与法官的货币收入之间基本不存在相关关系，即选择与民意相一致的判决或是相悖的判决对法官的收入都没有影响。我们很难想象，顺应了民意要求而判决刘涌死刑的法官会获得什么额外的收入，同样的结论也适用于许霆案、泸州遗赠案和李昌奎案中的法官。然而，倘若我们把观察的视野稍稍拉长，两个变量之间的关联或许就会隐隐地向我们呈现出来。

2014 年度规范津补贴后浙江省 Y 法院行政编制
人员工资发放明细表（部分）

单位：元

序号	职务工资	级别工资	生活性补贴	工作性补贴	职务补差	警衔津贴	警察执勤岗位津贴	特殊岗位津贴	无线通讯补贴	法官审判补贴	应发工资
1	410	476	2150	1070	0	0	0	66	50	190	4412
2	380	476	1955	997	0	0	0	66	30	0	3904
3	480	1061	2345	1170	0	0	0	66	70	233	5425
4	410	476	2150	1070	0	0	0	66	50	190	4412
5	380	408	1955	997	0	0	0	66	30	0	3836
6	830	908	2932	2435	16	0	0	66	230	246	7663
7	380	476	1955	997	0	0	0	66	50	200	4124
8	380	446	1955	997	0	0	0	66	70	200	4114
9	480	572	2736	1691	458	0	0	66	200	233	6436
10	410	572	2150	1070	0	0	0	66	50	210	4528
11	410	572	2150	1070	0	0	0	66	70	210	4548
12	380	521	1955	997	0	0	0	66	30	0	3949
13	380	476	1955	997	0	0	0	66	30	0	3904
14	410	627	2150	1070	0	0	0	66	70	220	4613
15	480	641	2541	1484	268	0	0	66	150	220	5850
16	380	521	1955	997	0	211	300	0	30	0	4394

序号	职务工资	级别工资	生活性补贴	工作性补贴	职务补差	警衔津贴	警察执勤岗位津贴	特殊岗位津贴	无线通讯补贴	法官审判补贴	应发工资
17	380	446	1955	997	0	0	0	66	30	0	3874
18	380	408	1955	997	0	175	300	0	30	0	4245
19	380	408	1955	997	0	0	0	66	30	0	3836
20	380	408	1955	997	0	0	0	66	30	190	4026
21	380	408	1955	997	0	0	0	66	30	180	4016
22	380	408	1955	997	0	0	0	66	30	0	3836
23	380	408	1955	997	0	0	0	66	30	0	3836
24	380	408	1955	997	0	0	0	66	30	0	3836
25	380	380	1955	997	0	0	0	66	30	0	3808
26	480	1175	2345	1170	0	0	0	66	70	233	5539

　　在现有管理体制下，从组成部分上看，法官的全部收入可以分为固定收入和可变收入两个部分。前一类收入即法官的应发工资，一般包括：职务（等级）工资、级别工资、生活性补贴、工作性补贴、职务补差、特殊岗位津贴、无线通讯补贴和法官审判补贴。法官的可变收入则是法官收入中可以变动和并未事先确定的那一部分，包括因各种奖励而获得的货币收入。几乎每个法院定期都会有诸如优秀公务员、先进个人、办案能手等荣誉评比，获得这些荣誉的法官会获得一定的物质奖励。

　　一方面，民意与法官的应发工资这一部分存在着正相关关系。通过表 1 可以看到，如果一位法官的职务工资和级别工资相对较高的话，那么他最后的应发工资也会相对较高。例如，位于序号 6 的法官职务工资是 830 元、级别工资是 908 元，高出位于序号 2 法官的职务工资 380 元、级别工资 476 元。结果，6 号法官的应发工资 7663 元也就相较于 2 号的 3904 元要高。这就表明，法官的固定收入部分与他的职位级别高低成正相关关系，这也是资源分配不平等的一个体现。本书之前论证了，法官在法律不确定的前提下选择与民意相一致的判决能够促进审判公正指标值、审判效率指标值、审判实现指标值和社会效果这四个指标值，进而促进法官效用函数中的晋升变量值。表 1 的数据表明，晋升变量值的提升又能提高法官收入中的变量值。尽管因果关系的链条拉得稍长，但不可否认的是，民意与收入之间还是能够形成关联的。选择与民意相一致的判决对法官固定收入部分可以起到一定程度上的促进作用。

另一方面，与民意通过直接提升晋升变量进而间接提升收入变量值（固定部分）类似，民意也可以通过直接促进荣誉变量值进而间接促进收入变量值（可变部分）。选择与民意相一致的判决可以促进荣誉变量值的提升，而选择与民意相悖的判决则会降低荣誉的变量值。进而，法官因优秀公务员、先进个人、办案能手等荣誉而获得的可变收入也与选择与民意相一致的判决存在正相关关系。[1] 如此一来，选择与民意相一致的判决既能够促进法官收入的固定部分的增加又能够增加法官收入的可变部分，进而在总体上提升法官的收入变量值。而选择与民意相悖的判决会使得上述促进因素朝向相反方向变动，进而减少法官收入的变量值，或至少使该变量值静止不变。无论哪一种

---

〔1〕 详细内容请参阅本书关于"民意与荣誉变量"一节的分析。

情况，它都会使法官收入的变量值小于选择与民意相一致而产生的变量值。因此，I（P）＞I（-P）也就得到了证成。

（三）民意与闲暇

近年来，随着公民法律意识的不断提高，越来越多的纠纷被诉诸法院。尤其是在 2015 年全国法院由实行立案审查制变更为立案登记制以来，审判压力与日俱增。据相关资料统计，1991 年，我国各级法院受理的一审、二审和再审案件总共321.5 万件。[1]而在二十多年后，我国法院受理案件的数量翻了几十倍。2017 年，全国法院总共受理案件达到了 8904.9 万件。[2]在案件增加了二十多倍的情况下，法官人数仅仅增加一倍不到。并且，在员额制改革实行之后，法官人数还将进一步削减。这些因素都将增加法官的工作时间，案件数量激增的压力最终要由法官个人承担。大多数法官，尤其是基层法院的法官，终日蛰伏于浩如烟海的案卷材料之中，因忙于开庭审理和撰写判决书而疲惫不堪。闲暇因此也就成为他们所追求的基本善品之一。

法官工作时间可以大致可被划分为三块：阅读案卷材料时间、开庭审理时间和撰写判决书时间，节约这些时间也就相应地增加了效用函数中的变量数值。在舆情案件的审理中，法官选择与民意相一致的判决将分别从这三个方面节约法官审判时间，从而比相反选择更能提高闲暇的变量值。

首先，选择与民意相一致的判决会减少法官阅读案卷材料的时间，相反的选择会增加这项工作的时间。在实地调研中，我们发现，由于手头案件太多，法官在没有阅读案卷材料，至

---

[1]　参见法统："1991 年全国法院审理案件的统计"，载《人民司法》1992 年第 5 期。

[2]　参见《人民日报》2018 年 3 月 10 日，第 2 版。

少没有仔细阅读的情形下，就匆忙开庭审理的现象时有发生。这在那些积压案件数量较多、有着丰富办案经验的年长法官那里，则更为频繁。不阅卷审判显示出，法官在强大的审判压力之下会表现出轻率和不负责任的一面，同时，也证实了法官对闲暇的追求。如果一位法官打算选择与民意相一致的判决，那么他会更有自信不去阅读案卷或者以一种较为轻松的方式去阅读案卷。较为轻松的阅卷是指，在案卷中只挑选重点材料进行阅读，或者减少重复阅读案卷材料的次数。无论不阅卷还是轻松阅卷，他都获取了闲暇，这一变量数值将在法官效用函数中得以增加。相反，如果法官倾向于给出与民意不一致的判决，他必将耗费较多的时间和精力。面对声势浩大的社会公众质疑，法官只有牢固地掌握案件事实和熟悉所有相关法律规范才能妥善应对。这需要法官兢兢业业，几遍、十几遍甚至是几十遍地阅读案卷材料，以至于不忽略每一个细节。除却对自己的判决方案进行万无一失的论证，他还额外需要对其他可能方案，尤其是对民意所支持的方案进行具有说服力的反驳。

其次，选择与民意不一致的判决会增加法官开庭审理的时间。开庭审理时间的增加包括，延长单次开庭时间和增加开庭次数。就审判时间而言，我国法律仅笼统地规定了一个审结期限，但对法官在这个期限内开几次庭、每次开庭的时间长短未作具体规定。例如，《中华人民共和国民事诉讼法》要求，采用普通程序审理的第一审民事案件必须在 6 个月内审结，但对法官的开庭次数和每次庭审时间不做限制。作为理性经济人的法官可以通过缩短每次开庭时间和减少开庭的次数来节约自己的工作时间，进而增加效用函数中闲暇的变量值。如果法官打算选择与民意不一致的判决，那么他在各个环节的程序中都必须小心谨慎、如履薄冰。这既是为了仔细确认他所支持的一方的有利证据，也是为了不被民意支持的当事人一方抓住自己某个细小的失误。审判程序常常一步三回头，从后一阶段返回前一阶段，单次审理程序将会延长。如果这种延长达到一定程度，法官必须选择另行开庭，审理次数也将增加。相反，如果法官决定选择与民意相一致的判决，可以想到的是，庭审的各个阶段，包括庭前准备、法庭调查和法庭辩论等，都将更为顺当。在这些程序走完后，法官即可以宣判并结束此案。

最后，选择与民意不一致的判决会增加法官撰写判决书的时间。如果案件判决与民意一致，法官势必会在撰写判决论证理由省下很多精力。民意所给出的理由可以在被简单地经由法律术语包装后，冠冕堂皇地放置到判决书上。相反，"倒行逆施"地给出与民意不一致的结果，必将增加法官论证的艰辛。判决书的撰写要耗费更多的时间和精力，进而降低闲暇的变量值。

综上，选择与民意一致的判决能够给法官节约下阅读案卷、开庭审理和撰写判决的时间。相较于选择与民意不一致的判决，这一选择会带给法官更多的闲暇，所以闲暇变量的数值在选择与民意相一致的情形下要高，用符号表示就是 $L(P) > L(-P)$。

（四）民意与荣誉

法官的荣誉变量即法官从事审判工作而获取的职业荣誉，它包括法官因受到尊敬、实现自尊以及获得表彰而取得的满足感。一方面，荣誉具有客观性，它来自于主体之外的行为或事实。社会公众当面对法官的称赞，同事对他业务水平表示钦佩，领导对法官工作能力的肯定，以及组织授予一个法官的各种形式表彰皆属此类行为或事实。另一方面，荣誉又具有主观性，它是个体在对外部行为或事实内化基础上而形成的感受。通常情况下，法官的判决如果与民意相一致，他将能够获取社会公众通过各种方式对自己的积极评价，这种评价在反馈给法官自身时，将引发法官的荣誉满足感。此外，判决与民意相一致，在现有评价体制内，意味着法官工作更加贴近群众，由此也能换来组织对自己的荣誉性肯定。

在具体案件的审理中，法官顺从民意能够换来更多社会公众的拥戴，荣誉变量由此提高。在"刘涌故意杀人案"中，当这位无恶不作的黑社会头目被最高人民法院提审并改判死刑后，人民群众欢呼一片；在"泸州遗赠案"中，当法官当庭宣布驳回"二奶"张学英诉讼请求这一审判结果时，近一千名旁听公民不约而同地鼓掌肯定判决结果；"药家鑫故意杀人案"的审判结果亦是如此，当得知二审维持一审原判，连续捅杀女服务员八刀的药家鑫确定被判处死刑后，围观市民振臂高呼，拍手称快。在群众的鲜花、喝彩与掌声之中，毫无疑问，审理这些案件的法官们的受尊重需求必定得到了极大满足，效用函数中的荣誉变量值也将由此提升。一个合乎情理的推断是，如果法官在上述任一案件中做出相反选择，他不但会失去这些肯定性评价，而且还很有可能会招来社会公众的猜忌与指责。人们会怀疑审理案件的法官是否徇情枉法或徇私枉法。"李昌奎案件"的二审判决或许可以在一定程度上验证了此点。当犯有强奸并故意杀死两人的李昌奎被改判为死刑缓期执行后，网络舆情顿时一片哗然。很多社会公众猜疑主审法官是否徇私或徇情，一些公众甚至要求纪委对法官进行调查。众口可以铄金，负面舆论评价必定会使法官自我认可度降低，生成抑郁和沮丧的心里感觉，进而大为减少荣誉变量。由此可见，在个别案件的审理中，从社会公众评价这一角度看，法官的光荣感得以满足需要法官"因势利导"地选择与民意相一致的判决，而不是"冒天下之大不匙"地置民意于不顾甚或是选择与民意相抵触的判决。后者将给法官招来不愉快的千夫所指。诚然，我们可以轻易地联想到，法官之所以要与众愿相违，必定有他的理由。一种可能情形是，法官出于对公正的追求，不愿意违背自己的良心，虚伪地迎合民意。笔者将暂时搁置这一问题，留待下一章进行探讨。这里暂且仅在一个较为浅见的层面分析荣誉和民意的关系。

另外，法院组织对法官个人的褒奖也是法官荣誉变量得以提升的途径之一。法院一般设有"优秀公务员"、"十佳法官"、"办案能手"和"先进个人"等荣誉。关于这些荣誉的评定程序大致是，法院各个庭室推荐人员名单，党组最后决定。在我们所调查的法院中，从历年的候选名单和评比结果看，他们都是名副其实的"办案能手"。最终获得这些荣誉的法官们，一般都是办案数量较多的法官。一般而言，法官的办案数量同法官的审判职务等级成反比，即审判职务等级越低的法官，他的办案数量就越多。刚刚毕业考入法院工作和新任助理审判员的法官们往往是法院里的业务骨干，办案数量都维持在每年 200 件以上。这些荣誉也都集中分布在上述群体身上。数量仅仅是获得这些荣誉的一个先决条件，保证案件的质量，即，在法院系统内部开展的案件质量检查中全部过关，对于最终荣誉的获得而言也十分重要。一定意义上，获得荣誉就是要"既快又好"地办理案件。选择与民意相一致的判决，无疑会使"既快又好"顺利实现。在民意与闲暇的关系中，选择与民意相一致的判决可以节约法官阅卷时间、开庭审理时间和撰写判决时间进而获取闲暇。从另一角度看，如果法官把节约下来的闲暇时间运用在继续审理案件上，这便意味着案件处理实现了相对的"快"。同样，在民意与晋升关系的阐释中，选择与民意相一致的判决能够分别提升考核法官的审判公正指标、审判效率指标、审判实现指标和社会效果指标。这些指标常常也作为法官审理案件的质量评价标准。选择与民意相一致的判决，也就从一定程度上实现了"好"。从提升这两个方面同时入手，必然会增加法官获得组织授予荣誉的机会。

由此可见，荣誉变量具体表现为社会公众对法官的评价以及单位组织对法官的表彰。选择与民意相一致的判决对这两个方面分别都有不同程度的促进作用，而相反的判决则会降低荣誉变量的数值。因此，H（P）>H（-P）。

（五）民意与公益

尽管公共利益从本质上来说是一种利他行为，但在己他两利主义的整合下，个人的利己行为与利他行为存在一个交集，法官作出有利于公共利益的行为与理性经济人假设并不矛盾。此外，从法官的审判职业性质角度来看，一个明显的事实是，在没有其他因素激发法官私利的条件下，法官常常都会公正审理案件。这是一个事实层面的实现公共利益的行为。

尝试运用经济学原理来解释司法审判的法律经济学，将"财富最大化"预设为法官的审判目标。波斯纳发现，普通法法官都是按照财富最大化原则审理并裁决案件。例如，同谋、共同海损（海商法）、共同责任、衡平法地役权、自由使用、颁发初步禁令的标准、设陷、合同履行不可能、附带受益规则、赔偿的预期测定、自担风险、犯罪未遂、侵犯私隐、错误干预合同权、部分案件中的惩罚性赔偿金、证据法中的特权、职务豁免、道德因素原则等，这些原则都符合财富最大化要求。[1]在论及此点时，波斯纳已经隐隐发现自身论断间的分裂。一方面，他主张，普通法法官都是在秉持财富最大化这一原则下作出审

---

〔1〕 参见［美］理查德·A. 波斯纳：《法理学问题》，苏力译，中国政法大学出版社 2002 年版，第 448 页。

判行为。所谓的财富最大化明显是指社会财富最大化，而非个人财富最大化。毫无疑问，这是一个公共利益目标，法官在这一原则下所作出的审判行为必然是一个利他行为。另一方面，波斯纳在另一些场合却又声称，和普通人一样，法官在审理案件时，是在追求个人效用最大化。在意识到这一矛盾后，波斯纳旋即对什么因素促进法官按照财富最大化的方式来审判的问题展开了追问。最终，他给出的解释是，社会繁荣是一个相对来说没有争议的政策，而且大多数法官都努力避免争议：他们的年龄、报酬方式、司法与其他政府部门相比起来的相对软弱都使得避免争议很有吸引力。[1]按照波斯纳的逻辑，避免争议是法官的一个价值目标，而实现公共利益有利于法官实现这一目标，追求财富最大化的审判行为也就随即成了现实。在波斯纳那里，个人效用还是被法官放在第一位的，公共利益仅仅是一种工具价值。当这一价值能够促进个人目标时，如实现法官避免争议的欲求，它才会被法官用以作为审判行为的准则。尽管有关公益的观点无疑会影响法官的偏好，就像这些观点会影响选民的偏好一样，但只有当它们增大了法官的效用时，这种影响才会存在。

　　无论是从实然层面还是从应然层面考量，法官追求公共利益的实现是一个基本事实。尽管存在直接还是间接动机的争议，但都不妨碍如下论断成立：公共利益的实现将增加法官效用。美国法学家庞德将公共利益定义为，公民在政治生活中并从政治生活的角度提出的主张、要求和愿望，它包括：国家作为法

---

〔1〕　参见［美］理查德·A.波斯纳：《法理学问题》，苏力译，中国政法大学出版社2002年版，第448页。

人的利益和国家作为社会保卫者的利益。[1]德国公法学者纽曼认为，"公共利益"一词可以拆分为两个部分，"公共"和"利益"，它是指一个不确定之多数成员所涉及的利益。[2]在庞德和纽曼那里，公共利益都是多数人利益或群体性利益，而非少数人利益和个别性利益。就此而言，能够促进公益的法官行为，就是能够实现多数成员利益的行为。

在个别案件中，一旦形成了大多数社会公众形成的关于案件的群体一致观点，一定程度上，案件审理就和公共利益建立了关联。例如，在"张学英遗赠案"中，社会公众强烈要求驳回原告的诉讼请求，关于该案的群体一致观点体现了社会公众对公序良俗的捍卫。破坏一个社会的良好传统习惯，显然是对社会公共利益的侵害。该案中的民意表达了公共利益的实现要求，可以看到，这一利益是社会不特定多数人的群体性愿望。与公共利益相对的个人利益，是少数群体或个别成员的利益。在该案中，张学英个人要求实现遗赠中所承诺的财产权利诉请即为此种利益。

尽管并不绝对，但在社会中形成的相对一致声音，常常是对公共利益诉求的回应。就此而言，在个案审判中，已经凝聚成社会共识的公众意见必将含有公益的成分。如果公共利益可以构成法官的效用函数变量，那么在法律不确定的前提下，法官选择与民意相一致的判决，就是一种直接促进公共利益，并间接增加自己效用的行为。另一方面，在群体一致意见面前，与之相对立的一般为个人利益。法官作出此种朝向的判决，会

---

〔1〕 参见张文显：《二十世纪西方法哲学思潮研究》，法律出版社 2006 年版，第 104 页。

〔2〕 参见陈新民：《德国公法学基础理论》（上），山东人民出版社 2001 年版，第 185 页。

毫无疑问地降低公益的变量值。由此可见，两类相异判决显然将形成不同的公益变量值，并且，与民意趋同判决所生成的变量值显然要高，用符号表示就是 C（P）>C（-P）。

三、扩展模型的结论：法律不确定下的理性选择

通过以上分析，我们可以清晰地看到，民意与法官效用函数模型中的五个变量，即晋升、收入、闲暇、荣誉和公益，都具有正相关关系，选择与民意相一致的判决能够增大效用函数中的法官效用（U）。与之相对，选择与民意相悖的判决则会降低这些变量值，至少不能增加它们的数值。在设定法官效用函数时，我们已经表明，这一函数是一个增函数，即效用函数中的变量与法官的效用是正相关关系。所以，法官选择与民意相一致的判决所获得的效用必定会大于相反判决的效用。

设定法官选择与民意相一致的判决所获得的效用为 U1，而选择与民意不一致的判决所获的效用为 U2。则 U1 = U｛E（P），I（P），L（P），H（P），C（P）｝；U2 = U｛E（-P），I（-P），L（-P），H（-P），C（-P）｝。根据上文对民意与晋升、收入、闲暇、荣誉和公益这五个变量的分别分析可知，E（P）>E（-P），I（P）>I（-P），L（P）>L（-P），H（P）>H（-P），C（P）>C（-P）。由于 U1 和 U2 皆是增函数，它们的值都随着变量值的增加而增加，并且｛E（P），I（P），L（P），H（P），C（P）｝>｛E（-P），I（-P），L（-P），H（-P），C（-P）｝，所以 U1>U2，选择与民意相一致的判决所获得的效用必定大于选择与民意相悖的效用由此得证。

整个论证表明，法官同市场中的消费者和厂商一样，都是追求效用最大化的理性经济人。在法律不确定的前提下，选择

与民意相一致的判决将获取超过相反判决的效用，进而使法官效用得到最大化实现。这种选择随即成为现实。我们也就目睹到了民意审判这一现象。

第五章
民意审判的两种类型

至此，我们已从事实层面对民意审判现象的发生原因进行了解释，即，在法律不确定前提下，法官追求个人效用最大化的理性选择。尽管探究经验事实是基础，但一项研究绝不应当停留在或满足于对现象的描述层面。更多时候，研究应当解决现实问题。尽管未必能够实现，至少目标设置上应当如此。就民意审判现象而言，仅仅指出原因的事实命题并不比现象本身具有更多意义。如果法官在审判时都在追求自身效用最大化，这一事实意味着什么呢？也就是说，这一命题没有回答对于我们而言最为重要的价值问题。例如，这一现象在法治背景下是好是坏，是应当鼓励还是应当避免等。因此，接下来的工作是，在先前已经获得的事实命题基础上进一步深入，对这一现象作出价值分析。如果民意审判现象具有负面价值，那么笔者将致力于从法治视角探寻一些应对之策。本章从先前的规定性概念——法官的效用函数变量及其获得方法的反思出发，引申出公正审判这一价值标准，并用它区分出两种不同类型的民意审判，二者对法治分别具有不同意义。

第一节　公正审判

如前所述，"民意审判"并非一个语义精确的严格概念，它在语用学意义上指涉一种社会现象，即，在社会公众介入司法审判后，法官最终的判决与民意高度契合。除了这一概念外，"民意干预司法"、"民意裁判"或"媒体审判"等与之类似的概念也被学者们用来指涉这一现象，大体与之同义。面对民意审判现象和指涉这一现象的概念，我们的疑问是，社会公众并不握有审判的权力，民意何以能够干预司法，也即，民意审判如何可能。围绕这一问题，本书分别从宏观制度层面（法律的不确定性）和微观行为层面（法官的理性选择）给出解答：民意审判之所以会发生，是因为，在法律不确定性的条件下，选择与民意相一致的判决方案能够最大化实现法官的个人效用。这一实然层面的解释，将理论目光由社会公众移转至法官身上，突出强调审判者对于最终判决形成的决定性意义。

将法官行为置于民意审判现象的中心，可以在一定程度上纠正一些以往被错误理解的观念，澄清民意审判的真正含义。虽然民意审判的形成是由于社会公众对法院的施压，但是仅仅观察到这一现象是不够的。现实中常常可以看到，并非所有舆情案件，即社会公众进行干预和介入的案件，最终都能够转化为民意审判案件。民意对司法的介入至多只能是一个间接原因。从法官行为的角度来解释民意审判现象，毫无疑问，缩短了因果链条的长度，找到了这一现象之所以发生的直接原因。

然而，必须承认，法律不确定下的理性选择，这一建立在拉近因果联接分析基础上的结论，还是有些差强人意。首先，这是一个事实性的描述性（descriptive）结论。法律的不确定性是指，个案中的判决结果没有唯一正确答案，大量的审判案件在经验上能够确证此点。与之相同，法官追求自我利益的实现也是一个经验命题，这一结论也能够被实证观察所确认。其次，进一步看，法律不确定下的理性选择这一命题中还有规定性（prescriptive）成分，具体表现在法官的理性选择方面。在解释何谓理性选择时，我们先作出了第一个规定，即将法官假定为追求效用最大化的理性经济人。事实上，经济人假设在经济学学科中亦不无争议，"有限理性"（bounded rationality）是当代与之竞争最为激烈的理论命题。[1]这一理论道出了，由于受到情感因素、信息不对称或其他外部条件的制约，人们的行为并不都在追求自身效用的最大化。除了理性经济人外，我们在设定法官效用函数的自变量时，也有规定性成分。可以断定，我国法官所追求的目标绝非仅限于这五个变量。无论描述研究还是规定研究，所得出的结论都只能是事实命题。根本上看，能够被观察到的经验都是个别经验，很难上升至普遍层面，现实中总会存在或出现与之相反的事实。描述方法下的结论可能尚未被证伪，而研究者在给出规定性命题时，其业已意识到存在相反情形。

一、价值基础与公正审判

经验研究所得出的事实命题，仅仅是对现象作出的一种或一个侧面的实然描述，无法对现象本身进行评价。只有引入价值分析之后，研究才能指出事实中的问题，进而对现实进行改进。所谓价值，是人的价值，它与主体密不可分，并预设了他的存在。客观现象是其所是，只有在作为主体的人那里，才有所谓的价值和意义。然而，另一方面，尽管人先于价值，价值依赖于人，但单个主体间所共享的价值却又未必相同。一个常见的现象是，面对同一事实，不同主体会引申出不同意义，价值因而具有主观性。因此，研究一旦涉及价值问题，争议将在所难免。

---

〔1〕 See Herbert Simon, "A Behavioral Model of Rational Choice", Q. J. OF ECON., 69 (1) (1955), pp. 99–118.

自休谟以来，区分"事实"和"价值"被普遍接受。在当代一些形式的"非认知主义"（non-cognitivism）观点的影响下，[1]人们大多认为，与前一类事物不同，后一类事物不具有本体实在，因而，人们无法对其形成一致认识。倘若共识无法达成，对价值问题进行探讨就无法确保客观性。例如，在民意审判现象的研究中，通过个别访谈和现场观察等经验方法的运用，研究者能够确认，大多数法官都有晋升的意愿。这是一个事实命题，它可以在访谈内容和观察材料中被验证。在研究者归纳出这一命题后，原本不相信这一事实的人们通过研究者所搜集的客观经验材料也能够对这一命题达成共识。但是，一旦涉及这一事实的价值探讨，争议便会显现。每个人的观点可能都不尽相同，最终将形成两种相互对立的观点，并且，二者都无法举出有力证据说服对方。

在一些特征上，这些非认知主义看待世界的哲学基础是"形而上学实在论"（metaphysical realism）。[2]实在论（realism）的信念表明，其坚持事实独立于人的经验而存在，即使没有人，世界也将是其所是地存在那里。人们认识世界的过程，实际上是世界对人的逐渐呈现。形而上学实在论将这一客观实在贯彻

----

　　〔1〕　非认知主义包括情绪主义和规定主义，二者共同反对价值客体的实际存在以及价值命题的认知意义。强调道德与法律分离的分析实证法学大多以非认知主义为基础。关于实证法学与非认知主义的论述，请参见 Shia Moser, "Ethical Non-Cognitivism and Kelsen′s Pure Theory of Law", *Toronto L. J.*, 29（2）（1979）, pp. 93-113.

　　〔2〕　在价值哲学基础的论述方面，本书在实在论与反实在论之间倾向前一种观点，即，认为价值或价值命题在哲学上具有实体地位。但价值这一地位的获得却又不必以形而上学实在论为基础。普特南的内在实在论的观点能够很好地与后文提出的"公正审判"价值的论证相契合。关于形而上学实在论及其反对观点，请参见 Hilary Putnam, Reason, *Truth and History*, Cambridge University Press, 1981, p. 16, 52, 57.

到极端，它与一种认识论上"镜像"理论相兼容，主体的认识活动是对客体的映射。如果客观世界欠缺本体实在，人的认识也就无法发生。与实在论相对的是反实在论（anti-realism），这一观点突出强调主体对于本体存在和认识发生的重要性。一定意义上，他们主张，如果没有主体也就没有世界。在面对光、热、分子和原子等这些宇宙中的事物时，形而上学实在论认为，这些物理现象都是客观实在，即使没有主体，它们也都以各自本原的形态存在那里。而反实在论则认为，光、热、分子和原子都是主体给它们的名称，这些事物的存在与否很大程度上依赖于主体的主观感觉。

　　无论"形而上学实在论"还是"反实在论"的哲学观点，在涉及价值事物、价值客体以及价值问题上，都将陷入种种形式的不可知论。价值之间不可公度以及价值多元等，是建立在这些观点之上一贯而恒久的主张。就形而上学实在论来看，其承认客观事物的本体存在，并且，基于这一事实，人们能够对它形成一致认识。但是，此种类型的实在论却同时强调，客观本体的预设不适用于价值领域。也就是说，价值欠缺本体存在形态。一方面，在实在论那里，认识须以本体为基础，一旦价值客体缺位，人们自然不能对其达成一致认识。另一方面，在反实在论那里，由于它拒绝对所有实在的承认，发现这一客观本体的一致认识也就无从谈起。

　　由此可见，形而上学实在论确立了一个绝对的、高标准的客观实在，以至于它必定能够在认识上实现主体的一致同意。但凡没有形成一致观点的事物，要么就是主体错误认识，要么就是本体上并不存在。与之相对，反实在论不仅取消了价值实体的本体论地位，甚至拒绝将经验事实看作实体。

　　以两种"极端"的哲学为基础，都将使任何价值结论无法给出，或者，尽管能够得出结论，但它既可被视为正确，又可被看作谬误。价值命题没有真值意味着，规范研究将无法开展。因而，确立一种可以兼容价值研究的哲学基础就显得尤为必要。一方面，实在论的基本内核必须首先被肯定。但是，也必须看到主体在认识活动中的能动性。知识来自经验固然不错，但经验本身并非知识。欠缺主体有序的内化加工，经验不过是一堆杂多。一定意义上，主体不但感知这个世界，而且构建这个世界。另一方面，反实在论取消了独立于主体的客观事物，贯彻这一原则将会产生很多荒谬的结论。尽管很大程度上，认识的发生离不开主体，经验材料没有主体的内在整合将无法形成知识。但是，此点不可被无限放大，单凭思想并不能任意改变世界。

一种介于形而上学实在论和反实在论之间的哲学观点被称为"内在实在论"（internal realism），它首先肯定了实体存在，这与反实在论强调主体对客体的绝对构建划清了界限。同时，它与形而上学实在论亦存在重要区别。尽管二者都预设了客观实体的存在，但内在实在论并不强求这一实体在所有主体那里必须一致。无论是常规意义上的经验实体，还是非常规意义上的价值实体。正如多个主体从不同角度感知一幢建筑物必将产生形态各异的视觉形象，内在实在论并不强求这些视觉效果的完全同一。不同的形象可以是同一实体从不同角度的侧显。因此，即使主体对于价值问题的答案并不一致，内在实在论亦不否认价值实体的客观存在。

规范研究就是对价值命题的回答，科学的规范研究要求这种回答不能是恣意的，必须存在一个客观标准。所有主体都认同的规范标准从一个侧面表明，价值命题和事实命题一样具有真值。也就是说，规范研究中存在着一个类似经验事实那样的标准，它可以被用来验证价值命题的真伪。在揭示民意审判现象的发生原因是法律不确定下法官作出的追求自身效用最大化的选择后，这一经验命题并没有对民意审判现象本身的好坏作出判定。评价这一现象，进而给出对策需要从研究事实过渡到研究价值。而价值研究须以一个预设的价值评价标准为起点。

在形而上学实在论和反实在论那里，这一标准可能并不存在。而一旦采用内在实在论作为基础，这一标准的确立将成为可能。尽管针对一个价值问题，人们会有不同态度，但是获取共识也并无不可能。集体意向性下的一致性结论可以成为人们识别价值客体的基础。在后续论证中，我将人们普遍接受的"公正审判"作为评价标准。在没有预设价值标准前，法官在法律不确定性下做出最大化自身效用的选择仅仅是一个事实，无所谓好坏，不过是一个可被观察到的经验现象。而一旦运用"公正审判"这把价值标尺介入经验命题，原先的事实就会被输入价值。

二、法官效用变量与公正审判

在引入公正审判后，如果法官在实现效用最大化时能够达成这一目标，它便可以被评价为"好"。反之，如果法官因追求自身效用而妨碍公正审判实现时，其将被冠之以"坏"。评价结论的给出需要考查法官追求哪些具体效用，以及这些效用是促成还是阻碍公正审判。因此，先前界定的法官效用函数变量将再次被提及。

（一）效用函数变量的再探究

在借鉴波斯纳的研究成果、结合我国现实司法制度环境，并在开展相关经验研究的基础上，笔者设定了五项适合于中国法官的效用函数变量，并用它们解释了民意审判现象的发生原因。我国法官的效用函数变量包括：晋升、收入、闲暇、荣誉和公益。这些因素能够分别从不同方面增加法官效用，因而被他们在现实中所追求。

先前的研究表明，在法律不确定条件下，审判方案将被分解为多个，最终的判决结果实际上是法官在多个不同方案之间所作出的选择。如果不同审判方案将带给法官不同效用，作为理性经济人的法官势必会选择那个能够带给自己最大效用的方案。在舆情案件中，社会公众介入审判，发表关于案件应当如何审判的意见。如果他们的意见与法律不确定下的多项方案恰好叠合，法官选择这一方案将分别有助于提升晋升、收入、闲暇、荣誉和公益这五个变量值，进而有助于增进自身效用。一旦法官如此选择，民意审判随即发生。如果法官追求效用最大化是一个基本事实，接下来的问题是，这一行为可以促成公正审判的实现吗？

在深入思考后，我们发现，这一问题本身过于笼统，直接回答存在一定困难。效用函数包括五个变量，促成自身效用实现的行为也就必然包含五个方面。法官追求自身效用是否有助于公正审判的问题可进一步被拆分成五个问题，它们分别是：法官追求晋升、追求收入、追求闲暇、追求荣誉以及追求公益是否有助于实现公正审判？

尽管对法官追求效用最大化这一命题可以根据效用函数变量进行拆分，进而分为五个更为具体的问题，但在细化之后，包含了价值标准的问题似乎还是很难回答。例如，对于一个追求晋升的法官，他是否会在审判中力求实现公正？答案仍然可以朝向两个方面，公正或者不公正都将可能发生。在先前的论述中，笔者曾指出，在我国现行司法制度环境下，法官是否能够在职务上晋升取决于一系列指标的考核状况。这些指标包括：

所任职务、德才表现、业务水平、审判工作实绩和工作年限。其中，最为重要的因素是审判工作实绩，它又分为审判正确、审判效率、审判实现和社会效果这四个方面。可以预见，一个致力于晋升的法官必然会在这四个方面做出努力。尽管审判正确、审判效率、审判实现和社会效果并非公正审判的全部内涵，但不可否认而是，法官朝向这四个方面努力，将会促成公正审判。然而，这些指标仅是职务晋升的形式条件，它们在现实中对于促成法官的作用有多大，经验研究往往很难确切考证。有学者考证研究了我国法官组织的管理体制，对其进行了"合一制"的概括。在法院内部，不仅审判人员与司法行政人员在编制、待遇、考核、升迁等方面不能截然区分开，而且在等级分立的职级结构框架下，人事任免及相应的资源配置权被"领导班子"垄断并主要集中在院长个人手中。[1]也就是说，提拔干部时，法院"一把手"意见非常重要。在对法院开展的经验研究中，我们对法官访谈调查也能证实此点。在晋升与领导意见之间建立关联，也并不一定就会歪曲朝向审判公正的激励，但至少不排除这一可能。法官的职业决定了公正价值是其应当追求的目标，而个别领导则未必如此，他们通常有着更为宏观的政治目标。在公正和其他领导工作所偏好的价值目标之间发生冲突时，毫无疑问，某些领导则会趋向后一价值。就此而言，一个追求晋升的法官有时也会偏离公正审判价值。

不仅晋升如此，其他几个效用函数变量，包括收入、闲暇、荣誉，甚至连公益也都如此，它们都分别蕴含了对公正审判正反两个方面的激励。如此一来，即使在对法官追求效用最大化这一命题的基础上进一步细分出了五个命题，逐一研究这些子

---

[1]　参见陈杭平："论中国法院的'合一制'——历史、实践和理论"，载《法制与社会发展》2011年第6期。

命题后，还是回答不了法官是否实现公正审判的问题。

（二）公正审判的界定

评价民意审判现象的起点是预设一个共识性价值基础，否则，规范研究无法开展，或将遭受非科学的质疑。就此点来看，公正审判是一个为人们所普遍接受的价值，它可以作为评价民意审判现象的标准。然而，在将这一标准运用于评价法官在法律不确定前提下追求自身效用最大化的事实命题后，我们发现，作为经验现象的评价对象分别可以从正反两个方面促成这一共识性价值。这一结果，将使价值标准无法对经验事实生成其应有的规范力量。具体来看，如果法官追求自身效用最大化实现是一个事实，并且这一事实既可能会实现公正审判又可能会阻碍公正审判，那么公正审判对于法官追求自身效用最大化实现的事实而言将意味着什么？也就是说，公正审判是要求法官应当放弃追求效用最大化，还是鼓励这一追求？

实际上，在论证公正审判对法官追求效用最大化的评价中，尽管没有明言，但我们的研究都是在经验层面展开的。从操作步骤来看，首先，公正审判这一价值命题被还原成经验命题或事实命题；其次，用这些还原后的经验或事实命题对法官追求效用最大化的行为进行一致性或符合性审查；最后，我们发现，法官行为有时会促成公正审判还原成的一些经验命题，而有时又会与另一些被还原的事实命题产生龃龉。比如，在探究法官追求"晋升"这一效用函数变量值的增加是否能够促成公正时。我们发现，在现有评定体制下，一个想晋升的法官一般会在行动上促成审判正确、审判效率、审判实现和社会效果这四个指标值的提升。如果这四个经验方面就是所谓的公正审判，那么法官追求晋升效用增加就能够促成公正审判。进而，法官追求自身效用最大化的行为就是"好"的。另一方面，在将审判公正还原成"法官在审理案件之际不受领导干预"这一事实命题后，我们发现，一个追求晋升的法官事实上不可能做到此点。由于法官行为没有实现被我们经验还原的审判公正，因此我们便得出，法官追求晋升和效用最大化是"坏"的这一相反评价。

在用经验事实阐明公正审判后，同一价值标准对相同经验事实生成了两种评价。尽管这是一个失败的进路，但也从反面对我们如何继续研究进行了点醒：将规范价值完全还原成事实或经验命题并不可行。作为价值标准的公正审判需要被重新界定。揭示它的内涵，不能像社会科学研究者那样，进行概念上的操作化。此种处理，本质上仍属于经验研究。如此界定价值，要么有失片面，要么会遭遇我们先前所遇到的问题。如果在操作化公正审判后，生成的是单一经验命题，会极大地缩小这一概念的丰富内涵，在此基础上推出的结论必将有失片面。而一旦试图展现这一价值标准的丰富内涵，则势必要界定多组经验命题，且不论这种操作化是否能够穷尽公正审判的全部涵义，即便是在有限的界定中，先前我们所遭遇的对立问题也会出现。因此，作为价值标准的公正审判并不意味着一种结果上的公正，即在事实层面实现了公正。

如果公正审判不能被还原成实然，那么它将意味着一种应然。由于没有界定什么是公正的经验结果，作为价值的公正审判并不要求法官在事实上实现公正审判，而是表明，法官应当实现公正审判。公正审判不是一个经验事实，在可被描述的意义上，它是一个道义事实（deontic fact）。[1]道义要求指向人们

---

〔1〕　道义事实是道义逻辑（deontic logic）中的推理前提，这一类型的逻辑被其主张者认为，填补了"是"和"应当"之间的裂缝（gap）。后者可在道义逻辑的连接下由前者推出。关于道义逻辑，最早见诸于 Von Wright 的论述。See Georg Henrik Von Wright, *Norm and Action*, Routledge and Kegan Paul, 1963. pp. 129~167.

动机。就此而言，公正审判仅仅意味着法官在动机上追求公正，即使这一结果由于种种意志以外的原因而未能实现。

从应然角度捕捉动机这一关键因素，并返回法官追求效用最大化的事实命题后，可以发现，原先难以解决的问题，逐渐变得明朗。从五个效用函数变量看，法官追求自身效用获取的行为既可以与公正审判相悖又可与之协同。但这种包容正反两个方面的命题仅就法官整体效用而言。在单个变量那里，结论将不再飘忽不定。法官追求效用最大化的内容，包含了晋升、收入、闲暇、荣誉和公益这些方面。在法律不确定条件下，促使法官从多种判决方案中做出选择的正是这五个动机。逐一审视这些因素，可以发现，它们并非都符合公正审判的价值要求。晋升动机是为了追求自身职级在行政体系内的提升，进而可以掌控更多资源；收入动机是金钱利益的获取，明显与公正动机相悖；闲暇动机意味着法官对工作的懈怠，尽管很大程度上是被当前人少案多的形势所逼迫，但毫无疑问，此种意义上的闲暇与公正审判动机并不匹配；追求荣誉的动机含有部分实现公正的可能，但归根结底，法官追求荣誉还是为了实现个人利益；最后，公益变量表明法官追求公共利益的动机。由于取向于一种外在主体的利益，可以断定，在抱持实现公共利益目的时，法官的行为必定将与公正审判的价值规范相匹配。实现公共利益的行为，本质上是一种利他行为，此类行为既是公正审判的必要条件，也是充分条件。

（三）法官的两类动机

无论波斯纳对联邦上诉法官的变量列举，还是我们对中国法官的经验考察，界定法官效用函数自变量，实际上也是对法官目的和动机的探寻。在将公正审判这一价值标准界定为一种实现公正审判的动机后，可以清楚地看见效用函数中的哪些变量与之相符，也即法官的哪些动机与公正价值相符。在美国联邦上诉法院法官和中国法官那里，都存在一个有意思的特征，效用函数变量之间存在对立。在他们的全部效用函数变量中，都含有与公正审判相悖和与之相符的因素。这就表明，单个法官具有矛盾的动机，作为理性经济人，其行为可以分别在两种不同类型的动机驱使下作出。

不仅仅法官，普通人所持有的矛盾动机，在理性经济人命题形成之初就已经被亚当·斯密发现。前已述及，作为经济学之父，亚当·斯密一生曾撰写过两部重要著作，一部是《国富论》，另一部则是《道德情操论》。二者的立论基础分别侧向于两种不同的人性。《国富论》描绘了社会中一个个"只想得到自己利益"的个体。尽管他们会被一只无形的手（invisible hand）牵引去实现社会利益或公共利益，但这并非他们原本所欲求的目的。但在《道德情操论》中，亚当·斯密又以人与人之间的同情心或同理心为基础，对主体的正义、仁慈和良心等道德情感进行了系统阐释，进而构建了一个利他的伦理思想体系。在亚当·斯密之后，西尼尔和密尔，也都分别看到了人性的利他面。他们指出，追求纯粹自利的人性仅仅是一种对现实的抽象。这一不符合实际的假设，是为了保障理论研究所得结论在逻辑上的自洽性。到了现代经济学家这里，作为经济学基础的自利的理性经济人假设也被他们深刻反思。除了以阿罗（Arrow）和西蒙（Simon）为代表的经济学家提出"有限理性"（Bounded Rationality），并尝试对其替代外，即使坚持"理性经济人"假设的经济学家，也不否认这一命题的可证伪性，如弗里德曼（Friedman）的论述。[1]无论反对"理性经济人"，还是指出这一

---

[1]　参见［美］米尔顿·弗里德曼：《弗里德曼文萃》（上册），胡雪峰、武玉宁译，北京经济学院出版社 2001 年版，第 130 页。

假设可被证伪，他们都或多或少地看到一个真实的现象，人们往往会从事利他行为。

在主张用经济学方法分析法律问题的波斯纳那里，关于法官的人性预设也是对立的。在一些文献中，他明确指出，不能把法院系统内的法官视为一群圣洁的天才加英雄，他们并不神奇，不会不受自我利益的牵引，他们和普通人一样通过自身行为寻求特定利益的实现，一系列效用函数变量操控着法官的行为。[1] 法官和普通人一样，都在追求自身利益的最大化实现。而在另一些作品中，他又强调，普通法的历史表明，几乎所有的法官都在按照"社会财富最大化"原则进行审判。诸如同谋、共同海损（海商法）、共同责任、衡平法地役权、自由使用、颁发初步禁令的标准、设陷、合同履行不可能、附带受益规则、赔偿的预期测定、自担风险、犯罪未遂、侵犯私隐、错误干预合同权、部分案件中的惩罚性赔偿金、证据法中的特权、职务豁免、道德因素原则等，这些原则都符合财富最大化要求。[2] 波斯纳所列举的法官效用函数变量，进一步验证了此点。尽管一直在主张法官追求个人效用最大化，但还是认为，公共利益也可以成为法官的目标。[3]

法官也是普通人，和他们一样，法官也可以同时持有利己和利他动机。一旦法律不确定条件满足，法官行为也就失去了规范的约束，判决结果既可以在利己动机下作出，也可以在利

---

〔1〕 Richard A. Posner, "What Do Judges and Justices Maximize? (The Same Thing Everybody Else Dose)", *Supreme Court Economic Review*, 3（1993）, p. 13.

〔2〕 参见［美］理查德·A. 波斯纳：《法理学问题》，苏力译，中国政法大学出版社 2002 年版，第 448 页。

〔3〕 参见［美］理查德·A. 波斯纳：《超越法律》，苏力译，中国政法大学出版社 2001 年版，第 137 页。

他动机下达成。如果以公正审判价值标准来进行评定的话，前一动机没有实现这一规范要求，而在后一动机驱动下的判决行为则符合公正标准。因而，在所有司法案件中，以公正审判为标准，可以区分出两种类型的法官行为，它们分别实现或未实现公正审判。前一种审判行为，以公共利益为目标，在利他动机下作出；后一种审判行为，以个体利益为目标，在利己动机下作出。

在先前的论述中，我们认为，自利动机可以容纳得下利他行为，但在这里，为了保证公正审判被清晰界定，我们对利他和利己进行了严格界分，并对"自利"、"利己"和"利他"作出界定。从逻辑上看，"利己"和"利他"分别是"自利"的下位概念。"自利"包含了"利己"和"利他"。[1]据此，只要在动机上利他和追求公益，无论结果是否实现，法官都在公正审判。相反，但凡目的是利己和追求私利的，无论结果是否公正，皆不符合公正审判。就全部民意审判案件而言，也必然存在着公正和非公正两类情形。下文将尝试描述两种相反动机下的法官行为，并结合具体案件阐释两类民意审判。

第二节　运用法律方法采纳民意

法官的效用函数变量反映出，法官在审理案件之际，尤其

---

〔1〕　事实上，很多经济学家都如此界定"理性经济人"的内涵。实际上，经济人尽管自利，但绝非像某些生物学家指出的那样，是自私基因的代理人。相关论述请参见 Harold Demset，"Rescuing Economic Man from The Selfish Gene"，*From Economic Man to Economic System*，2008，pp. 34–50. 经济人作出利他行为是一个事实。就此而言，无论反对还是坚持经济人假设的学者都不反对。问题的关键在于，如何解释这一事实。在把它看作是自利的手段还是与自利并列的矛盾行为上，学者们持有不同意见。

是当法律出现不确定状态时，可能会在两种不同的动机的驱使下选择判决结果。在我们看来，动机对于审判行为而言，具有重要意义，其决定了法官行为有没有达到公正审判的价值标准要求。如果法官的行为在动机上利他，以追求公共利益为目标，鉴于专业水平和认知能力所限，即使结果没有实现公正，在我们看来，法官也在公正审判。相反，如果法官持有利己动机，以追求个人私利为目标，即使客观上实现了公共利益，他所作出的审判行为也不能被视作公正。这一节将尝试描述前一类审判行为，从外部来看，法官公正审判是对法律方法的运用。其表明，法官真诚地相信自己应当如此判决。

一、运用法律方法

从法官动机来评定他的审判行为是否公正，无疑将是一个很好的视角。然而，一个主体的动机属于思想范畴，很难为他人直接识别。我们通常都是通过一个主体的外部行为间接推断其主观状态。需要表明的是，我们所谓的公正审判价值是否成就的问题，仅存在于法律不确定状态之中。在法律只有唯一正确解答时，就事实本身而言，法官依照法律判决仍可出于私心，他可能会因为唯一符合法律的决定与自己利益一致而暗自庆幸。即审判事实上出于利己动机。但在此类情形下，法官对于结果实际欠缺选择的能力。

长期以来，西方哲学和伦理学的传统观点是，当主体欠缺自由意志时，其行为动机无所谓善恶，也无所谓利己和利他的区分。由此可见，评断动机善恶的前提是，主体能够进行选择。被决定了的行为不能成为价值评判的对象。在法律不确定状态中，案件的法律解答化作多个，法律规范事实上已经不再能够约束法官行为。当多项备选解答中可能蕴含了不同后果时，法官的选择行为也就可以呈现不同意义。此时，即使最终决定形式上符合法律，实质上也可以潜藏类型对立的动机。

为了确认法官的选择结果，即最终判决，是否在利他动机下作出，就需要一个法律规范以外的标准。事实上，不同的案件情形各异，评价法官行为是否出于利他动机的规范很难一以贯之地存在。但在描述的意义上，可以肯定的是，一个持有利他动机的法官，在多项法律解答面前不会胡乱选择，他必将遵循一定的章法，尽管这一章法不是固定的套路。很大程度上，利他动机往往是道德动机，道德行为的一个最大特征是可被普遍化。表述这类行为的语言是一条可普遍化指令（universal imperative）。[1]另一方面，可以预见，一个持有利己动机的法官必然不会愿意遵循既定的章法，他将把裁判当作实现自我利益的手段，并随时根据利益实现方向在具体情形中的变动而作出调整。如果存在一定章法，它能够在法律不确定下见证法官的利他动机，那么它必然是法官所使用的法律方法。一旦法官在裁判考虑如何运用法律方法时，他必然是在严肃而认真地思考如何妥善处理当下案件。

法律方法之所以可被称为章法，是因为，从事实层面来看，法律方法表现为特定群体，具体而言即法律职业共同体，所承认的一组或多组规则。就法律解释方法来看，我们都承认，客观上存在着文义解释、逻辑解释、体系解释、历史解释和目的解释，并且，它们的优先顺位也是依此大致排列下来。尽管这些规则没有通过成文法的方式加以固定，甚至落实到具体层面，它们的适用顺位还不是很确定，但并不排斥本着公正之心的法官能够在个案中对如何适用法律的方法规则达成共识。至少，

---

[1] See R. M. Hare, *The Language of Morals*, Oxford University Press, 1952, p. 11.

在审判中可以存在这样一种情况，法官们的意见并不完全一致，但也都认可对方观点，或者说并无理由反对与自己不一致的观点。例如，在一个盗窃案件的审判中，一位法官认为应该判处行为人两年有期徒刑，而另一位法官认为应当判处三年有期徒刑。尽管法官各持己见，但都没有强烈反对对方意见。由此可见，法律职业群体对法律方法的共识，进而使它们成为一定意义上的规则，仅仅是要求不反对。从另一个角度来看，对法律方法的共识可以通过默认的方式达成。

就规则意义上的法律方法具有客观性而言，很多学者可能会持有异议。[1]从现实中的案件审判来看，大量争议都是出现在法律方法层面。例如，"张学英遗赠案"，基于运用法律方法的视角，就涉及法官究竟应当采用文义解释还是目的解释的问题，两种方法的运用分别会导向不同的判决结果，并且差异巨大。同样地，对"许霆盗窃案"的审理亦是如此。针对这些质疑，将司法裁判的过程分为初显性（prima facie）和全虑性（all-things-considered）两个层面可以在一定程度上给予回应。[2]司法决策的作出，有赖于法官对相关信息的了解。如果审判者之间掌握的信息不完全一致，势必阻碍他们对如何运用判决方法达成共识。审判中必要的信息是关于案件事实和法律规范的信息，除此之外，还包括法官对这些信息材料的内化结果，也就是法官对规范和事实意义的理解。司法决策初显性层面指涉一个审判者仅掌握了部分案件信息的层面，包括没有掌握全部案件事实、没有获取全部相关法律规范以及对事实和规范的通透理解。概而言之，审判者处于一个信息相对不充分的认知阶段。

---

〔1〕 参见桑本谦："法律解释的困境"，载《法学研究》2004 年第 5 期。

〔2〕 关于法律初显性和全虑性的论述请参见 Aleksander Peczenik，*On Law and Reason*，Springer，2008，p. 53，62。

就全部信息而言，每一位法官所掌握的部分信息，几乎很难完全重叠。基于不一致的部分信息上的相关决策，包括对法律方法的选取，也就不会完全一致。而在司法决策的信息层面，法官掌握了所有案件信息，包括相关法律规范、案件事实以及对事实和规范的透彻理解。在共同的公正之心支配下，不同法官所决定采用的方法应当能够实现一致，至少是默认的一致。

全虑性决策层面的获取，依赖于理性沟通程序。所有相关主体，在对话与协商中实现全部案件信息共享。无论从空间还是时间看，这都是一个理想情境。现实中，司法判决讨论并不保证所有法律职业共同体成员参与讨论，审判时限也不允许理性沟通无限制地延展下去。审判程序所立足的不完美现实，常常难以保证主体之间就各自所掌握的不对称信息实现完全共享，运用何种法律方法在法官那里也就很难达成一致。但是，法律方法毕竟推动了以共识为目的的对话，并使共识的达致成为可能。这就表明，法律方法具有客观性。尽管不是很强，但可以在一定程度上见证法官的公正。在另一种意义上，法官的公正之心甚至与法律方法的客观性无关。法官抱持利他之心的裁判，仅仅要求法官在裁判之际趋向于法律方法即可，而绝不是运用了正确的方法。

法律方法的客观性与法律的不确定性可以兼容。在先前关于民意审判条件的论述中，我们主张法律的不确定性是其必要条件。而在对法官公正审判的外在表现进行界定时，我们又将其描述为法官对于具有客观性法律方法的运用。这两种主张是否存在矛盾？所谓的法律不确定性是指司法审判中没有唯一正确答案。但在法官运用具有客观性的法律方法后，是否又意味着唯一正确答案能够被获及？实际上，法律不确定性是一种实然状态，而法官运用客观的法律方法最终在个案中达成唯一正解是一个应然理想，两者间并不矛盾。首先，运用法律方法是一种对法官进行公正审判的描述，事实上，并非所有法官的审判动机尽皆如此。其次，运用法律方法的一致预设了决策的全虑性层面，在现实条件下，这一认知水平经常难以获及。最后，关于法律方法的共识可以经由默认方式达成，也表明最终的判决结果并不完全相同。换一个角度来看，运用同样的法律方法，并不意味获取相同的法律解答。

二、运用法律方法的民意审判

从效用函数变量的种类来看，作为理性经济人，法官的自利行为可以进一步区分为利他行为和利己行为，二者在审判中都会有所体现。前者符合公正要求，审判行为的动机出自对公共利益的追求；后者则没有满足公正标准，审判行为趋向于纯粹私人利益。前已论证，在一个外部观察者看来，公正审判行为是法官趋向于运用法律方法的行为。因此，在公益型民意审判中，判决与社会公众要求高度趋同，是法官对法律方法运用的结果。

（一）演绎推理

通常而言，合法的判决结果经由特定的推理模式获得。拉伦茨将得出法律结果的方法称为，"确定法效果的三段论法"，并用符号表示为：

T→R（对 T 的每个事例均赋予法效果 R）

S＝T（S 为 T 的一个事例）

S→R（对于 S 应赋予法效果 R）[1]

----

〔1〕 参见〔德〕卡尔·拉伦茨：《法学方法论》，陈爱娥译，商务印书馆 2003 年版，第 150 页。

　　与拉伦茨的表述稍有不同，麦考密克和魏因贝格尔认为，作为制度性事实和思想客体，法的有效性表现为，规范同个案判决间的内在关联。任何案件的判决都必须在形式上遵循规范-逻辑的演绎论证（deductive argument）模式：[1]

> 法律规则
> 事实认定
> 法律后果

　　由此可见，无论是拉伦茨的"确定法效果的三段论"还是麦考密克和魏因贝格尔的"规范-逻辑的演绎论证模式"，都可以进一步提炼为一个 babara 式的演绎推理：

> M　a　P（所有 M 的都是 P）
> <u>S　a　M</u>（所有的 S 都是 M）
> S　a　P（所有的 S 都是 P）

　　在包含了前提和结论的整个推理中，"M a P"是第一个前提，通常也被称作大前提。它系法律规范的抽象表述。进一步看，在这个前提中，M 是行为模式，P 为法律后果。"S a M"是演绎推理中的第二个前提，也被称作小前提。这一命题所表达的意义是，法官所认定的案件事实与法律规范中的构成要件相一致。进而，"S a P"是从大小前提中推出的，具有必然性的结论，指涉法官最终的判决结果。从形式上看，司法结论皆须经由演绎推理而获得，内容各异的判决都可被概括为这一模式。
　　民意审判的结果与民意相符合，但另一方面，一个在任何

---

　　〔1〕　参见［英］麦考密克、［奥地利］魏因贝格尔：《制度法论》，周叶谦译，中国政法大学出版社 2004 年版，第 54 页。

情况下都不能改变的条件是，这种与民意相符合的结果也须从法律规范中必然地推出。由此可见，以上三段论推理模式也同样适用于此类判决。从形式上看，三段论结果来自作为大前提的"MaP"。如果"MaP"是一条法律规则，那么 M 是它的行为模式，P 是其法律后果。在民意审判中，P 也是社会公众所要求的结果。这意味着，即使秉持公正之心审判的法官认为公众意见较为合理，作为结论的民意也必须能够融入大前提才能影响结论。

表面上看，作为社会系统中的功能性子系统，法律在运作上自成一体，呈封闭状态，其要求所有判决指明，此为就法律而言的结论。但在法律理论和法律实践中，法律一词无论是采用广义解释还是狭义解释，都无法将"公众意见"涵摄进来。[1]依法裁判的纪律不允许法官断然采纳民意裁判。然而，在法律不确定的前提下，个案中同时在形式上符合法律规范的解答可以是多个。一旦民意与多个解答中的其中之一相叠合，最终那个与民意一致的结论也就获得了法律依据。在将包含这一结果的法律规范作为大前提后，民意审判的推理过程也就取得了合法性。[2]

单从形式上看，民意审判结果从包含民意的法律规范中必然推出的事实，反映了演绎推理模式的大前提中法律后果的唯一性。也就是说，"MaP"中的 P 是一个唯一的结果，而非多个结果。倘若作为大前提的"MaP"中包含了多个可能结果，最终"SaP"这一结论中的 P 就可能出现与之不相吻合的情

---

[1] 参见陈林林："公众意见在裁判结构中的地位"，载《法学研究》2012 年第 1 期。

[2] 参见陈杰："基于裁判理由的民意判决的正当性探析"，载《河北法学》2018 年第 4 期。

形。法律推理也就在形式上失去了必然性。作为大前提的"M a P"常被视作一条法律规则，或者是一个法条。然而，演绎结论的必然性表明，如此看待大前提的观点并不正确。事实上，"M a P"应当被正确地视为"个案规范"，[1]它与"技术意义的法条"[2]或"具体大前提"大体同义，均指与个案事实相结合，进而生成法律结果的规范。[3]个案规范并非天然地呈现在法律文本之中，而是经过了法官的锻造和提炼。因此，整个判决过程除了三段论推理之外，必定还包括其他内容。

（二）动态模式

尽管判决结果自大小前提而出，但裁判运作过程并未完整地反映在演绎推理中。从法律规则和事实认定到法律后果的推理步骤并非一蹴而就，其经历了多个阶段、逐步深入和反复试错的过程。作为大前提的个案规范可由多个法条组成，在逻辑上包含了事实构成和法律效果两个部分。具体来看，前一部分又蕴含了从基本事实构成和附属性规定中提取的意义。在没有形成个案规范之前，包含了承载了基本事实构成和附属性规定的法律条文或法律规则较之实际发生的案件事实而言，相对抽象，法官于适用之际需要将它们具体化和明确化。而另一方面，囊括了行为和事件、分散且零碎的案件事实，由许多细微的要素构成。它们相对于法律文本中的相关规定而言，较为具体，法官在审理案件之际需要对它们进行概括和提炼。具体化法律

---

〔1〕　参见［德］阿图尔·考夫曼：《法律获取的程序——一种理性分析》，雷磊译，中国政法大学出版社 2015 年版，第 8 页。

〔2〕　Fikentscher, *Methoden des Rechts*, 5 bände, 1975, S. 202. 转引自［德］卡尔·拉伦茨：《法学方法论》，陈爱娥译，商务印书馆 2004 年版，第 22 页。

〔3〕　郑永流教授根据恩吉施所举的载人汽车盗窃案对如何从"一般大前提"的法律规范到"具体大前提"的推演过程进行了阐释，其同个案规范的含义相当。详见郑永流：《法律方法阶梯》，北京大学出版社 2015 年版，第 219 页。

文本与提炼案件事实的工作同时进行，当二者分别朝向对方运行至一定程度，并实现对接后，规范和事实便等置完毕，演绎论证模式中的大前提和小前提才分别被锻造出来。

另一个审视裁判过程的视角是，法律后果体现了"当为"与"存在"的对应。规范作为一种应然，根本无法从自身产生真实的法，它必须加入存在。只有在规范与具体的生活事实，当为与存在，相互对应时才能产生真实的法。[1]所以，法官的目光于裁判之际需要不断穿梭于文本与事实之间，连续尝试在二者之间建立连接。瑞士学者马斯托拉蒂（P. Mastronardi）的图示直观展现了这一过程：[2]

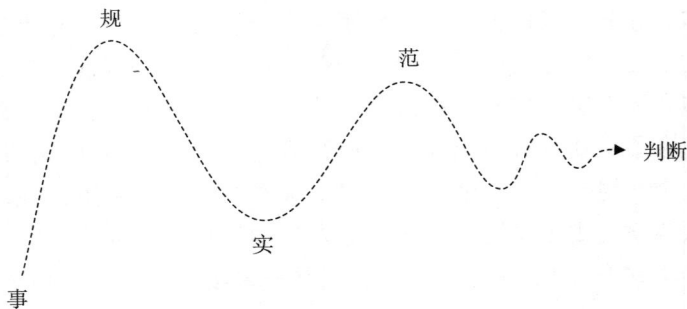

规　　　范
　　　　　　　　　　　　　　　　　　　　→ 判断
　　　实
事

演绎论证模式是判决结论产生的最终模式，大小前提均表现为静态或固定状态。而在马斯托拉蒂那里，两类前提并非天然生成，而是在经由运动状态后所获取的结果。在具体的裁判过程中，公益目的导向下的法官，通常会携带着自己对案件的前理解，从事实出发定位规范，透过诠释规范在具体情境中的

────────────

〔1〕 参见［德］亚图·考夫曼：《类推与〈事物本质〉——兼论类型理论》，吴从周译，学林文化事业有限公司1999年版，第41页。

〔2〕 参见郑永流："法律判断形成的模式"，载《法学研究》2004年第1期。

意义重新确认事实后再返回规范，如此循环推进。起先的规范定位可能粗陋简略、欠缺精准，但随着流转次数增加，个案所应适用的规范会随法律意义脉络的反复梳理而逐步澄清。[1]在此期间，拟定适用的法律规范可能会被一再改变。从事实方面看，在循环反复过程中，它也将被规范赋予意义，进而得到认定和采纳，最终实现与规范的对接。案件性质及其难易程度决定了这一过程的复杂性。在简易案件中，法官通常只需在同一条（组）规范的精确性方面下功夫即可；而在疑难案件中，法官还另行需要为不同条（组）规范之间的选择做出努力，目光往返流转次数会高于前者。

演绎模式证成了判决结果的合法性，但没有揭示当存在多种方案可供选择之际，最终的大前提从何而来。表现为三段论的演绎推理不过是把原先放进箱子里的东西重新拿出来。至于箱子里还有哪些东西以及为什么不拿那些东西，三段论本身不能作出说明。演绎推理让我们看清了法律之内的因素，包括规范以及经规范诠释后的事实，但也遮蔽了法官对法律之外因素的考量。

当演绎论证模式动起来之后，许多重要却未能列于三段论前提中的因素亦可被纳入考量。介入司法的公众意见，显然是法官的考量因素之一。从大量民意审判案件来看，作为一种客观事实，社会公众介入司法的人数规模、意愿强烈程度以及表现方式能为法官切实感知。这一事实无法改变演绎论证模式中的事实，并且，也不具有小前提在司法裁判结构中的地位。但是，民意中包含的规范性诉求将影响到法官对法律规范价值和意义的理解，进而可能影响到裁判者对事实的认定和最终规范

---

〔1〕　参见陈杰："'民意审判'及其法治应对"，载《甘肃政法学院学报》2018年第5期。

的选择。

(三) 采纳民意

通过研读典型案件的判决书可知，尽管民意出现后，前后判决差异较大，但每次判决皆依法而作，形式上都符合演绎论证模式。"合法、但不同"的事实表明，一种类似于"哥德尔定理"的不完备性在法律体系中同样存在。这便再次见证了法律的不确定性。在这一状态下，如果公正审判的法官觉得社会公众意见反映了一种"公共价值"，即产生于政治共同体的道德箴言，是一个正义和共同善的概念，而非某人或某一群体的愿望。[1]那么他将会用法律方法，在动态模式中将民意纳入个案规范。此时，采纳民意，毫无疑问，是对公共利益的实现。这一过程包括在同一法律条文中寻找与民意相对应的精确点和在不同法条中定位与民意相契合的规范。也就是说，法官采纳民意进入判决的行为，既可以在法条之内开展，也可以在法条之间运作。

"李昌奎案"可被视为前一种情形，而"许霆案"则为法官所采取的后一种处理方式。从相关判决书中可知，李昌奎因为分别构成强奸罪和故意杀人罪，一审被昭通市中级人民法院判处死刑立即执行。二审对两项罪名作出同样认定，"原判认定事实清楚，定罪准确，审判程序合法"，但同时指出一审"量刑失重"，并改为死刑缓期 2 年执行。[2]尽管二审认可一审所选取的规范，但撤销了量刑部分。二审判决表明，法官移动了法律条文中的适用点。但在出现民意这一特殊事实后，云南省高级人民法院重新考量了案件，再次改变量刑，最终确定死刑立即执行。判决结果的改变仍是法官在同一个法律条文内调整规

---

〔1〕 See William N. Eskridge, "Public Values in Statutory Interpretation", *University of Pennsylvania Law Review*, 137（4）（1989），pp. 1007–1008.

〔2〕 云南省高级人民法院（2010）云高法终字第 1314 号刑事判决书。

范适用点的动作。

判处许霆无期徒刑的依据是 1997 年《刑法》第 264 条第 1 项、第 57 条、第 59 条和第 64 条。[1]而 5 年刑期则是自《刑法》第 264 条、第 63 条第 2 款、64 条和最高人民法院《关于审理盗窃案件具体应用法律若干问题的解释》第 3 条、第 8 条规定推出的。[2]其中，改变结果的关键条文是 1997 年《刑法》第 63 条第 2 款，即酌定减轻处罚条款的引入。以等置模式考量，这是因为法官目光于前后裁判中的流转次数不同所致。由于意识到公众意见的正确性，试图实现公正审判的法官在第一次判决之后决定采纳公众意见。但在方法上与"李昌奎案"稍有不同，这是一种在不同法条之间的调适。

由此可见，在司法审判中，法律不确定性具体体现为调整案件事实的法条具有多种可能性。一方面，一些不确定性情形表现为，同一法条可以分解出多个适用点。另一方面，多个法条都可被应用于当下案件也会促成一种不确定性。无论哪种情形，当法官认为民意体现公共利益时，他便会运用法律方法在动态模式中糅合民意与法律，锻造吸纳了民意的个案规范，再经由演绎推理，最终在判决中回应民意。

第三节　迫于外在压力迎合民意

一、再论利己型效用函数变量

从法官的效用函数变量的构成来看，只有公益变量能够促成公益型民意审判，进而实现公正审判的规范价值。其余变量，

---

[1]　广州市中级人民法院（2007）穗中法刑二初字第 196 号刑事判决书。

[2]　广州市中级人民法院（2008）穗中法刑二重字第 2 号刑事判决书。

包括晋升、收入、闲暇和荣誉都直接表现法官对私人利益的追求。如果公正审判要求法官具有追求公共利益实现的动机，那么这些变量的导向下的审判行为显然不能满足这一要求。

根据先前的论述，在我国当前司法体制下，与民意相一致的判决分别能够促成晋升、收入、闲暇、荣誉和公益。由于将公众意见在判决中落实能够最大化法官效用，所以作为理性经济人的法官必然会作出符合公众意见的选择。在得出这一结论时，我们的论证建立在一个未予表明的简单化预设之上。五个效用函数变量之间被假定具有一致性，它们共同将法官的动机乃至行为朝向同一方向牵引。这一简单化假设也表明主体动机的内在同一。尽管如此论证可以得出更加清晰的结论，但是这种逻辑的一致性却以降低研究的真实性为代价。事实上，人的动机是一种主观状态，它形成于主体的自我意识。当人们将目光从外部世界转向内在世界时，反观自身的心理回归将促成自我意识的产生。一旦凝神观照自身，便会发现，即使在没有外部事物刺激的环境下，主观世界也并不宁静。这一状态可以在费尔南多·佩索阿的描写中找到证据，"灵魂就像一个隐蔽的管弦乐队，我不能确定，一直在里面敲打个不停的是琴弦、竖笛、铙钹还是皮鼓，以至于我只能将自己看作是一曲交响乐"。从自我意识中衍生出来的动机并不单一，同一主体可以同时趋向多重目的，甚至是相互对立目的。就审判行为的作出而言，更为真实的情形是，法官的动机往往具有复杂性。效用函数变量中反映出了两类不同动机，它们可能会在单个主体内部分裂。也就是说，在同一法官的意识中，会出现公益动机和私利目的并存的情形。

一般而言，作为一个中立者，法官与双方当事人利益无涉，公正审判应当成为法官的行为动机。在效用函数的分析框架下，审理舆情案件的中立者意味着，公众意见对四个私利型变量的影响在个案中被排除。但在我国现实司法体制下，这些变量，尤其是晋升、收入和荣誉变量常常会受到公众意见的刺激而发生变动，进而强化法官的私利动机。如此一来，在考虑到效用函数变量之间相互冲突的情形后，是否满足公正审判价值标准实际上取决于两种类型变量的力量对比。如果公益变量的牵引力超过其他四个变量，那么审判行为就会符合公正审判价值。一旦相反情形出现，公正审判将会落空。

更进一步看，在四个私利型效用函数变量中，闲暇变量较为特殊。根据之前的论述，中国法官，尤其是基层法院法官，由于案多人少，经常忙于审判工作而疲惫不堪，闲暇因而成为他们的美好追求之一。但事实上，这一变量应当被辩证地看待，这在先前对闲暇的词源分析中已经述及。所谓闲暇效用并非无所事事地获取效用，而是通过腾出时间去做其他更有价值的事情，进而增加主体效用。就单个主体而言，他所从事的是他认为最有价值的事情。事情本身，充满了主观性。这就使得如下情形成为可能，在他看来疲惫不堪的主体实际上享受到了极大的闲暇效用。在波斯纳对联邦上诉法官的分析中，可以看到，作为游戏者和戏剧观赏者的法官在审理案件时，内心可能表现出两种纠结的动机。一方面，法官可以偷懒，追求闲暇，进而把审判事务推给法律助手去做，或简单地附和其他法官意见。另一方面，如果法官想从审判中获取乐趣，它就必须放弃这一闲暇，花费时间对手头案件进行严肃而认真的思考。表面上看，这是对闲暇的放弃。但若进入主体内部，站在他的角度理解这一行为，情形可能相反。他的真实感觉恰恰是在享受闲暇。由此可见，闲暇这一变量对于公正审判而言具有中立性，追求闲暇，并不完全表明主体的私利动机。

公正审判是否实现取决于公益变量和其余变量间的力量对比。倘若法官行为受到公益之外的变量操控，最终达成的趋向民意的判决就是一种私利型民意审判。我们发现，单凭个案中出现民意这一事实，不足以改变法官追求公正的自然倾向。但审判实践中，来自个别党政领导的干预会影响公益之外的变量，将法官的动机由利他切换为利己。

二、基于外在压力的民意审判

近年来，中共中央办公厅、国务院办公厅印发了《领导干部干预司法活动、插手具体案件处理的记录、通报和责任追究规定》。中央政法委印发了《司法机关内部人员过问案件的记录和责任追究规定》，进一步延伸、细化和明确了插手过问司法案件的责任主体和追责依据。两项制度的出台，对于案件的公正审理具有十分重要意义。但实践中，仍存在着少数个别领导干部插手干预司法审判的现象。

很多学者注意到了一种由个别地方领导插手干预下形成的民意审判。代表性观点为，"决定这些热点案件的结果的，不是该案件的法官，也不是关注该案件的民众，而是那些拥有权力的匿名者"。[1]孙笑侠教授从政治权力博弈的视角审视了民意审判现象的发生原因。在现有司法体制，尤其是在我国依法独立审判制度的保障下，无论社会公众还是公共媒体都无力直接作用于司法审判，并对法官的决定产生影响。然而，单独的民众或媒体，或二者联合，可以在社会舆论中掀起轩然大波，造成紧张的舆情态势，进而引起个别地方领导关注。出于各种利益制约关系，他们有时会插手干预司法审判，并倾向于让案件审

---

〔1〕 孙笑侠："司法的政治力学——民众、媒体、为政者、当事人与司法官的关系分析"，载《中国法学》2011年第2期。

判结果朝向公众意见做出。

各类运用经验方法开展的研究均从不同侧面表明，现实中存在着个别领导干预司法审判的情形。例如，陈柏峰教授将领导干部干预司法划分为两种类型，一种是"因私"的腐败性干预，另一种是"因公"的治理性干预。前者指领导干部通过人情和关系联络司法人员、干预司法裁判；后者是指领导干部从地方政治、经济、社会形势和大局需要对司法过程进行的干预。在大多数舆情案件中，领导对司法的干预属于第二种类型。在这些案件中，民意干预司法仅是表面现象，领导干预司法才是问题实质。[1]

个别领导干部干预司法进而促成民意审判的观点，与我们的论证即法官在法律不确定下的理性选择，并不冲突。并且，这一现象还是我们试图描绘的私利型民意审判的典型体现。从这个意义上，在法律不确定条件下探究法官的理性选择过程，是在揭示领导干预这一外部原因后的深入。一方面，尽管领导在舆情案件中对司法的干预是民意审判的一个重要原因，但这些干预最终能使民意审判成为现实仍然需要以法律的不确定性为必要条件。如果法律是确定的，并且与社会公众要求直接相悖，领导要么不会插手干预，要么不能插手干预。两种情形都表明，干预不会成功。可以预见，在依法治国背景下，任何领导都不会甘愿承担违背法律硬性规定这一高强度风险。即使这些领导不通晓法律，向审判机关提出这一要求或建议，出于同样的风险承担考虑，这一干预也会被熟悉法律的法官断然拒绝。另一方面，就最终民意判决的生成来看，尽管领导的横加干预可能间接地改变了决定的朝向。但有一点非常明确，最终判决

---

〔1〕　参见陈柏峰："领导干部干预司法的制度预防及其挑战"，载《法学》2015 年第 7 期。

直接出自法官之手。就因果链条的联接来看，法官的判决是近因，领导的干预是远因，领导干预的力量必须经由法官意志才能渗透至判决。从法官效用函数的分析框架来看，就是领导的插手干预刺激了一些效用函数中的变量，进而影响法官行为。

在将领导插手干预司法纳入民意审判形成原因的考量后，可以发现，在社会公众、个别地方领导和审判法官这三类主体之间，贯穿着一条潜在的制约锁链。正是这一链条强化了法官效用函数中公益之外的变量，进而促成了不符合公正审判价值标准的私利型民意审判。

对于这些个别领导而言，在不违反法律硬性规定或在法律开放结构中使判决符合民意是化解舆情风险、维持稳定局面最为便捷的手段，因而，各种干预司法的手段便会被作出。

一个追求公正审判的法官本应致力于运用法律方法，探寻规范意义和事实真相，在往返流转二者之间锻造出大小前提，进而得出判决结论。然而，一旦接收到种种途径传来的领导批示、命令和其他或明或暗要求顺从民意的信号后，他们将停止对案件的专业考量，径直将目光投向演绎论证之外的特殊事实——民意。在领导干预下，法官运用的方法由等置和演绎滑向了现实主义法学所描述的倒置推理，即先以民意为结论，倒退回规范层面寻找支持结论的法条。[1]此际所发生的正是遭受学者强烈批评、违反法治原则的民意审判。

---

〔1〕 美国现实主义法学家弗兰克认为，一个机灵的法官在有了判决结论之后，为获得各方支持，便会去回想一切规则和原则，从中获得正当性支持。参见沈宗灵：《现代西方法理学》，北京大学出版社 1992 年版，第 259~261 页。法感是法官对于个案法律的前理解，但并非最终结论，其间尚有一个修正的过程。而在领导干预下的民意审判中，法官在思维上直接略去了这一过程。此外，恩吉施也对法官虚假论证问题作过详尽阐述。详见 [德] 卡尔·恩吉施：《法律思维导论》，郑永流译，法律出版社 2014 年版，第 52~53 页以下及注释。

在公正的民意审判中，促成法官作出审判行为的是效用函数中的公益变量。由于受到这一变量牵引，法官在利他动机的驱使下审理案件，作出判决，结果必然符合公正审判的价值标准。然而，在个别党政领导的干预下，由于受到不当的外部刺激，诸如晋升、收入和荣誉变量将加强对法官动机的牵引，促成法官在利己动机下作出判决，进而有违公正。由此可见，法官判决行为是否符合公正审判价值取决于审判作出时的动机，是利他还是利己。而审判动机的性质最终又取决于两类变量之间的相互较量。如果公益之外的变量对法官动机的牵引超出公益变量，最终判决将难以实现公正。

诚然，在由正义、公正、无私和崇高等道德词汇共同打造的理想情境中，法官完全可以抵御干预，坚持独立审判。但与干预司法的领导在动机上如出一辙，为了不损害晋升、荣誉、闲暇和收入这些个人利益，除却少数被称为"自由斗士"和"自我约束大师"的英雄法官，普通法官多会作出机会主义行为，选择屈从。

在审判中，就两种类型的变量而言，公益变量应当是引导法官的初始变量。也就是说，追求公正审判，是法官发自内心、最为自然的动机。在不用为之付出任何代价的前提下，它将成为法官的首选。而一旦外部条件发生变化，打破了原本平衡，刺激了法官的私利型变量，进而增加法官公正审判的成本，这一本初的动机就会动摇。从利他型变量来看，既然这是一种最自然的内心倾向，违背它也有成本。因而，可以预见，在一定限度内，违背公正审判的成本，能够抵消私利型变量损失的成本，即使私人利益受损，法官还是会作出公正审判。这种精神尤为难能可贵，但遗憾的是，就常人而言，公正的成本区域并不足够宽广。我们常常看到，一些少许的利益就会使得法官改变公正审判的初衷。这就不难理解为什么波斯纳会指出，不能把法院系统内的法官视为一群圣洁的天才加英雄，他们并不神奇，不会不受自我利益的牵引，他们和普通人一样通过自身行为寻求特定利益的实现，一系列效用函数变量操控着法官的行为。[1]

综上所述，一方面，在一些舆情案件中，为了尽早控制事态的恶性蔓延，个别领导常常插手干预司法，以使判决朝向民意作出。另一方面，从法官来看，违背领导意志，拒绝安置民意，意味着晋升、荣誉、闲暇和收入变量将会受到消极影响。这些变量的反向变动程度成为法官追求公正审判的机会成本。"就人类天性之一般情况而言，对某人的生活有控制权，等于对其意志有控制权"。[2]因此，当法官出于个人利益不受损失的动机而迎合干预和顺从民意时，我们便观察到一种非公正的民意审判。

---

　　[1] See Richard A. Posner："What Do Judges and Justices Maximize? (The Same Thing Everybody Else Dose)"，*Supreme Court Economic Review*，3（1993），p. 13.
　　[2] ［美］汉密尔顿、杰伊、麦迪逊：《联邦党人文集》，程逢如、在汉、舒逊译，商务印书馆1997年版，第396页。

第六章
民意审判与法治

　　在引入公正审判价值标准后，所有在结果上表现为与民意趋同的判决可以被划分为两种类型：公益型民意审判和私利型民意审判。两类审判分别体现了法官在作出裁判行为之际的利他和利己动机。进一步看，不同类型的动机来自不同的法官效用函数变量。在由晋升、闲暇、收入、荣誉和公益这五个方面构成的法官效用函数中，闲暇变量处于中立状态；利他动机由公益变量生成；晋升、闲暇和收入变量则分别驱动了法官的利己动机。从描述的意义上看，公正审判就是法官探寻规范和事实在具体情境中的意义，实现二者对接，构建大、小前提，再经由演绎推理获得结果的整个过程。在法律不确定前提下，公益型民意审判是法官真诚地运用法律方法的结果。与之相对，私利型民意审判中的法官并不遵循既定章法，他会因势利导地在不确定的法律解答中做出最大化自身利益的选择。因此，一个明显的结论是，尽管均为民意审判，但它们对于法治而言分别具有不同的意义和后果。

　　任何一个不良现象的对策探寻，都需要建立在了解整个发生过程的基础上。就民意审判而言，它肇始于社会公众对审判的介入，而以审判结果趋同民意告终。"介入"和"趋同"，是这一现象生成的两个基本要素。先前在对民意审判何以可能的追问中，我们提及了社会公众介入审判的两种方式，即，积极性的自发介入和被动性的推动介入。而在引入公正审判价值后，我们则区分了公益型民意审判和私利型民意审判这两种不同类型的趋同。本章将从"介入"和"趋同"两项要素之间的因果联系切入，对学者们关于民意审判的观点进行反思。我们认为，结果符合民意并不意味着审判过程有违法治，单从判决结果就对民意审判现象进行评价可能有失公允。正确的评价需要建立在完全看清"介入"和"趋同"要素以及二者如何连接的基础之上。此外，是否违反法治，需要对法治内涵进行清楚界定。在描述出不同发生过程的民意审判现象和澄清法治的精确含义后，相关的应对之策自然也就呼之欲出。

第一节 民意审判的澄清

探寻应对之策最为便捷的方法，是借鉴别人的研究成果，这是本章研究的逻辑起点。然而，在披览民意审判相关主题的文献后，我们发现，人们关于这一现象的态度并不一致。非但我国学者如此，在美国学者那里，也表现出同样情形。所有关于民意审判现象的评论，几乎都是价值判断。并且，由于价值立场的过早站立，大多数结论并不牢靠。在运用现象学方法朝向"民意审判"的"实事"本身后，这一现象可被还原为"介入要素"和"符合要素"。两项经验性要素遂成为反思学者观点的基础。针对这一现象的正面和反面观点均认为，在"介入"和"符合"之间存在着因果联系，"介入"导致了"符合"。先前的研究表明，法官的行为可以切断这一连接。一个更大的样本背景，即舆情案件，随即浮现。此类案件仅有"介入"而无"符合"。这又反过来再次强化了法官行为在审判中的主导作用。所有这些都表明，在"介入要素"之后出现"符合要素"的民意审判并非尽然贻害法治，问题的关键在于法官的行为，尤其是法官作出决定时的动机。

一、观点对立

　　围绕民意审判这一现象，我国学者的争议焦点是，审判是否应当吸纳民意。可以看到，在这一既定事实面前，斥责者有之，褒扬者亦有之。民意审判首先招致了许多批评。[1]代表性的观点是，民意对司法的干预违反了法治原则，不但破坏了法律的权利义务体系和法的安定性，在刑事审判中更是违反了罪刑法定原则。[2]然而，也有学者对此欣然接受。[3]他们认为，公众判意可以是司法公开化、民主化的有益实践。[4]无独有偶，关于民意在案件审理中性质和地位的争论也见诸于美国学者。

---

〔1〕　反对民意干预司法的论述有：伍柳村、左振声：“民愤能否作为量刑的依据”，载《法学研究》1989年第4期；周永坤：“民意审判与元规则”，载《法学》2009年第8期；周永坤：“定罪量刑不宜考量民愤——从情绪的司法走向理性的司法”，载《审判研究》2005年第1期；陈景辉：“裁判的可接受性概念之反省”，载《法学研究》2009年第4期；冀祥德：“民愤的正读——杜培武、佘祥林等错案的司法性反思”，载《现代法学》2006年第1期；孙万怀：“论民意在刑事司法中的解构”，载《中外法学》2011年第1期；徐阳：“‘舆情再审’：司法决策的困境与出路”，载《中国法学》2012年第2期。

〔2〕　参见周永坤：“民意审判与元规则”，载《法学》2009年第8期。

〔3〕　对民意持积极态度的观点详见：熊秋红：“司法公正与公民的参与”，载《法学研究》1999年第4期；支起来、童颖颖：“司法的平民意识及其制度建构”，载《法律适用》2001年第12期；周光权：“论刑法的公众认同”，载《中国法学》2003年第1期；谢新竹：“论判决的公众认同”，载《法律适用》2007年第1期；顾培东：“公众判意的法理解析——对许霆案的延伸思考”，载《中国法学》2008年第4期；郭永庆：“量刑中民意导入机制研究”，载《法律适用》2009年第11期。牟爱华：“司法的公众参与：司法回应民意的原则与机制”，载《江汉大学学报》（社会科学版）2015年第1期。

〔4〕　参见顾培东：“公众判意的法理解析——对许霆案的延伸思考”，载《中国法学》2008年第4期。

他们或认为联邦司法应当拒斥民意，或主张法院审判应当参考民意。[1]

所有结论都是一个命题。就支持或反对民意审判的观点来看，学者们给出的大多是价值命题。支持者的观点可以展开为，审判不应当采纳社会公众意见；反对者实际是在主张，审判应当吸收公众意见。一个包含了"应当"的语句与含有"是"的事实命题不同，结论的获得主要来自言说者自身的价值判断。或者说，学者们关于民意审判的不同主张，都是一个建立在另一个或一些价值命题基础上的推论。价值命题并非凭空建立，它当然需要以经验为基础。但它毕竟与纯粹地表现（represent）经验已经不同，其中裹挟了命题言说者的感受表达（express）。

就双方所给出的理由来看，反对者认为，民意扰乱了法律的内在秩序，且法律的规范效力不因任何类型的实效而被否定；而赞同者则显然注意到了民意审判的既成事实及其有利于司法实践的外在效果。究其实质，对立观点肇始于规范或事实两种不同立场。当规范立场坚守法律规定的"应当"并拒斥一切形式的后果主义考量时，事实立场则针锋相对地提倡要关注具有实际效力的"活法"（living law）。事先站定的立场是价值观过早导入的预示。由于分别佩戴着不同的有色眼镜，双方所聚焦的事实与选取的理由必然存在较大差异，分歧因此难以弥合。实际上，无论如何努力，所有的结论都难以避免主体价值的渗入。但是，即便最终价值判断不可避免，它也应当建立在充分吸收事实和经验材料的基础之上。[2]

---

[1] See Benjamin J. Roesch, "Crowd Control: The Majoritarian Court and the Reflection of Public Opinion in Doctrine", *Suffolk U. L. Rev.*, 39 (379) (2005), p. 381.

[2] 参见陈杰："'民意审判'及其法治应对"，载《甘肃政法学院学报》2018年第5期。

二、现象还原

在两种貌似都有道理的对立意见面前，朝向事物本身的现象学方法或许有利于问题的重新澄清。胡塞尔认为，真正的认识（Episteme）应当取代意见（Doxa）。一方面，意见总是受到各种情况的制约而处于不稳定状态，而认识应当摆脱主观性，应当是"客观的"和"恒久的"。另一方面，对于意见本身的过多停留会使我们失去对真实事物的关注。因此，以一种接近事物的方式，直观地、真实地体验事物本身，对事物"本原的被给予性"的关注应当替代关于该事物意见的思考。[1]

现象学的方法实际上是关于如何更加"正确"地认识事物的描述。毋庸置疑，所有的认识，都是在主体那里发生的认识，都是存在于主体意识中的观念。就此而言，一个纯粹的客观认识并不存在。在认识活动发生之际，主体往往会在外部客观对象上添入内在主观因素。客观事物映入主体意识中的真实形象，可能将因此受到扭曲。这就可以解释，同样都窥见了审判结果与民意相符合的事实，但在不同的主体那里，形成的认识却不相同。从整个认识过程来看，尽管客观对象是以个体的方式进入我们的意识，但主体在接受它时却会不自觉地先将这一对象同一些以往已经被认识的、业已存在于主体观念中的事物相结合。也就是说，在发动意识去认知一个客体之前，主体会将它放置于先前已经拥有的一个意识背景中。客观地看，由于出生、性别、阶层以及职业等后天环境的差异，每一个主体所拥有的意识背景都不尽相同。同一客体在具有差别性的背景中将呈现

---

〔1〕 参见〔德〕埃德蒙德·胡塞尔：《现象学的方法》，倪梁康译，上海译文出版社 2016 年版，第 9~11 页。尽管现象学的概念和方法在不同哲学家，甚至在不同时期的胡塞尔那里并不统一，但"朝向事物本身"是其核心共识。

出多种样态。例如：如果主体将判决结果与社会公众要求相符合这一事实同民主制度相联系，就会产生"司法民主"的联想；而同样是这一事实，如果把它同依法裁判相结合，可能就会形成，"民意干预司法"的结论。这些不同的结论，又会进一步受到主体其他方面的认知背景影响，直至最终结论形成。尽管主体意识作用于客观事物的过程十分复杂，所形成的观点也不尽相同。但最终结论往往表现为，就认识对象给出一个价值判断，并通过一个肯定或否定命题表达出来。可以把价值命题形象地看作，客观事物落在由主体自己编织的一套认知之网上而呈现出来的不同意义。由此可见，价值命题是主体意识和客观对象结合后的产物。在这一结合的过程中，经验材料难免不被扭曲。而当主体把这一扭曲后的意识当作事物本身后，谬误就可能产生。

现象学方法的运用，实质上就是有意识地认识到主体对经验材料的扭曲过程，并积极地调动精神力量对此加以回避。是故，现象学的考察过程不需要任何未加检验的臆断进行协助。[1]在现象学方法下，由先前经验和个体情感所产生的各种陈见将全部被"括号法"暂时悬置，认识主体通过体验呈现于意识中的"直观本质"来获取事物的真实面貌。

先前已经述及，刘涌案、张学英案、许霆案和李昌奎案是典型的民意审判案件。在运用现象学方法凝神观照这些案件后，直接呈现于主体意识之中的两项事物是：社会公众通过各种方式介入法院审判；判决结果同民意要求大体一致。它们可被概括为

---

〔1〕 See David R. Cerbone, *Understanding Phenomenology*, Ashford Colour Press, 2006, p. 12.

民意审判现象的介入要素和趋同要素。[1]两项要素分别是在时间上先后发生的不同经验事实，它们共同组成了民意审判现象。

民意审判构成要素表[2]

典型案例	案情	介入要素	趋同要素
刘涌案	刘涌涉嫌组织、领导黑社会性质组织罪，故意伤害罪，抢劫罪，敲诈勒索罪，私藏枪支、弹药罪，妨害公务罪，非法经营罪，偷税罪，行贿罪。	二审改判刘涌死缓遭到社会公众的普遍质疑。在互联网各大论坛和贴吧中，群情激愤。	最高院提审并判处刘涌死刑立即执行。
张学英案	黄永彬生前立下公证遗嘱，将自己合法财产遗赠给情人张学英并经公证。当张学英要求原配蒋伦芳交付财产遭拒后，将其诉至法院。	公众舆论几乎一边倒地站在蒋伦芳这边，认为法律不能支持违背道德的张学英。	法院判决张学英无权接受遗赠。
许霆案	由于自动取款机故障，许霆前后共输入一百七十次取款一元的指令，在获得钱款十七万四千元后逃逸。	社会公众普遍认为从自动取款机中多取17.4万就判无期，实在"太夸张"。	法院判处许霆有期徒刑五年。

---

〔1〕　介入要素较易理解，系指社会公众表达关于特定案件观点和态度的事实。趋同要素可能存在多种情形，并非指判决同民意完全一致。在大多数案件中，社会公众其实并没有一个明确观点而仅是倾向意见。因此，趋同要素是指判决朝向民意靠拢，与其大体一致的事实。

〔2〕　陈杰："'民意审判'及其法治应对"，载《甘肃政法学院学报》2018年第5期。

续表

典型案例	案情	介入要素	趋同要素
李昌奎案	李昌奎冲进王家，掐晕王家飞，在强奸后拿起锄头将其打死。之后，李昌奎又将年仅3岁的王家红抓了过来，倒提摔死。	腾讯网站投票显示，97.78%的网友认为死缓太轻；村民联名上书要求判处死刑立即执行。	法院判处李昌奎死刑立即执行。

可以肯定的是，无论支持者还是反对者，都观察到了构成民意审判现象的介入要素和符合要素。不同的是，他们分别在表达意见中添加了各自的价值判断。再进一步看，引发分歧的价值判断又建立在对两项要素之间存在因果关系的一致判定上。"民意审判"暗示了两项要素之间的因果连接。只有在将"介入要素"看作原因，并将"趋同要素"视为结果后，关于民意审判是非善恶的价值判断才能给出。表面上看，评价民意审判现象是在评论判决结果与公众意见相一致这一事实，但实际上，这一评价对象中还蕴藏着一个未予表明的前提，即引发这一对象的原因。也就是说，在发表支持或反对观点时，学者们似乎仅仅针对符合要素，但这一评论对象中却潜在地包含着介入要素以及两项要素之间的因果关系。例如：就"审判结果与民意相一致是有益的"这一论断而言，它不仅指涉判决趋同民意这一事实本身，而且还包含了"社会公众介入了司法"以及"社会公众的介入引起了判决与民意相趋同"这两个未予明确表达的命题。同样地，它们也存在于相反观点之中。

问题可能恰恰出在这两个潜在命题上。在运用现象学方法时，通过逐一审视民意审判典型案件的经验材料，清晰呈现于我们意识之中的仅有"介入"和"符合"这两项要素。是故，第一个潜在命题，即"社会公众介入了司法"，可以成立。然而，第二个潜在命题，即"社会公众的介入引起了判决与民意相趋同"这一命题却欠缺相应事实加以支撑。在现象学方法下，我们并没有经验到连接两项要素的因果关系。符合要素的出现，是否可归因为介入要素的出现，或依赖于介入要素，有待进一步证明。从发生时间上看，符合要素后于介入要素出现。但这种嵌套在时间序列上的事物间关系并不足以锻造出一条连接它们的因果之链。正如休谟所指出的，人们看到两件事物相继而至便倾向于联想到它们之间的因果关系，但这可能只是一种恒常连接（constant conjunction）。[1]在观察到一件事情多次发生在另一件事情之后，并不必然就能判定两者之间存在因果关系。就此而言，在此之后并非因此之故，符合要素之于介入要素亦是如此。学者们在两项要素的因果关系未予判明之前就给出一项价值判断，无疑稍显匆忙。

三、类型区分

从"介入"和"趋同"要素之间是否具有因果关系这一视角切入民意审判现象，可以对学者们的评价观点展开反思。先前的结论表明，民意审判现象的发生，是由于法官在法律不确定前提下所作出的理性选择。因而，两项要素是否能够得以连接，在很大程度上取决于法官的选择。既然存在一个可以打断两个经验现象连接主体的意志，此种连接是否还是因果连接就难免不被质疑。倘若因果连接的命题被推翻，建立于其上的价值判断也就失去了根基。

基于另一个视角也可以否定"介入"和"符合"之间的因

---

〔1〕　参见［英］休谟：《人性论》（上册），关文运译，商务印书馆1996年版，第105页。

果关系。将民意审判放置于一个更大的案件样本背景中便可清楚看到，"介入要素"之后并不一定产生"趋同要素"，不是所有舆情案件最终都会转化为民意审判。即使趋同要素出现，先前的研究表明，民意审判也将因法官在安置时的动机而有所不同。私利型民意审判和公益型民意审判是此类案件的两种类型。

案件类型		
舆情案件 （介入要素）	民意审判 （介入要素 和 趋同要素）	公益型 民意审判
		私利型 民意审判
	非民意审判 （有介入要素 而无 趋同要素）	常规审判

在斩断"介入要素"和"符合要素"之间的因果连接后，"民意审判"一词的含义也将发生一些微妙变化。原本含有的一些消极意义将被剥离。在对民意审判的评价观点进行梳理时，我们发现，否定性评价主要出自对正当审判主体的权力失却的担忧。

在民意审判现象中，主要存在着两类主体，一类为干预司法的公众，另一类则为行使审判权的法官。如果民意审判蕴含了介入和符合要素之的因果联系，那么，这一概念将意味着，社会公众一旦介入司法，法官必然会遵从他们的意愿。由此可进一步引申为，法官的判决依据是公众意志。由于社会公众不是适格的司法权力主体，未予澄清前的民意审判概念也就暗示了他们对正当司法权力主体的反常性替代。在消解了"介入要素"和"符合要素"之间的因果连接后，可以看到，这一现象的重心并不在于发动介入的社会公众，而是审理案件的法官。审视这一现象的视野也随之得以拓宽。在将舆情案件定位于民意审判的上位概念后，可以清楚地看到，并非所有社会公众介入的案件都会转化为"民意审判"，"符合"之后并不必然"趋同"。是故，我们也就更加确信这一事实，社会公众并不能够主导审判。

法官仍然是民意审判的决定者表明，判决出自法官的行为。在法律确定的情形下，依法裁判表明法官的决定自法律而来，判决不过是法官在"说出"立法者的意思。法官的意志完全被法律掌控，审判结果是法律通过法官行为所传递的决定。法律或者立法者，是最终的决定者。然而，在法律不确定的条件下，法律给出了多个结果，法官获取了自由，具备了选择的能力。最终的结果出自法官的动机，至少是动机和法律的结合。在法律所给出的多项结果面前，法律本身不再能够对这些结果进行评价。仅以法律规范作为评价标准，这些结果将呈现出无差异状态。

第二节　法治内涵的界定

民意审判的法治应对，就是消除这一现象给法治造成的消极影响。具体措施的给定，以民意审判违反法治为前提。如果整个审判过程都与法治相符，应对措施探寻显然沦为冗余。先前的研究逐步澄清了民意审判的意义。其一，切断"介入要素"和"符合要素"之间的因果连接表明，在民意审判中，法官的主动权并未丧失，判决仍出自正当权力主体。其二，法律不确定性的论证则道出，尽管判决结果与民意要求高度趋同，但却都是自法律而出，民意审判形式上都符合法律。其三，以是否符合公正审判价值为标准，考察法官作出判决的动机后发现，民意审判可以分为公益型和私利型两种类型。

在做出这些分析后，可以发现，不能对所有包含了"介入"和"符合"要素的民意审判一概予以否定。民意审判仍然可以是一种法官主动、符合法律并且实现公正的审判。但就私利型民意审判来看，尽管实质上有悖公正，但在形式上却仍由法官作出并且符合法律。接下来的问题是：形式上合法但却不符合公正审判价值是否有悖法治？由于我们将公正审判视作法官在公正动机支配下的审判，而非结果上的公正。因此，这一问题可以转化为：形式上符合法律但却出自法官私利动机的判决，是否违反法治？

如果法治涵义就是符合法律，那么对其而言，民意审判将不具有任何消极意义。从各类民意审判的判决书中可以看到，所有的结果都是从法律规范这一大前提中推出。没有任何一位法官胆敢赤裸裸地宣称，他的判决出自公众意见。法治就是法律之治，其基本要义是合法性。单从这一点来看，在各类民意审判中，法官的行为完全符合这一要求。即便是在追求自己利益为动机的私利型民意审判中，判决结果也没有公然与法律相悖。尽管站在公正审判角度来看，私利型民意审判显示出其消极一面，但这毕竟是在我们预先设定了评价标准后推出的结果。如果法治本身并不包含这一标准，这一价值规定便毫无凭据。或者说，即使公正审判这一价值预设从社会共识意义上来看是正确的，私利型民意审判也仅仅表明，它违背公正。但却不能就此断定，它违背法治。因此，回答私利型民意审判是否违背法治，实际上也就是在回答，法治是否包含了公正价值？具体而言，法治是否要求法官的公正动机？回答这一问题首先需要界定法治内涵。

一、实质法治

从西方法律思想史上看，亚里士多德最早对"法治"进行了系统论述。他曾指出，法治就是，已成立的法律获得普遍服从，大家所服从的法律又应该是良好的法律。[1]前半句指向法治的形式性条件，后半句则道出法治的实质性追求。披览西方法学，从古希腊到罗马，至中世纪，再到资产阶级启蒙时期，历代法学家们莫不怀揣了对正义的敬仰与向往。源远流长的自然法思想即见证了一个关于法律的普遍观点，人们所制定的法律最终来源于理性和良知，并受其检验。[2]直至近代的边沁和奥斯丁，受滥觞于同时代的实证主义思潮影响，法律的形式方面被过分强调，他们创立的分析实证法学构成了对自然法学的反动，追寻正义被贬损为毫无事实根据的虚构标准。[3]但是，片面的分析实证极易成为滋生独裁和专制的温床，终究难以在人类精神的历史洪流中站稳脚跟。随着二战后的自然法学复兴，一大批法学名宿纷纷转向了对形式主义的批判，其中，具有代表性的有：拉德布鲁赫[4]、约翰·菲尼斯[5]、朗·富勒[6]、

---

〔1〕　参见［古希腊］亚里士多德：《政治学》，吴寿彭译，商务印书馆1983年版，第199页。

〔2〕　See Harold J. Berman, *Law and Revolution*: *The Formation of the Western Legal Tradition*, Harvard University Press, 1983, p. 12.

〔3〕　参见［英］边沁：《政府片论》，沈叔平等译，商务印书馆1997年版，第210页。

〔4〕　参见［德］古斯塔夫·拉德布鲁赫：《法律智慧警句集》，舒国滢译，中国法制出版社2016年版，第28~25页。

〔5〕　See John Finnis, *Nature Law and Nature Rights*, Oxford University Press, 2011, pp. 280-281, 290.

〔6〕　See Lon L. Fuller, *Positivism and Fidelity to Law*: *A Reply to Professor Hart*, Harvard Law Review, 71 (4) (1957), p. 645, 660.

罗纳德·德沃金[1]和罗伯特·阿列克西[2]。在他们的不断批判下，实证法学也启动了对自身的反思，"最低限度内容的自然法"[3]和"包容性的实证主义"[4]都是分析法学进行道德改良和优化后的理论产品。

从亚里士多德的双重论断到自然法学的重新回归，法律思想的起伏跌宕见证了法治绝非无实质内容的形式，"正义"或"公正"作为一种修辞化的良善，并非独立更非对立于法律的外在标准。如果法律不过是一具技术性躯壳，当然不可能获得被视为包含实质性道德依据那样的尊重。[5]除却西方思想中的实质价值论断，法治中国的建设经验亦充分表明，国家和社会治理需要法律和道德共同发挥作用。[6]如果依法裁判是法律评价标准的形式方面，"公正审判"便为实质方面，结合二者方能对一项判决作出正确评判。

在将实质性的公正标准引入法治之后，仍有问题亟待澄清：法治之中的公正，是一种实然，还是应然？针对这一问题，稍加思考后，即可发现，法治的公正只能是一种应然，是一种理

---

[1] See Ronald Dworkin, *Law's Empire*, Harvard Belknap Press of University Press, 1986, pp. 101-104.

[2] See Robert Alexy, *The Argument from Injustice*: *A Reply to Legal Positivism*, translated by Stanley L. Paulson and Bonnie Litschewski Paulson, Oxford University Press. 2002, pp. 23, 91-94.

[3] See H. L. A. Hart, *The Concept of Law*, Oxford University Press, 1994, pp. 193-200.

[4] See W. J. Waluchow, *Inclusive Legal Positivism*, Oxford University Press, 1994, pp. 80-84.

[5] 参见 [美] P. S. 阿蒂亚，R. S. 萨默斯：《英美法中的形式与实质》，金敏、陈林林、王笑红译，中国政法大学出版社 2005 年版，第 354 页。

[6] 参见《中共中央关于全面推进依法治国若干问题的重大决定》，人民出版社 2014 年版，第 7 页。

想，而非现实。我们可以在法治社会、法治国家和法治政府三个层面谈及法治，无论哪一种法治，现实中都会有实然形态与之对应。就法治国家而言，我们可以举出很多实例，但可以肯定的是，这些国家必定都会存在不公正的法律规范。尽管什么是公正不能通过经验命题界定，但从反面看，什么是不公正却可以通过事实命题表现出来。与之类似，论证或证明一个国家的法律完全实现公正十分困难，但从反面证明一个国家的某一法律没有实现公正却相对简单。如果法治中的公正是一种实然，则意味着国家法律运行的方方面面都实现了公正。其潜在的含义是，一旦出现一例不符合公正的法律内容，法治国家的头衔将被取消。可以看到，以实然公正标准界定法治国家，且不考虑其可行性的问题，这一标准也将会因为过于严格而将所有国家都排除在外。近年来，法治指数评价体系在全球范围内十分流行。一定意义上，用实然公正标准来判定法治国家意味着，但凡没有获取满分的国家，均非法治国家。

以上论述表明，法治包括公正内容，但法治国家的评判标准却不是结果上的公正。那么公正内容如何与法治相契合，或者说，公正价值以何种方式融入法治？公正是伦理学所考察的重要价值。但什么是公正，答案却又异彩纷呈。从伦理学视角来看，消除了结果影响是一种对后果主义的摒弃，它回避了对主体作功利主义考量，不以结果的好坏来评定行为的对错。如果将国家视为主体，那么法治国家与公正价值的融合并不体现在，国家最终实现了公正的结果。与功利主义相对的伦理标准是义务论，而后一伦理标准则指向主体的动机。在义务论标准的评价下，公正与法治的契合体现在法治国家力图实现公正。国家是一个虚拟的实体，现实中，政府官员是其运行代理人。国家动机因此也就体现在每一个行使国家权力的单个主体上。

就司法审判而言，法治与公正的结合，体现在法官作出决定时，是否持有公正动机。

二、形式法治

在实质法治命题下，法治包含了公正价值，但这种公正并不是结果意义上的公正，只能是动机意义上的公正。由于法官的公正动机对于实质法治的实现就显得尤为重要。因此，私利型民意审判出自于法官对私人利益的追求，其明显有违法治。然而，这种法治是一种实质意义上的法治，很多学者对此持反对态度。如果实质法治的命题不能成立，私利型民意审判有违法治的结论也就很难成立。

与实质法治观相对，形式法治观认为，法治的基本要义是合法性，并且仅仅是合法性。美国当代学者布莱恩·塔玛纳哈给出的法治定义反映了此点：法治意味着政府官员和国家公民受法律约束并遵守法律。[1]如果法治包含了过多实质性内容，法治的概念将会变得模糊不清。形式法治概念的好处在于，它的基本主张能够获得最广泛的共识。即使实质法治的提倡者，也不能否认法律对政府官员和社会公民的约束，也不能反对他们必须遵守法律。一定意义上，形式法治所给出的定义是一个关于法治概念的重叠共识。由此反观实质法治，一旦在遵守法律之外再作出额外价值要求，认可这些价值的社会共识将可能消解。例如，一些实质法治的提倡者指出，民主是法治的必然内容；另一些实质法治的观点给予人权以特别的关注；还有一些实质观点则可能强调自由的价值。除此之外，平等、公正、秩序以及效率等价值都可能被实质法治论者所主张，但实质法

---

〔1〕 See Brian Z. Tamanaha, "The History and Elements of the Rule of Law", *Singapore Journal of Legal Studies*, 2012, p. 233.

治的消极性将由此显现。一方面，原本清晰的形式法治概念可能变得模糊。实质法治论点的一致性在于，他们都认为，法治除了指合法性之外还存在着其他价值，并且，法治应当囊括这些价值。然而，法治应当包含哪些价值，即使在实质法治论者那里，也不能够形成共识。另一方面，法治的最基本价值，即合法性价值的主导地位将可会受到威胁。不同实质法治论者所主张价值都有可能同法治中的合法性价值发生冲突。形式法治中对合法性的崇尚将不再绝对。"认主独一"演变成了"诸神并立"。

形式法治仅规定了国家或社会中的各类行为主体遵守法律或受到法律约束。尽管给出的是一个最基本的法治概念，但是，其中已然潜藏了很多丰富的含义。遵守法律首先意味着法律规范和法律体系在一个国家或社会中的实然存在。其次，遵守法律还要求法律必须事先制定，由此可以进一步推出，禁止法律溯及既往。再次，遵守法律还需要考虑法律的可接受性。这又包括形式的可接受性和内容的可接受性。前者要求法律语言通俗易懂，采用一般性术语；后者要求法律不去规定不可能实现的要求。最后，遵守法律还表明法律的普遍适用，普遍中蕴含着平等，适用法律需要对所有人一律平等。并且，法律的普遍适用必然要求有强制力保障实施。需要指出的是，这些所给出的含义并非形式法治内涵的穷尽列举，毋庸置疑，这一法治观背后还潜藏着许多其他内容。我们可以在罗尔斯、拉兹、富勒和菲尼斯那里发现一些交叠重合、但又不完全一致的论述。尽管形式法治潜在含义丰富，但目前为止，我们还没有看到这些潜藏的含义和原则同公正审判，尤其是同法官的公正动机有什么联系。或许，从平等适用的要求那里，我们可以隐隐地窥见一些模糊的关联，但似乎还是稍显微弱。从另一方面看，形式法治强调合法性价值，但这一价值并非封闭的价值。它毋宁是一个敞开的价值，需要其他价值与之协同，才能展现它自身的完整意义。合法性与平等性价值的连接已经隐约显现出公正审判价值同形式法治之间的关联。下面，我将通过分析塔玛纳哈在《法治的要素和历史》一文中的论述，展现形式法治如何与法官动机相连。

如前所述，塔玛纳哈坚持就法治给出形式定义，政府和公民遵守法律并受法治约束，他认为，除此之外，法治并不包含更多内容。并就一些学者声称法治包含民主和人权等价值的主张进行了有力的反驳。他的核心观点是，法治就是合法性，自由、人权和民主也都分别有着关于自身的清晰概念，将这些原本清楚的概念同法治结合起来，反而会使它们都变得模糊。

此外，主张法治包含民主和人权，会错误地将法治视为与民主和人权相连的制度。似乎一个国家或社会必须先有民主和人权，随后才能有法治。也就是说，民主和人权是法治的必要条件。这一主张大多是自由主义的主张，但是，塔玛纳哈认为，这一观点并不正确。他有力地引证了著名自由学者罗尔斯的观点，来证成一个专制国家也可以实现法治。塔玛纳哈还论证了，将人权和民主安插入法治概念，与自由主义自身信条相悖。自由民主并非唯一的正当性。一个社会必须先有自由民主才有法治的观点，实则是将具有争议性的规范价值强行填充进了法治。一定意义上，这是自由主义对法治意义的强制。

塔玛纳哈拒绝其他价值进入法治概念的另一个理由是，如果这些价值被认为是法治的应有之义，法治则意味着一种善治。而事实上，即使在法治水平相当发达的国家，政府也未必尽然能够在生活领域的各个方面都达到这一要求。混合法治和其他价值将模糊社会和政府遵守法治的现实。塔玛纳哈坚持主张，法治仅仅是守法，而并不意味着更多。对法治之外的其他价值的强调，会带来两个方面的后果。其一，已经做到守法的政府和社会，仍将被批评为没有实现法治。其二，一些连基本合法要求都没有做到的政府和社会同做到守法但却没有实现其他价值的政府和社会进行同等评价。

在法治形式概念的基础上，塔玛纳哈深入阐述了三个命题：法律控权、形式合法和法律而非人的统治。他认为，三个命题并没有穷尽法治的全部，但法治概念所涉及的大部分内容都由这些聚焦所引发。[1]

法律控权涉及一个悖论，一方面，所有的法律均由主权者创制，另一方面，法治要求主权者受到法律约束。一个由主权者创制的法律如何约束自身？尽管法治是对权力的控制是一个类似于公理的基本命题，但历来不乏质疑。塔玛纳哈指出，前现代社会和现代社会针对这一困境所给出的解决方案不同。但它们现今都在持续发挥作用。前现代社会，统治者和政府官员在三个基本方面受到限制：①君主明确承认受法律约束；②君主和政府官员在普遍适用的法律框架内运作受到广泛承认；③君主和政府官员行为受到法律限制成为常规。这与前两个方面重叠，但侧重强调日复一日对法律的寻常遵守。尽管可能缺乏有效纠正君主和政府官员违法的法律措施，但他们却须为此承担一系列政治后果。威胁开除教籍，是教皇执行神法对抗国王的手段。暴动和起义威胁是德国习惯法律的强制模式。违法指控成为反抗皇权者的修辞资源，他们随时有下台和被砍头的风险。在这些情形中，政治制裁强制执行法律。[2]这三种非法

---

〔1〕　See Brian Z. Tamanaha, "The History and Elements of the Rule of Law", *Singapore Journal of Legal Studies*, 2012, p. 236.

〔2〕　See Brian Z. Tamanaha, "The History and Elements of the Rule of Law", *Singapore Journal of Legal Studies*, 2012, p. 239.

律限制在当代社会中仍然存在。使政府服从法律的现代方式是制度化区分,即在政府之内创造出一个个分离的制度,并给予它们不同的法律功能。[1]制度化区分不仅仅限于三权分立。在当代,专门执行和适用法律的部门,约束其他部门遵守法律。这一法律控制政府权力的有效运作,通过制度化区分和官员支持法律的承诺来实现。由于司法是一个社会纠纷解决的终极防线,它在控制国家权力中的角色就显得尤为重要。

法治的形式合法性来自规则的性质,即规则是什么及其如何运作。包括:事先制定、一般性、公开性、根据规定适用、不做不可能的要求。欠缺这些特征,规则体系就不可能约束官员和公民的行为。[2]形式合法性是自由主义和资本主义之内的主导概念。最重要的功能是通过法律提供可预见性。形式合法性最大地提升了行动自由和个人自治。在资本经济系统中,公开、平等、一般、可预见和确定的法律,促成市场交易。它们共同帮助商业主体计算和预期交易中的可能成本和收益。但形式合法性却同时具有,包含过度和包含不足、助长内容邪恶的法律和排斥最优处置三个方面的缺陷。首先,所有规则都同时受到包含过度和包含不足的问题困扰。前者意指,规则产出的结果往往与预定目标不一致。后者是指,规则没有扩展适用到促成其目的实现的情境。为了实现原先目的,就需要额外创制一些其他规则进行补充。但恰恰是这一补充,往往摧毁了法律的规则性质。显然,规则约束体系的优点是,提升可预见性。同时,它所具有的缺点是,一些随之而来的坏结果。其次,形

---

〔1〕 See Brian Z. Tamanaha, "The History and Elements of the Rule of Law", *Singapore Journal of Legal Studies*, 2012, p. 240.

〔2〕 See Brian Z. Tamanaha, "The History and Elements of the Rule of Law", *Singapore Journal of Legal Studies*, 2012, p. 240.

式合法性的限制是，它可以和一个具有不公正和邪恶内容的法律政权相匹配。不正义的法律规则并不必然与形式要求相连。相反，如果法律不正义，形式合法性将产生更大的邪恶。因其致力于执行这些不正义的法律。最后，很多情境下，形式合法都不妥当或没有实现社会利益。政府政策在很多领域的实现，特别是在不确定性和复杂性出现时，都将被一种努力所削弱，即通过法律规则事先控制政府决策。三类形式合法性的缺陷都可以归结为，工具意义上的法律偏离其实质目的。从制度区分来看上，终极协调任务落在法院肩上。

法律而非人的统治，该命题永远为一个事实所困扰，法律不能自我解释和自我适用。[1]人们参与法律规则的应用和解释，为人治弱点提供了开放性，这一弱点原本试图通过诉诸法律来解决。但法律的不确定性和语言永远不能闭合这一开放性。这一难题的标准解决方式是，确认司法—法律专家为法律的特殊卫士。法官成为法律的典范。但这需要法官在意识上信仰和内化法律。法官的工作是保证其他政府官员遵守法律，因而，法治实现的重任最终就落在了法官身上。塔玛纳哈最终指出，选取法官，当须谨慎。他们必须具有司法美德。判断力、智慧和人品。否则，法律将会变得愚钝、邪恶和不计后果。[2]

综上所述，塔玛纳哈将法治视作政府和公民遵守法律并受法律约束，并极力主张，这一概念排除任何合法性之外的价值渗入，避免法治同这些价值混淆而变得模糊。但是，在对法律控权、形式合法以及法律统治这三个法治核心命题进行深入阐

〔1〕 See Brian Z. Tamanaha, "The History and Elements of the Rule of Law", *Singapore Journal of Legal Studies*, 2012, p.244.

〔2〕 See Brian Z. Tamanaha, "The History and Elements of the Rule of Law", *Singapore Journal of Legal Studies*, 2012, p.246.

述时，塔玛纳哈似乎表现出对原先主张的松动。尤其是当他提及形式合法性的弊端和指出法律难以杜绝人的解释和应用时，实质价值深入法律必然在所难免。一个妥当的结论是，在理论上，法治可以排除合法性之外的其他价值，实现完全的纯粹形式上的概念界定。但在现实运行中，法治无法回避对这些价值的考量。很大程度上，此种考量意味着对法治的基本价值——合法性价值的冲击。或者，考量其他价值也可以被理解为在合法性价值进行权衡，以图在二者之间实现一个最大值。但凡涉及权衡，原先被形式化法治遮蔽的主体就逐渐显现出来。从塔玛纳哈的论述中可以看到，无论制度区分的现代控权方式，实质价值和形式价值的协同实现，还是正确地解释和应用法律，法院和法官都是实现这些制度的基础和核心。形式法治的现实运行，最终还是指向法官的动机。一个趋向于公正的审判动机，在法治的三项核心命题中扮演着至关重要的角色。

第三节　民意和审判的良性互动

在澄清民意审判和界定法治内涵后可知：一方面，从介入要素看，一些经由煽动和误导而形成的荒谬民意表明，公众判意也并非尽如支持者所主张的，有利于审判实践。另一方面，从符合要素看，所有判决结果皆有法律依据表明，民意审判并不必然如反对者所批评的那样，违反法治原则，至少并不因为违反法律而不符合法治原则。

如果将民意审判视为社会事实（公众的评议行为）与制度事实（法院的判决内容）间的相似，那么，在介入要素之后是否出现趋同要素并不重要。最终判决的效果和意义取决于法官的行为，尤其是法官动机。无论从实质还是形式角度看待法治，法官的公正动机都是法治运行实然层面的一个必要条件。一个出于追逐私利的判决尽管没有损害法治的合法价值，但却破坏了法治的公正价值。因此，民意审判的法治应对，就是探寻如何保障法官在社会公众介入司法后，仍然能够以追求公益为动机，秉持公正之心审理案件。

从先前的分析来看，整个民意审判中可能出现五类主体，包括社会公众、新闻报道人、案件当事人、匿名权力者[1]和法官。其中，法官与社会公众是主角，必然出现；其他为配角，偶然出现。从审判角度看，法官因是判决的直接决定者而位于核心，其余主体则围绕法官，有意或无意、单独或联合、公开或暗地以及正式或非正式地向法官施加压力。四类主体在这一过程中所分别实施的行为可能会对法官意志产生影响。

除却社会公众因思维差异的自发介入外，新闻报道人和案件当事人为了实现自身利益，很有可能剪切或捏造事实，杜撰案件"主题元素"，误导和煽动公众干预司法。特殊情形下，三者还会凝聚成一股合流，共同对司法施加压力。其固然会在客观上形成不利于公正审判的舆论环境，但由于这些主体无法直接制约法官，消极影响终归有限。法官本应秉持的公正始终是应对这三类主体的有效武器。针对蜚语谣言，审判机关只要积极应对、不刻意遮掩并于必要时释明案件审理情况，据理力争，便不足为惧。例如，曾于网络沸腾一时的舞台剧举报事件，在经由法院的一系列公开声明和澄清后，最终以挑事者道歉收场。[2]此外，一些未遂民意的舆情案件如杭州飙车案和杨佳案，也是法

---

〔1〕　参见孙笑侠："司法的政治力学——民众、媒体、为政者、当事人与司法官的关系分析"，载《中国法学》2011年第2期。

〔2〕　参见陈东升："'宋成举报闹剧'的损害和悲哀"，载《法制日报》2016年1月5日，第7版。

官能够超然于社会公众、新闻报道人和案件当事人的最好例证。

　　然而，与前三类主体不同，匿名权力者因身处权力结构中的优势地位而拥有操控法官意志的强大能力。如前所述，他们插手司法的最初动因是为了实现"稳评"考核利益。他们的干预会强化法官的"利己"动机。对于新闻报道人和案件当事人，一者身处市场竞争的环境下，一者纠葛于诉讼利益的争夺中，他们的逐利动机可以理解。而匿名权力者和法官，尤其是法官的逐利动机，似乎显得不可思议。其实，经济学早已指明，一个理性人必然会受到支配其行动的刺激系统引导。"胡萝卜"和"大棒"不仅能够引导一头驴，也能够引导科学家和政治家。[1]正是基于利益制约关系，法官的经济理性被激活，公正精神被销蚀，最终判决形成于对私人利益的考量。

　　尽管匿名权力者的干预不能完全忽略法律，并且最终结果也定然会在形式上表现为自法律推出。但若民意本身荒谬且违背法律精神，判决要么沦为侵蚀公平的斡旋调停，要么便化作扭曲正义的伪装粉饰。适用法律是法官在具体情境中将规范应用于事实的专业考量。法律开放结构中应当如何抉择，法官无法在短时间内通过只言片语便向从未经受专业训练的领导阐释清楚。况且，在"稳评"重压之下，匿名权力者根本无暇顾及法理，他们所推崇的仅仅是能够消除不良后果的马基雅维利式手段。因此，与民意相反但却真正体现法治精神的观点，也就难以被领导领会并认同。最终，在肤浅"合法"的理解和偏向民意的前见共同作用下，有悖法治的符合要素就会出现。

　　更为严重的是，匿名权力者的干预还会在全社会面前树立起一个削弱司法权威的最坏示范。这将培养出法官不假思索便

---

〔1〕　See George J. Stigler, *The Citizen and the State: Essays on Regulation*, University of Chicago Press, 1975, p. 171.

采纳民意的"路径依赖",还会促使法官对民意产生本不应有的畏惧。进而,一旦出现舆情案件,公正审判的动机便不自觉地为倾向于民意的考量所替代。在药家鑫案的"问卷调查"中,司法已经显露出此种孱弱的端倪。此外,对当事人而言,领导的干预验明了民意的有效性。一旦悟出驾驭公众便可钳制法官的"司法规律",他们在今后司法程序中的努力将由提出有利证据和信服理由转向不择手段地杜撰主题元素。所有这些,都是在匿名权力者成功干预之后,法治必将继续吞咽的苦果。

因此,法治背景下舆情案件的公正审判首先呼唤一个拥有自由意志的法官,而其先决条件则是依法独立行使审判权。在这一制度的保障下,法官才能屏蔽各种搅扰、获得超然地位。当法官的自由意志挣脱沉重的利益锁链后,机会主义将重新让位给公平正义,被动安置而形成的荒谬判决可被有效遏制。此外,当积极的民意闪现在司法场域之际,一个独立法官的审慎采纳体现了专业思维和群体意识于特定时空中的交汇合流,这或许在不经意间便凝聚成了推动法治进步的强大力量。

结 语

　　美国教授威尔逊指出，"社会公众意见在现实中表现为对一些重要宪法权利的扩大或缩小，在解释这些宪法条款之际，尽管借助民意能够很快形成判决意见，但在涉及对公民核心权利界定方面，法院必须体现其自主性并能够对公众意见形成免疫。"[1]威尔逊并未要求美国法院一味拒斥民意，但须始终保持高度警惕，这一论点对于我国司法亦有借鉴意义。民意审判现象中存在着两个主角，一者为社会公众，另一者则为审判法官。以往的研究多关注前者的干预行为，强调公众对司法的介入而引发这一现象的发生。我们的研究则将目光聚焦于法官身上，尽管社会公众的介入可能是"因"，但判决与民意的趋同则未必是"果"。法官的行为才是判决生成的直接原因，它应当成为研究民意审判现象所关注的焦点。在探究应对措施方面，亦是如此。

　　最终活跃并弥漫在司法场域的公众意见并不是个体单独行为的结果，而是群体综合互动的产物。形成方式和内容表达的多样性决定了它是一个极为复杂的社会事实。在反复进行的实证研究和社会实验的基础上，社会学、心理学和经济学中形成了许多较为成熟的个体行为理论，如：有限理性、机会主义和

---

〔1〕　James G. Wilson, "The Role of Public Opinion in Constitutional Interpretation", *B. Y. U. L. Rev.*, 1993 (4) (1993), pp. 1041–1042.

风险规避等。在这些规律的指引下，通过设置或改变行为所依赖的环境变量，把控、调节和引导个体的目标可以较易实现。表面上看，群体行为由个体行为简单叠加而成。但系统科学的研究表明，事物微观要素间的相互持续作用将生成高度复杂的涌现性（emergence）。[1]正如大海的汹涌波涛并非单个水分子的固有特征，但当它们积聚起来后，却能产生如此壮阔的波澜景观。在现代传播技术促成下的高频率、快节奏的个体互动中，每一偶然加入的行为都可能在不经意间掀起事先无法料及的轩然大波。因此，对于群体行为的管控存在较大困难，司法场域的负面舆论屡禁不绝。

　　然而，所幸的是，近十多年的审判经验表明，社会公众意见并非皆有害于司法。尽管它常与专业思维相左，但仍不失为法官的重要参考，因而可对司法在法治社会中的顺畅运行产生积极功效。一方面，法治意味着良法之治，以道德为基础的民意和以正义为目标的司法都是对伦理上"善"的追求。善和善的事物有时不需经由复杂推导。摩尔就曾言道，"如果被问及什么是善，我将告知善即是善，并就此而止。"[2]所谓"大道至简"，未经任何技术理性浸染的情感在一些情境中反而更易捕捉公正和良善。当法官迷失于多元法律价值、碰撞法律原则以及冲突法律规则之际，民意可助力法官冲脱杂沓，悟在天成。另一方面，形式法治要求恪守法律固然值得提倡，但"徒法不足以自行"。法治绝不意味着僵化和死板，司法也非对法律的机械适用。如果一项依法而作的判决有悖常理，法官便有义务于整个法体系内寻求变通。这对当下正值转型时期、矛盾频发的中

〔1〕　See Paul Cilliers, *Complexity and Postmodernism*: *Understanding Complex Systems*, Routledge, 1998, pp. 94–95.

〔2〕　G. E. Moore, *Principia Ethica*, Cambridge University Press, 1993, p. 58.

国社会来说尤为必要。民意在一定程度上传达了社会共同体的"公共价值"（public value），[1]以备法官检省之需。

从出现、酝酿直至消失，民意背后的群体行为在每一阶段都充斥着大量偶然。由于不能精确预测其性质、方向及其后果，建构一套行之有效的拦防体系也就极为困难。因此，试图事先完全杜绝社会公众、新闻报道人或案件当事人的言论进入司法场域，进而避免其消极影响的刻意管控往往不易实现。

在难以避免民意出现的前提下，除却审判机关应当通过有效传播渠道积极回应流言蜚语外，根本上看，抵御民意不良干扰并发挥其积极功效的关键在于法官自主启动的反思平衡。其实，社会公众介入司法并不可怕，在接受到这一社会事实所传递的信息后，一个意志自由的法官依然可以从容应对。他的思路可能会被舆论稍稍打断，但不至于被其完全掌控；他可能会斟酌民意，却不会不优先考虑法律；他甚至还会有讨好公众的倾向，但也深知公平正义才是最为持久的迎合。因此，根据民意本身的性质，判决会朝向两个不同、但都符合法治的方向前行。一方面，如果民意合理，法官可在法律开放结构与之耦合处加以安置；另一方面，倘若民意荒谬，法官即可断然依法拒之。此时的民意，无论激烈还是柔缓、持久还是短暂，都仅能呈现于法官的意识，而无法作用于法官的意志。然而，一旦领导横加干预，情形将大为转变。利益的逼迫将扰乱法官的心智。随着法官经济理性的激活和公益动机的消退，法治将因此而遭受贻害。由此可见，民意审判对法治的负面影响根本上在于，

---

〔1〕 See William N. Eskridge, "Public Values in Statutory Interpretation", *University of Pennsylvania Law Review*, 137（4）（1989）, pp. 1007-1008.

作为判决者的法官不再单纯，不再诚实和不再属于他自己。[1]

我们的结论表明，单凭公众介入审判这一事实，并不会改变法官本初的公正动机。但某些体系中的官员，却有能力轻易做到此点。因此，民意审判的法治应对最终指向了依法独立审判。其实，作为一项重要制度，依法独立审判早被确立在我国宪法和相关法律之中，当务之急是如何真正地完善与落实。

在十八届四中全会通过的《中共中央关于全面推进依法治国若干重大问题的决定》中已经提出了很多意在防止领导干部干预司法的具体措施，如"各级领导干部要对法律怀有敬畏之心，牢记法律红线不可逾越、法律底线不可触碰，带头遵守法律，带头依法办事，不得违法行使权力，更不能以言代法、以权压法、徇私枉法。""建立领导干部干预司法活动、插手具体案件处理的记录、通报和责任追究制度。任何党政机关和领导干部都不得让司法机关做违反法定职责、有碍司法公正的事情，任何司法机关都不得执行党政机关和领导干部违法干预司法活动的要求。对干预司法机关办案的，给予党纪政纪处分；造成冤假错案或者其他严重后果的，依法追究刑事责任。"中共中央办公厅、国务院办公厅也印发了《领导干部干预司法活动、插手具体案件处理的记录、通报和责任追究规定》（以下简称《规定》）。

毋庸置疑，这些制度的出台对于抵制领导干部插手干预司法起到了相当大的作用。但依法独立审判问题在现实中仍面临着许多挑战。以《规定》第 5 条第 1 款关于插手干预司法的记录为例，"对领导干部干预司法活动、插手具体案件处理的情

---

〔1〕 参见陈杰："'民意审判'及其法治应对"，载《甘肃政法学院学报》2018 年第 5 期。

况，司法人员应当全面、如实记录，做到全程留痕，有据可查"。该规定的初衷很好，但由于某些干预司法的领导往往位高权重，司法人员将干预记录公之于众，势必面临很大风险，其可行性因此而打上了折扣。再如，实际中发生的干预往往具有隐蔽性，当领导干部假借指导之名，含蓄地表达他对案件审理的看法时，会在事实上对法官的动机造成影响，但却不便记录。

事实上，一项制度目标很难自创制之初就完全实现，真正落实是一个循序渐进的过程，有赖于实践中的不断完善。此外，还需要看到，任何一项制度都并非孤立存在，都是一个更为宏大系统中的子系统。因此，在对它改进时就不能不考虑系统整体与部分之间，乃至部分之间的协调适应。从宏观上处理与领导关系，到中观上定位法院还是法官独立，直至微观上斟酌安排细节，在法治中国背景下，进一步释放依法独立审判的制度能量仍面临着一系列难题亟待解决。

参考文献

一、中文资料

（一）国内著作

1. 孙笑侠：《法的现象与观念》，山东人民出版社 2003 年版。

2. 孙笑侠等主编：《返回法的形而下》，法律出版社 2003 年版。

3. 周振杰：《刑事法治视野中的民意分析》，知识产权出版社 2008 年版。

4. 何海波：《实质法治：寻求行政判决的合法性》，法律出版社 2009 年版。

5. 魏宏晋：《民意与舆论：解构与反思》，台湾商务印书馆 2008 年版。

6. 孙谦、郑成良主编：《司法改革报告：中国的检察院、法院改革》，法律出版社 2004 年版。

7. 于语和：《民间法》，复旦大学出版社 2008 年版。

8. 苏力：《制度是如何形成的》，北京大学出版社 2007 年版。

9. 游劝荣：《法治成本分析》，法律出版社 2005 年版。

10. 梁治平：《法辩：中国法的过去、现在与未来》，中国政法大学 2002 年版。

11. 喻国明：《解构民意：一个舆论学者的实证研究》，华夏出版社 2001 年版。

12. 梁慧星：《民法解释学》，中国政法大学出版社 1995 年版。

13. 杨仁寿：《法学方法论》，中国政法大学出版社 1999 年版。

14. 卢现祥：《西方新制度经济学》，中国发展出版社 2004 年版。

15. 余致力：《民意与公共政策——理论探讨与实证研究》，五南图书股份有限公司 2002 年版。

16. 吴顺长、张凤：《民意学》，天津人民出版社 1991 年版。

17. 葛洪义：《法与实践理性》，中国政法大学出版社 2002 年版。

18. 张隆栋：《大众传媒学总论》，中国人民大学出版社 1997 年版。

19. 汪晖、陈燕谷主编：《文化与公共性》，三联书店 1998 年版。

20. 陈林林：《裁判的进路与方法——司法论证理论导论》，中国政法大学出版社 2007 年版。

21. 谷春德主编：《西方法律思想史》，中国人民大学出版社 2007 年版。

22. 张乃根：《西方法哲学史纲》，中国政法大学出版社 1997 年版。

23. 沈宗灵：《现代西方法理学》，北京大学出版社 2006 年版。

24. 张文显：《二十世纪西方法哲学思潮研究》，法律出版社 2006 年版。

25. 苏力：《阅读秩序》，山东教育出版社 1999 年版。

26. 《西方法律思想史资料选编》，北京大学出版社 1980 年版。

27. 程恩富、顾海良主编：《海派经济学》，上海财经大学出版社 2004 年版。

28. 程恩富：《西方产权理论评析：兼论中国企业改革》，当代中国出版社 1997 年版。

29. 翁子明：《司法判决的生产方式：当代中国法官的制度激励与行为逻辑》，北京大学出版社 2009 年版。

30. 陈新民：《德国公法学基础理论》，山东人民出版社 2001 年版。

31. 颜厥安：《法与实践理性》，中国政法大学出版社 2003 年版。

32. 北京大学哲学系外国哲学史教研室编译：《十八世纪法国哲学》，商务印书馆 1979 年版。

（二）翻译著作与论文

1. ［奥］米塞斯：《经济学的最后基础》，夏道平译，远流出版事业股份有限公司 1991 年版。

2. ［奥］汉斯·凯尔森：《法与国家的一般理论》，沈宗灵译，中国大百科全书出版社 1996 年版。

3. 中共中央马克思恩格斯列宁斯大林著作编译局编译：《马克思恩格斯选集》（第 2 卷），人民出版社 1995 年版。

4. 中共中央马克思恩格斯列宁斯大林著作编译局编译：《马克思恩格斯选

集》（第 4 卷），人民出版社 1995 年版。

5.　［德］古斯塔夫·拉德布鲁赫：《法律智慧警句集》，舒国滢译，中国法制出版社 2001 年版。

6.　［德］康德：《道德形而上学原理》，苗力田译，上海人民出版社 2002 年版。

7.　［德］阿图尔·考夫曼：《当代法哲学和法律理论导论》，郑永流译，法律出版社 2002 年版。

8.　［德］伯恩·魏德士：《法理学》，丁小春、吴越译，法律出版社 2003 年版。

9.　［德］鲁道夫·冯·耶林：《为权利而斗争》，胡宝海译，中国法制出版社，2004 年版。

10.　［德］康德：《纯粹理性批判》，邓晓芒译，人民出版社 2004 年版。

11.　［德］包尔生：《伦理学体系》，中国社会科学出版社 1988 年版。

12.　［法］卢梭：《社会契约论》，何兆武译，商务印书馆 1982 年版。

13.　［法］塞奇·莫斯科维奇：《群氓的时代》，许列民、薛丹云、李继红译，江苏人民出版社 2006 年版。

14.　［法］古斯塔夫·勒庞：《乌合之众——大众心理研究》，冯克利译，广西师范大学出版社 2007 年版。

15.　［法］夏尔·阿列克西·德·托克维尔：《论美国的民主》，商务印书馆 1991 年版。

16.　［法］孟德斯鸠：《论法的精神》，张雁深译，商务印书馆 1995 年版。

17.　［古希腊］亚里士多德：《形而上学》，吴寿彭译，商务印书馆 1995 年版。

18.　［古希腊］亚里士多德：《尼各马可伦理学》，廖申白译，商务印书馆 2003 年版。

19.　［古希腊］亚里士多德：《政治学》，吴寿彭译，商务印书馆 1983 年版。

20.　［荷］伯纳德·曼德维尔：《蜜蜂的寓言：私人的恶德，公众的利益》，肖聿译，中国社会科学出版社 2002 年版。

21.　［荷］斯宾诺莎：《伦理学》，贺麟译，商务印书馆 1981 年版。

22.　［加］J. 纳维森："罗尔斯与功利主义"，姚大志译，载《世界哲学》

2011 年第 1 期。

23. ［美］E. 博登海默：《法理学：法律哲学与法律方法》，邓正来译，中国政法大学出版社 1999 年版。

24. ［美］贝克尔：《人类行为的经济分析》，王业宇、陈琪译，上海人民出版社 2008 年版。

25. ［美］布坎南、塔洛夫：《同意的计算》，陈光金译，中国社会科学出版社 2000 年版。

26. ［美］米尔顿·弗里德曼：《弗里德曼文萃》（上册），胡雪峰、武玉宁译，北京经济学院出版社 2001 年版。

27. ［美］约翰·罗尔斯：《正义论》，何怀宏、何包钢、廖申白译，中国社会科学出版社 2009 年版。

28. ［美］保罗·萨缪尔森、威廉·诺德豪斯：《微观经济学》，萧琛主译，人民邮电出版社 2008 年版。

29. ［美］大卫·D. 弗里德曼：《经济学语境下的法律规则》，杨欣欣译，法律出版社 2004 年版。

30. ［美］罗伯特·考特、托马斯·尤伦：《法和经济学》，史晋川等译，格致出版社、上海三联书店、上海人民出版社 2010 年版。

31. ［美］罗斯科·庞德：《法律与道德》，陈林林译，中国政法大学出版社 2003 年版。

32. ［美］R. A. 巴伦、D·伯恩：《社会心理学》（下册），黄敏儿、王飞雪等译，华东师范大学出版社 2004 年版。

33. ［美］W. F. 唐：《中国民意与公民社会》，胡赣栋、张东锋译，中山大学出版社 2008 版。

34. ［美］沃尔特·李普曼：《公众舆论》，阎克文、江红译，上海人民出版社 2006 年版。

35. ［美］罗纳德·德沃金：《法律帝国》，李常青译，中国大百科全书出版社 1996 年版。

36. ［美］罗纳德·德沃金：《原则问题》，张国清译，江苏人民出版社 2005 年版。

37. ［美］罗纳德·德沃金：《认真对待权利》，信春鹰、吴玉章译，上海三联书店 2008 版。

38. ［美］理查德·A. 波斯纳：《法理学问题》，苏力译，中国政法大学出版社 2002 年版。

39. ［美］理查德·A. 波斯纳：《法官如何思考》，苏力译，北京大学出版社 2009 年版。

40. ［美］戈尔丁：《法律哲学》，齐海滨译，生活·读书·新知三联书店 1987 年版。

41. ［美］默顿·霍维茨："法律形式主义的兴起"，吴玉章译，载《环球法律评论》1990 年第 5 期。

42. ［美］艾伦·沃森：《民法法系的演变及形成》，李静冰、姚新华译，中国法制出版社 2005 年版。

43. ［美］富勒：《法律的道德性》，郑戈译，商务印书馆 2005 年版。

44. ［美］诺内特、塞尔兹尼克：《转变中的法律与社会：迈向回应型法》，张志铭译，中国政法大学出版社 1994 年版。

45. ［美］丹尼尔·豪斯曼：《经济学的哲学》，丁建峰译，上海人民出版社 2007 年版。

46. ［美］曼瑟尔·奥尔森：《集体行动的逻辑》，陈郁、郭宇峰、李崇新译，上海人民出版社 1995 年版。

47. ［美］安东尼·唐斯：《官僚制内幕》，郭小聪等译，中国人民大学出版社 2006 年版。

48. ［美］阿瑟·S. 雷伯：《心理学词典》，李伯黍译，上海译文出版社 1996 年版。

49. ［英］阿克顿：《自由与权力——阿克顿勋爵论说文集》，侯健、范亚峰译，商务印书馆 2001 年版。

50. ［英］阿弗里德·马歇尔：《经济学原理》，陈良璧译，商务印书馆 1965 年版。

51. ［英］亚当·斯密：《国民财富的性质和原因的研究》（上、下卷），郭大力、王亚南译，商务印书馆 2002 年版。

52. ［英］亚当·斯密：《国富论》，唐日松等译，华夏出版社 2005 年版。

53. ［英］亚当·斯密：《道德情操论》，余涌译，中国社会科学出版社

2003 年版。

54. ［英］N. W. 西尼尔：《政治经济学大纲》，蔡受百译，商务印书馆 1977 年版。

55. ［英］戴维·W. 皮尔斯主编：《现代经济学词典》，宋承先等译，上海译文出版社 1988 年版。

56. ［英］以赛亚·柏林：《自由论》，胡传胜译，译林出版社 2003 年版。

57. ［英］约翰·穆勒：《功利主义》，徐大建译，上海人民出版社 2008 年版。

58. ［英］边沁：《道德与立法原理导论》，时殷弘译，商务印书馆 2000 年版。

59. ［英］H. L. A. 哈特：《法律的概念》，张文显等译，中国大百科全书出版社 1996 年版。

60. ［英］H. L. A. 哈特：《法律的概念》，许家馨、李冠宜译，法律出版社 2006 年版。

61. ［英］H. L. A. 哈特：《法理学与哲学论文集》，支振锋译，法律出版社 2005 年版。

62. ［英］H. L. A. 哈特："实证主义和法律与道德的分离（上）"，翟小波译，载《环球法律评论》2001 年第 2 期。

63. ［英］卡尔·波普尔：《猜想与反驳——科学知识的增长》，傅季重等译，上海译文出版社 1986 年版。

64. ［英］约翰·洛克：《政府论》（下），叶启芳、瞿菊农译，商务印书馆 1996 年版。

65. ［英］W. Iuor 詹宁斯：《法与宪法》，龚祥瑞、侯健译，生活·读书·新知三联书店 1997 年版。

66. ［英］帕特里克·敦利威：《民主、官僚制与公共选择——政治科学中的经济学阐释》，张庆东译，中国青年出版社 2004 年版。

67. ［日］千叶正士：《法律多元——从日本法律文化迈向一般理论》，强世功等译，中国政法大学出版社 1997 年版。

68. ［日］佐藤彰、铃木荣、船津好明：《民意调查》，周金城、张蓓函译，中国对外经济贸易出版社 1989 年版。

69. ［美］理查德·A. 波斯纳：《超越法律》，苏力译，中国政法大学出版社 2001 年版。

（三）国内论文

1. 孙笑侠、熊静波："判决与民意——兼比较考察中美法官如何对待民意"，载《政法论坛》2005 年第 5 期。

2. 孙笑侠："公案的民意、主题与信息对称"，载《中国法学》2010 年第 3 期。

3. 孙笑侠："公案及其背景——透视转型期司法中的民意"，载《浙江社会科学》2010 年第 3 期。

4. 孙笑侠："司法的政治力学——民众、媒体、为政者、当事人与司法官的关系分析"，载《中国法学》2011 年第 2 期。

5. 江必新："司法绩效综合评价的实践与思考"，载《中国审判》2006 年第 6 期。

6. 王宏、王明华："法官内部考核机制研究"，载《山东师范大学学报》（人文社会科学版）2006 年第 1 期。

7. 孙晨："法官考核指标体系的重构及其技术运用"，载《巢湖学院学报》2010 年第 4 期。

8. 艾佳慧："中国法院绩效考评制度研究——'同构性'和'双轨制'的逻辑及其问题"，载《法制与社会发展》2008 年第 5 期。

9. 山东省东营市中级人民法院课题组："构建有中国特色的法官考评制度——关于法官考评制度与评价制度的调研"，载《法律适用》2007 年第 12 期。

10. 陈树森："博弈与和谐：穿行于法意与民意之间的司法"，载《法律适用》2009 年第 9 期。

11. 苏力："法条主义、民意与难办案件"，载《中外法学》2009 年第 1 期。

12. 陈景辉："裁判可接受性概念之反省"，载《法学研究》2009 年第 4 期。

13. 顾培东："公众判意的法理解析——对许霆案的延伸思考"，载《中国法学》2008 年第 4 期。

14. 周安平："许霆案的民意：按照大多数法则的分析"，载《中外法学》2009年第1期。

15. 周冰、钟玉文："最高（政治）决策者的效用函数"，载《南开学报》（哲学社会科学版）2010年第2期。

16. 何兵："司法职业化与民主化"，载《法学研究》2005年第4期。

17. 孙丽君："司法的悖论——司法的民主化与司法的精英化之矛盾探究"，载《河北法学》2007年第4期。

18. 侯猛："中国的司法模式：传统与改革"，载《法商研究》2009年第6期。

19. 李德恩："论司法民主与现代司法理念之圆融——以陪审制度为视角的比较研究"，载《长白学刊》2009年第5期。

20. 巩军伟："论司法职业化与司法大众化"，载《兰州大学学报》（社会科学版）2010年第5期。

21. 伍柳村、左振声："民愤能否作为量刑的依据"，载《法学研究》1989年第4期。

22. 熊秋红："司法公正与公民的参与"，载《法学研究》1999年第4期。

23. 陈永忠："试论公众舆论监督与司法独立"，载《中国广播电视大学学报》（哲学社会科学版）2000年第1期。

24. 支起来、童颖颖："司法的平民意识及其制度建构"，载《法律适用》2001年第12期。

25. 邓斌："民愤、传媒与刑事司法"，载《云南大学学报》（法学版）2002年第1期。

26. 周光权："论刑法的公众认同"，载《中国法学》2003年第1期。

27. 周永坤："定罪量刑不宜考量民愤——从情绪的司法走向理性的司法"，载《审判研究》2005年第1期。

28. 周永坤："民意审判与审判元规则"，载《法学》2009年第8期。

29. 冀祥德："民愤的正读——杜培武、佘祥林等错案的司法性反思"，载《现代法学》2006年第1期。

30. 赵琳琳："民愤的反思：刑事司法的阿基里斯之踵"，载《山西警官高等专科学校学报》2007年第1期。

31. 莫晓宇："民意的刑事政策分析：一种双向考量后的扬弃"，载《甘肃政法学院学报》2007 年第 3 期。

32. 谢新竹："论判决的公众认同"，载《法律适用》2007 年第 1 期。

33. 左坚卫："民意对死刑适用的影响辨析"，载《河北法学》2008 年第 2 期。

34. 郭永庆："量刑中民意导入机制研究"，载《法律适用》2009 年第 11 期。

35. 侯猛："'党与政法'关系的展开——以政法委员会为研究中心"，载《法学家》2013 年第 2 期。

36. 褚国建："法院如何回应民意：一种法学方法论上的解决方案"，载《浙江社会科学》2010 年第 3 期。

37. 孟涛："论当前中国法律理论与民意的冲突——兼论现代性法律的局限性"，载《现代法学》2010 年第 1 期。

38. 郜占川："民意对刑事司法的影响考量——'能与不能'、'当或不当'之论争"，载《甘肃政法学院学报》2011 年第 4 期。

39. 彭海青："试论刑事裁判与民意冲突的司法程序内解决"，载《西南政法大学学报》2011 年第 1 期。

40. 孙万怀："论民意在刑事司法中的解构"，载《中外法学》2011 年第 1 期。

41. 王来华等："对舆情、民意和舆论三概念异同的初步辨析"，载《新视野》2004 年第 5 期。

42. 高永光："台湾民意调查之过去、现在与未来"，载《台湾研究集刊》2012 年第 4 期。

43. 孙笑侠："司法权的本质是判断权——司法权与行政权的十大区别"，载《法学》1998 年第 8 期。

44. 郑成良等："中美两国司法理念的比较"，载《法制与社会发展》2003 年第 2 期。

45. 刘星："法律解释中的大众话语与精英话语——法律现代性引出的一个问题"，载《比较法研究》1998 年第 1 期。

46. 杨高峰："从刘涌案看司法判决的社会公众认同"，载《学术研究》

2004 年第 10 期。

47. 信春鹰："后现代法学：为法治探索未来"，载《中国社会科学》2000 年第 5 期。

48. 侯健："实质法治、形式法治与中国的选择"，载《湖南社会科学》2004 年第 2 期。

49. 刘泽照、朱正威："掣肘与矫正：中国社会稳定风险评估制度十年发展省思"，载《政治学研究》2015 年第 4 期。

50. 车传波："综合法治论——兼评形式法治论与实质法治论"，载《社会科学战线》2010 年第 7 期。

51. 桑本谦："法律解释的困境"，载《法学研究》2004 年第 5 期。

52. 苏力："'海瑞定理'的经济学解读"，载《中国社会科学》2006 年第 6 期 。

53. 石士钧："'经济学帝国主义'的合理内核及其启示"，载《上海经济研究》1999 年第 12 期。

54. 刘忠："规模与内部治理——中国法院编制变迁三十年（1978 - 2008）"，载《法制与社会发展》2012 年第 5 期。

55. 杨卉："利己？利他？——作为纯粹利己与纯粹利他交集的己他两利主义"，载《理论月刊》2010 年第 8 期。

56. 佟季："2011 年全国法院审理各类案件情况"，载《人民司法》2012 年第 5 期。

57. 牟爱华："司法的公众参与：司法回应民意的原则与机制"，载《江汉大学学报》（社会科学版）2015 年第 1 期。

58. 陈立如、张钰炜："法官非物质利益保障的价值基础与制度构建——以法官角色伦理为视角"，载《北京政法职业学院学报》2012 年第 3 期。

59. 舒国滢："从方法论看抽象法学理论的发展"，载《浙江社会科学》2004 年第 5 期。

60. 赵玉增："法律方法与法学方法概念辨析"，载《学习与探索》2007 年第 2 期。

61. 焦宝乾："'法律方法'的用语及概念解析"，载《甘肃政法学院学报》2008 年第 1 期。

62. 葛洪义："法律方法与几个相关概念的比较"，载《法制与社会发展》2010 年第 3 期。

63. 张传新："法律方法的普遍智力品格及其限度——从法律方法与法学方法称谓争论谈起"，载《求是学刊》2008 年第 5 期。

64. 陈金钊："法律方法的概念及其意义"，载《求是学刊》2008 年第 5 期。

65. 陈柏峰："领导干部干预司法的制度预防及其挑战"，载《法学》2015 年第 7 期。

66. 陈杰、范凯文："民间融资的法理与实践"，载《生产力研究》2012 年第 12 期。

67. 夏立安、陈杰："法律不确定下的选择——民意干预司法现象的经济学解读"，载《社会科学战线》2013 年第 4 期。

68. 陈杰："基于裁判理由的民意判决的正当性探析"，载《河北法学》2018 年第 4 期。

69. 陈杰："'民意审判'及其法治应对"，载《甘肃政法学院学报》2018 年第 5 期。

70. 陈杰："基于解释和权衡一体化的规范体系——评《法律原则理论》"，载《法律方法》2018 年第 1 期。

71. 陈杰："法律不确定背后的理性选择——民意干预司法现象的经济学解读"，浙江大学 2013 年博士学位论文。

（四）报刊网络

1. 曹建明："最高人民检察院工作报告"，载《光明日报》2010 年 3 月 19 日，第 7 版。

2. 最高人民法院法发【2009】20 号："最高人民法院关于进一步加强民意沟通工作的意见"，载《司法业务文选》2009 年第 27 期。

3. 陈东升："'宋城举报闹剧'的损害和悲哀"，载《法制日报》2016 年 1 月 5 日，第 7 版。

4. 杨国栋："'掏鸟窝被判十年半'是'标题党'在误导"，载《人民法院报》2015 年 12 月 8 日，第 2 版。

5. 贺林平："'人比鸟贱'是伪命题"，载《人民日报》2015 年 12 月 11

日，第 23 版。

6. 李曙明："对沈阳黑帮头目刘涌改判死缓的质疑"，载 http://news.sina. com.cn/c/2003-08-21/01351583471.shtml。

7. "二奶持遗嘱与原配争遗产 法院判二奶败诉"，载 http://www.people. com.cn/GB/shehui/44/20011012/579774.html。

8. 王甘霖："'社会公德'首成判案依据'第三者'为何不能接受遗产"，载 http://www.people.com.cn/GB/shehui/46/20011102/596406.html。

9. "男子 171 次恶意取款续：九成网友认为量刑过重"，载 http://news. sznews.com/content/2007-12/18/content_1726904_2.htm。

10. "男子恶意取款 42 万被判无期 已坐牢 7 年"，载 http://news.sina. com.cn/s/l/2008-04-03/055215281396.shtml。

11. "云南男子奸杀少女被免死续：省高院重新审查"，载 http://news.qq. com/a/20110705/001397_1.htm。

12. "云南李昌奎强奸杀害两人 获死缓激发民愤"，载 http:// www.cqcb.com/cbnews/instant/2011-07-05/1506847_2.html。

13. "云南省高院重新审查李昌奎案 两天内将公布结论"，载 http:// news.ifeng.com/c17fzxomNbzkv。

14. "男子奸杀少女摔死男童判死缓 省高院派专人重审"，载 http://www. chinanews.com/fz/2011/07-05/3157563.shtml。

15. "'李昌奎案'入选 2011 中国法治蓝皮书舆论监督篇"，载 http://finance.ifeng.com/roll/20120120/5501269.shtml。

16. 陈永辉："要不断总结经验创新形式进一步加强民意沟通工作"，载 http://www.chinacourt.org/article/detail/2009/04/id/353184.shtml。

二、英文资料

Ⅰ Treatises

1. Joseph Raz, *The Morality of Freedom*, Oxford University Press, 1986.

2. Richard A. Posner, *The Problems of Jurisprudence*, Harvard University Press, 1990.

3. Richard A. Posner, *Economic Analysis of Law*, Little, Brown and Company,

1992.

4. Henry R. West, *An Introduction to Mill's Utilitarian Ethics*, Cambridge University Press, 2004.

5. Stephen Toulmin, Richard Rieke, Allan Janik, *An Introduction to Reasoning*, Collier Macmillan Publishers, 1978.

6. Stephen E. Toulmin, *The Uses of Argument*, Cambridge University Press, 2003.

7. Joseph Raz, *The Practice of Value*, Clarendon Press, 2003.

8. Joseph Raz, *The Authority of Law: Essays on Law and Morality*, Oxford University Press, 1979.

9. Karl N. Llewellyn, *The Case Law System in America*, University of Chicago Press, 1962.

10. Jerome Frank, *Law and the Modern Mind*, Tudor Publishing Company, 1930.

11. John Finnis, *Natural Law and Natural Rights*, Clarendon Press, 1980.

12. L. B. Curzon, *A Dictionary of Law*, Macdonald and Evans, 1979.

13. Henry Campbell Black, *Black's Law Dictionary*, West Publishing, 1979.

14. A. S. Hornby, *Oxford Dictionary of Current English*, Oxford University Press, 1974.

15. Brain Bix, *Law, Language and Legal Deteminancy*, Clarendon Press, 1993.

16. Ronald Dworkin, *A Matter of Principle*, Harvard University Press, 1985.

17. David M. Walker, *The Oxford Companion to Law*, Clarendon Press, 1980.

18. Robert Alexy, *A Theory of Constitutional Rights*, Oxford University Press, 2002.

19. Isaiah Berlin, *Liberty*, Oxford University Press, 2002.

20. Isaiah Berlin, *Personal Impressions*, Princeton University Press, 1998.

21. Tomas Nagel, *View from Nowhere*, New York: Oxford University Press, 1986.

22. Ota Weinberger, *Theory of Legal Science*, D. Reidel Publishing Company, 1983.

Ⅱ Paper

1. Joseph Raz, "Legal Principles and the Limits of Law", *Yale Law Journal*, Vol. 81, 1971.

2. Ward Farnsworth, Dustin F. Guzior, Anup Malani, "Ambiguity about Ambiguity: An Empirical Inquiry into Legal Interpretation", *Journal of Legal*

Analysis, 2010.

3. Richard A. Posner, "What Do Judges and Justices Maximize? (The Same Thing Everybody Else Dose)", *Supreme Court Economic Review*, Vol. 3, 1993.

4. Frederick Schauer, "Incentives, Reputation, and the Inglorious Determinants of Judicial Behavior", *University of Cincinnati Law Review*, 68, 1999.

5. Herbert A. Simon, "A Behavioral Model of Rational Choice", 6*Competition Pol'y Int'l* 241, Spring, 2010.

6. William M. Landes, Richard A. Posner, "Rational Judicial Behavior: A Statistical Study", *Journal of Legal Analysis*, Vol. 1, No. 2, 2009.

7. Jacob Jacoby, "Is It Rational to Assume Consumer Rationality? Some Consumer Psychological Perspectives On Rational Choice Theory", *Roger Williams University Law Review*, 2000.

8. Richard A. Posner, "Empirical Measurement of Judicial Performance: Judicial Behavior and Performance: an Economic Approach", 32 *Fla. St. U. L. Rev.* 1259, Summer, 2005.

9. Russell Smyth, "Do Judges Behave as Homo Economicus, and if so, Can We Measure their Perfomance? An Antipodean Perspective on a Tournament of Judges", Florida State University Law Review, 2005.

10. Christopher R. Drahozal, "Judicial Incentives and the Appeals Process", Smv Law Review, 1998.

11. Jules L. Coleman, "Economics and the Law: A Critical Review of the Foundations of the Economic Approach to Law", *Ethics*, 1984.

12. David A. Hoffman, "Can Law and Economics Be Both Practical and Principled?", *Alabama Law Review*, 2001.

13. Robert S. Summers, "The Principles of the Rule of Law", *Notre Dame Law Review*, Vol. 74, 1999.

15. N. Otakpor, "On Indeterminancy in law", *Journal of African Law*, Vol. 32, No. 1, 1988.

16. Duncan Kennedy, "Form and Substance in Private Law Adjudication", *Har-*

vard Law Review, Vol. 89, No. 8, 1975.

17. Richard A. Posner, "Judicial Behavior and Performance: An Economic Approach", *Florida State University Law Review*, Vol. 32, No. 4, 2006.

18. Owen M. Fiss, "Objectivity and Interpretation", *Stanford Law Review*, Vol. 34, 1982.

19. Brian Z. Tamanaha, "The History and Elements of the Rule of Law", *Singapore Journal of Legal Studies*, 2012.

后 记

　　本书初步成稿于我的博士论文，从准备资料至今已整整十载。在撰写这篇后记之际，昔日求学情景骤然间历历在目：美丽的之江校区，辽阔的钱塘江景，寂静的月轮山间，老师的谆谆教诲，同窗的深厚情谊……

　　2010 年，承蒙孙笑侠教授不弃，将我收入门下。当时，孙老师正从事民意和司法研究，并已取得丰硕成果。在老师的指引下，我对这一主题产生了浓厚兴趣，遂将其确定为博士论文选题。就民意干预审判而言，涉世未深的我一直心存疑问：并不握有国家权力的社会公众如何能够影响甚至改变判决？当发现民意介入的前后判决均有法律依据并都言之成理时，我注意到法律规范的不确定性。随着研究推进，我逐渐认为，当法律不确定时，判决实际上是法官的一种选择。2011 年春，我选修了熊秉元教授开设的"法律经济学"课程。在熊老师的介绍下，我一度沉浸于布坎南、贝克尔、桑斯坦和波斯纳等学者的著作中。从《同意的计算》《人类行为的经济分析》《行为法律经济学》到《司法的经济学》，不一而足。这些书中的思想最终使我确信，趋向民意的判决，不过是法官在法律不确定前提下追求个人利益的经济理性选择。2013 年，我完成了论文写作并通过答辩，短暂的博士求学阶段画上句号。

　　毕业后，尽管从事的工作与"民意审判"相去甚远，但因对之前的结论不甚满意，我并未终止思考。2016 年，我有幸获马长山教授同意，于华东政法大学博士后流动站继续从事这一研究。在马老师指点下，我意识到原先结论的片面性。法官并非都是追求利益最大化的经济人，很多法官都具有良好的道德情操。2017 年初夏，於兴中教授在长宁校区开设了"比较法哲学"课程。此前，我曾认为德沃金的赫克勒斯、原则裁判和整全性理论大而无当，但於教授课上对"integrity"一词蕴含"道德性"的诠释改变了我原先的观点。通过重温德沃金的著作，我深刻认识到道德对于法治实践的必要性。

进一步阅读使我了解道德理论的内部分野，边沁与密尔的功利主义和康德的义务论。虽然较之前者，后者的"绝对命令"让人费解。但我的体会是，功利主义基于主体外部的公共利益构建道德行为的评判基准；而义务论则深入主体的内在动机，从自由意志出发，确立"理性为自身立法"的普遍道德法则。由此，我注意到道德规范、公共利益和自由意志三者之间的联系。进而，一个更深层的问题被引出：同时追求公共利益和个人利益的"我"，或者说，既确立道德法则又遵守道德法则的"我"，是不是同一个"我"？对自我同一性的思考似乎超出了法学，但它却是潜藏于本书所有论证背后的真正核心。无论人文、社会甚或是自然科学中的问题，归根结底，都是人的问题。个体是人的基本单位，往内深究则是每一自我和自我意识。然而，这一意识本身并不纯粹，其中无可避免地渗透着作为人类整体的集体意识。正是集体意向对个体意向的作用，即使在最极端的个人主义那里，道德行为仍然可能。因此，在经济学"理性自利"的行为分析框架内，体现公共利益的公正审判仍可被纳入法官的个体目标。从现实层面看，依法独立审判制度在助推法官趋向这一目标中，扮演着至关重要的角色。

在本书写作过程中，我获得了许多帮助。对此，我心存感激。首先要感谢我的两位导师，孙笑侠教授和马长山教授以及夏立安教授、陈林林教授、熊秉元教授和於兴中教授等诸位师长。他们在传道解惑的同时，逐步将我引领至一个美妙的精神世界，使我有幸际遇众多古今中外的思想巨人。通过一系列经典阅读和思辨训练，我的收获远在本书之外。其次要感谢的是一起共度求学岁月的同窗，范凯文、周慧蕾、叶向阳、李睿、钱炜江、段海风、吴海燕和钱国玲。与他们一起漫步在美丽的之江校区，于春花、夏日、秋月和冬雪中探讨法学问题，成为我现今最美好的回忆。感谢姑姑丰曦红为我找到假期里在律所工作的机会，这一经历帮助我在实践中深刻理解"什么是法律"；姑父陶明提供了优越的学习条件，使我在律所工作之余可以安心写作。妻子储盛楠是一名法官。从她那里，我得以了解一项判决的完整形成过程。她在所办案件中对公平正义的真诚追求，纠正了我对法官审判动机的错误认知。在本书写作后期，女儿开心问世。喜庆之余，日常琐事也逐渐增多。感谢岳母路梅华女士帮助承担起大部分家务，让我在家中仍然可以专注思考。最后要感谢的是我的父母，他们的扶持和期望，是我前行的最大动力。

陈　杰

2020 年 1 月 25 日于亭城百合花园

图书在版编目（ＣＩＰ）数据

民意和审判在法治社会中的良性互动/陈杰著.—北京：中国政法大学出版社，2020.8
　ISBN 978-7-5620-6383-4

　Ⅰ.①民…　Ⅱ.①陈…　Ⅲ.①审判—研究—中国　Ⅳ.①D925.04

中国版本图书馆CIP数据核字(2020)第 077659 号

出 版 者　　中国政法大学出版社

地　　址　　北京市海淀区西土城路 25 号

邮寄地址　　北京 100088 信箱 8034 分箱　邮编 100088

网　　址　　http://www.cuplpress.com（网络实名：中国政法大学出版社）

电　　话　　010-58908285(总编室) 58908433 (编辑部) 58908334(邮购部)

承　　印　　固安华明印业有限公司

开　　本　　880mm×1230mm　1/32

印　　张　　11

字　　数　　275 千字

版　　次　　2020 年 8 月第 1 版

印　　次　　2020 年 8 月第 1 次印刷

定　　价　　49.00 元